# 煌煌祖宗业
# 永怀河洛间

董延寿
张洁琼
齐牧云 —— 著

中国书籍出版社
China Book Press

图书在版编目 (CIP) 数据

煌煌祖宗业，永怀河洛间 / 董延寿，张洁琼，齐牧
云著 . -- 北京：中国书籍出版社，2024.5

ISBN 978-7-5068-9889-8

Ⅰ.①煌⋯ Ⅱ.①董⋯ ②张⋯ ③齐⋯ Ⅲ.①文化史
– 洛阳 Ⅳ.① G127.613

中国国家版本馆 CIP 数据核字（2024）第 101133 号

**煌煌祖宗业，永怀河洛间**

董延寿　张洁琼　齐牧云　著

| | |
|---|---|
| 责任编辑 | 吴化强 |
| 责任印制 | 孙马飞　马　芝 |
| 封面设计 | 沈加坤 |
| 出版发行 | 中国书籍出版社 |
| 地　　址 | 北京市丰台区三路居路 97 号（邮编：100073） |
| 电　　话 | （010）52257143（总编室）　（010）52257140（发行部） |
| 电子邮箱 | eo@chinabp.com.cn |
| 经　　销 | 全国新华书店 |
| 印　　厂 | 北京亚吉飞数码科技有限公司 |
| 开　　本 | 710 毫米 ×1000 毫米　1/16 |
| 字　　数 | 241 千字 |
| 印　　张 | 14.25 |
| 版　　次 | 2025 年 1 月第 1 版 |
| 印　　次 | 2025 年 1 月第 1 次印刷 |
| 书　　号 | ISBN 978-7-5068-9889-8 |
| 定　　价 | 86.00 元 |

# 序

《煌煌祖宗业，永怀河洛间》马上要付梓了，很荣幸有这个机会跟朋友们和即将成为朋友的有缘人说几句话。

这本书有三个人参与写作，我们三个都是教师，只不过有的从事高等教育，有的从事幼儿教育。我们平日里写得最多的是论文论著、培养方案、教案、工作总结之类的，讲究的是有几分证据讲几句话，要有数据支撑，不能犯逻辑性的错误，不能出低级问题。

本书作者队伍是"老""青"的结合。我前几年已经退休了，平时利用微信写点感悟、经历，以及自己感兴趣的内容。从荣退开始，每天像写日记一样，开始了微信体散文的写作。几年下来，已经积累了一些篇幅。

两位年轻作者，张洁琼博士毕业后在大学教书，工作之余酷爱写作，喜欢写一写与洛阳发展有关的文章。齐牧云女士毕业于国外大学，祖籍是河南洛阳，她在担任市政协委员及从事幼儿教育的同时亦喜欢写一些有关洛阳的文章。这种共同的写作爱好，促成了本书的诞生。

聚沙成塔，集腋成裘。没想到写作的力量是如此的"强大"，经过大致梳理，有关洛阳、有关河洛文化内容已可辑录成一本书了。这一本书，尽管与河洛文化有关，但相对灵活随意一些，内容可能更家常，更适合寻常百姓的胃口，而且说得大点，基本是河洛间的事情，因此，本书命名为《煌煌祖宗业，永怀河洛间》。

本书说到了与洛阳有关的一些重要人物的事迹，如"孔子与洛阳"、著名作家李准与洛阳、洛阳才子雷英夫、侠肝义胆姚北辰将军、国务院宗教事务局局长乔连升同志、工商奇才陈思礼先生等，目的是缅怀圣哲先贤，从他们身上汲取力量。

本书还有关于我的人生回忆的一些文章，如"岁月蹉跎 青春无悔""我的高考经历""融入时代 追逐梦想""师恩难忘 难忘师恩""伟

哉洛一中 难忘同学情""洛阳老城 那座大院"等，意在从过去的经历中找出人生中那些美好的东西，从而更珍惜今天来之不易的幸福生活。

怀山之水必有其源，参天大树必有其根。本书还收录有我怀念爷爷、外公及家风家训方面的文章，"益晋银号董相成 正直善良传美名""以善为本 勤勉终生""春风润物话家风"等，提醒自己及他人为人不要忘本，要知道"来"时的路，更要知道自己的路怎么走。

洛阳是一个大富大贵的城市，同时也是一个多灾多难的城市。远的不说，近代的洛阳同我们国家的近代一样积弱不振，民不聊生，盗匪横行，为此两位年轻作者经过走访梳理，写下了近代豫西土匪系列的文章，"杨山十兄弟 豫西刀客头""话说豫西近代的打孽""话说刀客绑票""近代豫西土匪问题探析"等。土匪横行那一页虽然已经翻过去了，但忘记过去就意味着对过去苦难的漠视，乱世是河南民众，尤其是洛阳民众、豫西民众心中永远的痛，从这个意义上讲，今天的幸福安定生活是来之不易的，因此要倍加珍惜。

文章合为时而著，在这个集子里还有一些为洛阳经济发展献计献策的文章，如"洛阳发展管见""洛阳大学城建设发微""发展旅游要让历史人物活起来""洛阳北郊机场名字论衡"等，用意在于启迪人们，发展经济的时候，一定要切合当地实际，不能一味地照搬照抄，中国式现代化的精髓，就是马克思主义的具体分析与运用，怎么发展得好怎么来。

当然，本书还对洛阳的红色资源进行了系统梳理，还有一些游记及一些民间饮食文化方面的东西等。生活本就是多样的，人们的感受、体验也是多样的，虽然有些普通平常，但这就是生活。

是为序。

董延寿

2023 年 12 月 16 日

# 目　录

# 1. 孔子与洛阳

洛阳历史上名人荟萃,巨星闪烁。除老子外,孔子与洛阳也有不解之缘,两位史诗级的人物在洛阳相遇了,并进行了旷世会谈,为此,在洛阳留下了"孔子入周问礼"碑。试问,中国的哪座城市有这样的机遇、这样的殊荣? 老子、孔子是中华民族文化的两座高山,他们的思想深深影响着整个民族,是民族文化的根与魂。

孔子与洛阳结缘,源于到洛阳学习,找老子学习礼,找苌弘学习乐。孔子曾经向老子请教过历代礼乐制度方面的问题,这在历史上是很有名的故事,不仅见于《史记》等正史记载,也见于相传于春秋末期的老子彩图和汉画像砖。在洛阳市瀍河区东关大街北侧,有碑楼,正中书"孔子入周问礼乐至此"九字。清代雍正五年(1727年)河南府尹张汉书丹、洛阳县令郭朝鼎刻立。

据《史记·孔子世家》《孔子家语》等记载,东周敬王二年(前518年),孔子偕南宫敬叔俱由鲁(山东曲阜)适周(洛阳),问礼于老子(即李耳,时为周天子史官),学乐于苌弘(周大夫)。并历郊社之所,考明堂之则,案庙朝之度。终而叹曰:吾至文化及礼乐制度之中心。这件事是有明确记载的真实历史事件,在中国思想史、文化史、音乐史上有非常大的影响。

孔子很早就想到洛阳"观先王之制",考察"礼乐之源"和"道德之归"。周敬王二年(公元前518年),孔子通过鲁国旧贵族南宫敬叔的关系,获得鲁昭公的准许和一车二马的支持,千里迢迢到了洛阳,找到当时的大学问家老聃询问礼乐。老子当时为周朝"守藏室之史"，大约相当于现在的国家图书馆馆长。对孔子提出的问题，他依自己的理解予以回答。

孔子入周，所问的问题，老子如是回答："你所要问的那些人，他们和自己的骨头早腐烂了，只剩下他们的话罢了。况且，君子逢到好的时代就出来干番事业，遇到不好的时代就像蓬草一样，随风飘转。我听说，好的商人深藏钱财，好像一无所有；很有德行的人，外表看起来却像是愚笨。去掉你的骄气和想入非非、装模作样和不切实际的奢望吧！对你都没有什么好处。我要对你说的就是这些。"

孔子临别时，老子还赠言道："我听说富贵的人送人钱财，仁义的人送人良言，我不富贵，也不能窃仁者的名声，但还是要告诉您：观察问题很透彻、言辞犀利善辩的人，假如遇到危及自身生命的事，主要原因就在于他好议论人，揭人的短处！作为子女和人臣，言语和行动都不能只考虑到自己！"

孔子听了老子的话，回去对自己的学生们说："鸟，我知道它能飞；鱼，我知道它能游；野兽，我知道它能跑。跑者可用网对付，游者可以用钓丝对付，飞者可以用弓箭对付。至于龙我却无法了解，它乘风驾云直上青天。我今天见的这位老子，大约就是像龙一样的人物了。"孔子在洛阳还游览了周天子召见诸侯和举行国家大典的明堂、祭祀祖先的太庙，祭天地的社坛等，从而对制定了西周礼乐制度的周公更是崇拜。

公元前518年，孔子自曲阜西行至洛邑，除了向老子请教礼制方面的问题之外，还特意去拜访苌弘，向其请教"乐"的知识。苌弘，亦作苌宏，字叔（约公元前565年—前492年），四川资州人，是我国古代著名学者、政治家、教育家、天文学家、音律学家，他博闻强识，涉猎广泛，通晓历数、天文，且精于音律乐理，以才华闻名于世。

在洛邑，孔子曾问苌弘道："武乐与韶乐孰为轩轾？"苌弘道："武乐为周武王之乐名，韶乐为虞舜之乐名，若以二者之功业论，舜继尧之后治理天下，武王伐纣以救万民，皆功昭日月，无分轩轾。然则就乐论乐，韶乐之声容宏盛，字义尽美；武乐之声容虽美，曲调节器却隐含晦涩，稍逊于韶乐。故尔武乐尽美而不尽善，唯韶乐可称尽善尽美矣！"

对于苌弘博学施教，孔子称谢不迭，并于次年前往齐国聆听了韶乐的演奏，乐得手舞足蹈，如醉如痴，感曰："三月不知肉味"。孔子与苌弘的会晤，史称"访弘问乐"。其六经（礼、乐、书、诗、易、春秋）中"乐以发和"思想即源于苌弘的乐学理论。

孔子在洛阳寻访的苌弘还有一个典故,就是"苌弘化碧",此典出自《庄子·外物》。周朝时期,刘文公的大夫苌弘一生忠于朝廷,不卑不亢,有浩然正气。他因为正直而得罪了朝中权贵,蒙冤被周人杀害,传说他被杀时,有人慕名收集他的血液藏在家里,三年后这些干血块全都化为碧玉。

孔子入周问礼,表面上看是来洛阳向老子学习,实际上文化蕴意及思想观念上的意义是比较深的。历史上夏代尊"天命",商代信"鬼神",到了西周周公开始"制礼作乐","明德慎罚",转向注重"礼乐文明"。这是中华文化、中华文明的一大飞跃。孔子不言所谓有意志有灵验的"天命"和"鬼神",而对周代的礼乐文明产生了浓厚的兴趣。孔子是引导中国从"有神论"向"无神论"观念转变的第一人。从这个意义上讲,孔子是非常伟大的。

孔子莅临洛阳考察学习,只是他经历中的一个突出事件,他的贡献是非常大的,我国公元前841年前没有文字史料,是孔子编修的《诗》《书》《礼》《乐》《易》《春秋》——《六经》把上古文化和文明传承下来的。在孔子时代至今的中国传统文化"儒、释、道"中,儒家文化一直是中华文化的主线。孔子是中华上古文化的传承人以及5000年中华文化的奠基人。

孔子在文学上也作出了巨大贡献。《诗经》是我国第一部诗歌总集,收入了从西周初期至春秋中叶五百多年的诗歌305篇。据《史记》记载:"古者,诗三千余篇",经过孔子整理删定形成了流传至今的《诗经》版本,又叫《诗三百》,开创了中国文学史上的新篇章,对后世文学创作产生了极其广泛而又深远的影响。孔子是中国文学史上开创新篇章的第一人。

在哲学上,孔子贡献巨大。《易》原本是一部筮占之书。孔子使《易》这部筮占之书成为大道之源,成为中国哲学之源。孔子作的《易传》由《易》的"筮占"功能转变到《易》的"德义"层面上来,其中的"穷则变,变则通,通则久","天行健,君子以自强不息;地势坤,君子以厚德载物"等观念已成为人类"求变向上"的思想基础和中国哲学的宝贵财富。孔子是改造《易》,使《易》转向哲学,引发易学革命的关键性人物。

孔子在历史学上的地位应该说非常重要。孔子编撰的《春秋》是记载上起鲁隐公元年(前722年)下至鲁哀公十四年(前481年)共二百四十二年鲁国历史的第一部史书。这部《春秋》仅仅一万余字却记载了二百四十二年的历史，可谓言简意丰。《春秋》为我国两千多年史学的发展创立和奠定了基础，应该说中国史学之父是孔子。

孔子在教育上有三大创造和贡献：一是春秋时期，王官之学衰微，孔子首开私人讲学之风，设杏坛讲学授徒，整理并以《诗》《书》《礼》《易》《乐》《春秋》六经为教材，以礼、乐、射、御、书、数六艺为教育内容；二是打破教育上贵贱贫富的等级，提倡"有教无类"，使人人享有教育的平等权利，学生众多，史称"弟子盖三千焉，身通六艺者七十有二人"；三是主张尊师重道，"三人行，必有吾师"，"一日为师，终身为父"。

孔子学而不厌、诲人不倦的教学精神和因材施教、学思并重、举一反三、启发诱导的教学原则及"不耻下问"的学习态度等，至今为人所称颂和沿用。孔子是中国历史上的第一位职业教师，也是中国古代最伟大的教育家，他也由此被称为"至圣先师""万世师表"。

孔子在德育上的贡献是巨大的，孔子生活在礼崩乐坏、道败德失的春秋末期。他不但告诉人们学做人、学文化、学技艺等方面的知识和"修身、齐家、治国、平天下"等方面的方法，而且提出了以"中华十大传统美德"（简称"中华十德"）——"仁、义、礼、智、信、忠、孝、勤、公、省"为内容的伦理道德观念。孔子堪称中国的道德先师。

两千多年来，作为伟大的思想家、教育家、政治家孔子一直深受尊崇。他不仅栖身于先贤的典籍之中，端坐于官方的庙堂之上，更是牢牢地存在于一代又一代中国人的心灵里。其中的原因是什么？很多人都在想，我也在想，关键在于他是——中华文化的代表，民族精神的化身，和谐社会的象征……故而我们对孔子只能是高山仰止、景行行止，虽不能至，然心向往之……

# 2.洛阳道教遗迹论略

　　洛阳是文化圣城,儒学、道学、佛学、玄学等都与洛阳有着莫大关系,追根溯源都追到了洛阳。这样一座城市,叫做文化圣城名副其实。有鉴于此,就从道家文化说起吧。道家与洛阳渊源深厚,道家鼻祖老子曾在洛阳做官,任东周时期的守藏室之史,管皇家图书馆的,相当于馆长,是学术权威、文化大家。万世师表、至圣先师孔子曾到洛阳拜见过他,向他求教,问礼于他,故而东关大石桥孔子入周问礼碑存焉。

　　洛阳是道家圣地。道家学派的开山祖师是老子。老子,姓李名耳,字聃,一字伯阳,或曰谥伯阳,春秋末期人,中国古代思想家、哲学家、文学家和史学家,道家学派创始人和主要代表人物,与庄子并称"老庄"。后被道教尊为始祖,称"太上老君"。在唐朝,被追认为李姓始祖。孔子曾入周向他问礼。春秋末年,天下大乱,老子欲弃官归隐,遂骑青牛西行。到灵宝函谷关时,受关令尹喜之请著《道德经》。

　　老子思想对中国哲学发展具有深刻影响,其思想核心是朴素的辩证法。在政治上,主张无为而治、不言之教。在权术上,讲究物极必反之理。在修身方面,讲究虚心实腹、不与人争的修持,是道家性命双修的始祖。老子传世作品《道德经》(又称《老子》),是全球文字出版发行量最大的著作之一。《道德经》文本以哲学意义之"道德"为纲宗,论述修身、治国、用兵、养生之道,而多以政治为旨归,乃所谓"内圣外王"之学,文意深奥,包涵广博,被誉为"万经之王"。

古雒斋漫语：老子在洛阳留下的遗迹比较多，除"礼乐"碑外，还有"老子故宅"。老子故宅，位于洛阳市瀍河回族区东通巷北头西侧，今洛阳市第二十四中学校院内。东临孔子庙即瀍东书院旧址，西傍瀍河。老子故宅由西向东，与孔子庙、三灵侯庙（俗称"葛唐周"）并行，均坐北向南，一字排开。老子故宅大门门楣上有两条石刻雕龙，额题"老子故宅"四个大字，院内大殿塑有老子像一尊。后来在附近住宅里还发现有"孔子西向问礼行车地"碑和"老子故宅"砖雕。说明历史上"老子故宅"的规模是比较大的。

洛阳有著名的老君山。老君山位于洛阳市栾川县七里坪。春秋时期，道教始祖老子李耳到此归隐修炼，使之成为"道源"（道教起源地）和"祖庭"（祖师之庭）。北魏开始于其上建老君庙以示纪念，老君山从山门七里坪入口处起，太清宫、十方院、灵官殿、淋醋殿、牧羊圈、救苦殿、传经楼、观音殿、三清殿、老君庙等道教建筑 20 余处。历代毁毁修修，现存 6 处，以顶峰老君庙最为壮观，老君庙在中原众多道教庙宇中屈指可数，颇具特色。

老君山历史上名气很大，唐贞观十一年（637 年），唐太宗派尉迟敬德重修老君庙，并赐名为"老君山"。明万历三十一年（1603 年），明神宗诏谕老君山为"天下名山"，并发帑金建殿，成为历史上被皇帝封赐为"天下名山"的道教山脉，同时也是道教中历史较为长久的名山。老君山还是国务院批准建立的国家级自然保护区，其原貌保存良好，它记录着 19 亿年来华北古陆块南缘裂解、离散、增生、聚合、碰撞、造山等构造演化过程，有很高的科学研究价值，亦是洛阳南部旅游的绝佳之地。

上清宫在中国道教史上影响重大，是中国第一座以"宫"命名的道观。因道家鼻祖老子与道教创始人张陵在此修道而被尊为"道源""祖庭"，是非物质文化遗产南无拳的发源地。上阳宫备受唐宋皇帝重视，开元九年（721 年），为了活跃东都道教气氛，唐玄宗请全国著名道士来上清宫讲学。宋太祖曾驾幸西京洛阳，到上清宫祈祷天晴。宋太宗也十分看重上清宫，遂于至道元年（995 年）正月下诏，在汴梁城内仿建了一座上清宫，和洛阳上清宫的格局一模一样。宋真宗 3 次驾临洛阳上清宫，称赞老子为"至道大德"并率百官来到上清宫，与民联欢，大宴三天，这是有史以来首次民俗意义上的天子崇道举措，使上清宫名声大振。

上阳宫金元废毁，明代嘉靖十四年（1535 年），道士张玄募钱重建，因山高风大，改殿顶小瓦为大型釉瓦（俗称"琉璃瓦"），屋脊置铁瓦，故称大殿为"铁瓦琉璃殿",今庙内尚存其时铁瓦数块。嘉靖三十四年地震,殿宇震毁;康熙二十一年(1682年)巡抚阎兴邦、雍正八年(1730年)知府张汉等均重修。修后庙宇,殿南北长500米,东西宽300米,有戏楼、山门、大殿以及配殿廊房等。抗战时期为日寇飞机炸毁。现存有山门、窑洞(翠云洞)和配房数间,翠云洞上有玉皇阁三间。

洛阳有上清宫还有下清宫,两者是道教的"姊妹宫",或曰"双子星"。下清宫,原名"青牛观",位于洛阳邙山翠云峰,是洛阳八大景中"邙山晚眺"的最好观景处。下清宫亦建于隋唐时期,初名"青牛观",用以纪念老子的坐骑青牛。宋太祖时期,正式定名为"下清宫",下清宫历来是道士炼丹修道之所,被称为"天下道宗之地"。

上高中的时候,因家父单位迁到道北,我家从老城搬到道北住,距离上、下清宫比较近,闲暇时经常探访两地,对"两清宫"还算有些了解。下清宫规模不算大,占地40余亩,由中院、西道院、东道院三部分组成,庙院东西宽50米,南北长90米。实际上过去的下清宫要比现在大多了,整个省监狱系统的建华玻璃厂都在院内。再往前追溯,下清宫仅香火地就有400多亩,宋朝时出家道士就有300多人,加上上清宫和玉清宫的道士,翠云峰上几家道观的道士共有800人之多,足以说明翠云峰昔日道教香火之繁盛。

上清宫还是有讲究的。上清,道家的三清境之一。按汉语的意思是指上天、天空。一般认为出自《汉书·扬雄传下》。《汉书·扬雄传下》"不能撼胶葛",唐颜师古注:"胶葛,上清之气也。"唐齐己《贺雪》诗:"上清凝结下乾坤,为瑞为祥表致君。"《文选·颜延之》:"下节震腾,上清眺侧。"吕向注:"下节谓水也,上清谓月也。"故此,上清宫乃"月"宫也。《云笈七签》卷三:"其三清境者,玉清、上清、太清是也。亦名三天,其三天者,清微天、禹余天、大赤天是也……灵宝君治在上清境,即禹余天也。

按道家学说,灵宝天尊,全称"上清灵宝天尊",是道教"三清"尊神之一,在"三清"之中位尊第二。据《云笈七签》引《洞真大洞真经》称,灵宝天尊系"玉晨之精气,九庆之紫烟,玉辉焕耀,金映流真,结化含秀,苞凝元神,寄胎母氏,育形为人"。灵宝天尊是大道化身之一。《大洞真经》云:"上清高圣太上大道君者,盖玉宸之精气,庆云之紫烟,玉晖曜焕,金映流真,结化含秀,包凝立神,道君即广宣经箓,传乎万世。"当然这些是宋及以后的说法,洛阳的上清宫,最早供奉的是老子,因老子姓李,被唐王朝封为至高无上之神。

下清宫的得名与上清宫有关系，因位置在上清宫之下，故而称"下清宫"。从实际状况来看，下清宫目前的情况要好一些，恢复修缮得相对完整，有牌坊、老子塑像、大殿、道士塔等，加上地理位置基本在市区，游客也相对比较多。尤其是几座保存下来的"道士塔"，即道士的墓塔，让人更感觉有几分历史的沧桑、岁月的无常。

实际上隋唐宋乃至以后很长时间，洛阳翠云峰是有至少三座道教道宫的，上清宫、下清宫、玉清宫。玉清，道家三清境之一，为元始天尊所居，亦以代称"元始天尊"。南朝梁陶弘景《水仙赋》："迎九玄于金阙，谒三素于玉清。"唐吴筠《游仙》诗之四："使我齐浩劫，萧萧宴玉清。"《云笈七籤》卷三："三清境者，玉清、上清、太清是也。"遗憾的是，洛阳的玉清宫，后来随着洛阳政治地位衰微及战火之频仍，退出了历史舞台，仅有一些鸿雁留爪般的传说。

当年，从洛阳到达吕祖庙要经过五股路、经过"青菜冢"、经过"乱坟岗"，然后才能到达这一超脱之地。吕祖庙的建筑东低西高，拾级而上才能到达院内及大殿。吕祖庙最惊奇的是它的选址，在瀍河西边一个突兀的山头上，常言道深山藏古寺，这是悬崖立古庙，当然这一点在庙的后面，即现在的大门处是看不出来的。

吕祖庙顾名思义是供奉"八仙之一"吕祖（吕洞宾）的。吕祖，原名吕喦，字洞宾，号纯阳子、岩客子，自称"回道人"，以字行世。世称"吕洞宾"，相传他是河东蒲州河中府（今山西省运城市芮城县永乐镇）人，道教丹鼎派祖师、妙道天尊。吕洞宾师从锺离权，后曾传道于刘海蟾及王重阳，被道教全真道尊奉为"北五祖"之一、是民间传说中"八仙"之一。洛阳设置吕祖庙亦是道教兴盛时的产物。

洛阳的吕祖庙是为了纪念道教全真派"北五祖"之一的吕洞宾而兴建的。"北五祖"分别为王玄甫、钟离权、吕洞宾、刘海蟾、王重阳。相传唐代全真派"北五祖"之一吕洞宾东游洛阳时曾在此处建庙修道，后因朝代更迭、战乱频仍，古迹销毁殆尽。吕祖庙内存多通石碑，其中一碑记载，现存庙宇的建筑年代为清康熙三十二年（1693年），由当时洛阳名士任仲芙领衔捐款营建。

洛阳吕祖庙的山门为砖石结构，面朝东，应"紫气东来"之意。山门两侧有配房，内有八仙彩塑，栩栩如生。入山门后拾级而上，穿过卷棚，就来到了洛阳吕祖庙的前殿。殿前古树环绕，青烟袅袅，朱窗若隐若现。

殿内正中的方形供台上为吕祖阁,阁内供奉吕祖像。前殿后为正殿,两侧有配殿、厢房。此外,庙内还有石狮一对,古碑十多通。

道教中,供奉吕洞宾的比较多,其中原因主要是八仙之一的吕洞宾,是最具仙风道骨的神仙,也是风流倜傥的美男,还是比其他七仙名气更大的人物。全国各地的吕祖庙数不胜数,相比之下我们就很少听过汉钟离庙、铁拐李庙等,在个人形象上,汉钟离身材过于臃肿,铁拐李步履蹒跚,曹国舅状若病人,蓝采和更像乞丐娃,韩湘子虽然玉树临风,但才艺比不过吕洞宾,张果老更像老迈村夫,何仙姑乃一女流,没有可比性。还有就是吕洞宾是个真实人物,是个读书人,史书记载他精通剑术、炼丹术,本领高强,这样看来,享受祀奉也在情理之中。

吕祖庙在洛阳众多道教宫观中相对来说香火还是比较旺盛的。究其原因:一是此处的地理位置比较特殊,站在吕祖庙东大门处,俯瞰瀍河,瀍河如带,在山下转了个半圆,娓娓驰入洛阳,渐渐地淹没了她的身影,尤其是迎着初升的旭日,这里是观景的绝妙去处。其次,相传这里的卦比较灵,吸引众多善男信女前去拜谒、还愿。略感遗憾的是门前环境还有些杂乱,喧闹之声让清净之地不甚清净。

洛阳的道家遗存中,洛阳西边的新安县有著名的洞真观。洞真观位于新安县铁门镇玉梅村,建筑面积3000平方米左右,占地面积6000平方米左右,整组建筑坐北向南,自南而北在一中轴上,形成南北长、东西窄的格局。洞真观分三进,前为山门,入内为三清殿,再进为官厅,后院为玉皇殿,两侧为道房,官厅东侧为厢房,西侧为王母殿、奶奶庙等,各类房屋现存40余间。

洞真观位于新安县西部的烂柯山,是豫西名刹、道教圣地。据史料记载,道观建筑始建于宋、金时期,有千年之久。洞真观最主要的建筑为三清殿,平面呈长方形,坐北朝南,大殿面阔五间,进深三间,木结构,单层歇山顶,两面坡琉璃瓦覆面,脊饰陶兽及半浮雕牡丹。大殿梁架上绘有龙、云纹等图案,殿内尚存壁画23幅,轮廓清楚、典雅庄重、内容丰富,有宗教故事、山水、人物、花鸟等。观内有古柏五株,苍劲挺拔。现存历代碑刻60余方,内容多为修醮重建、名人题记、圣旨碑等,史料及艺术价值颇高。2019新安洞真观入选第八批全国重点文物保护单位名单。

洞真观附近有著名的"真人王乔仙人洞"。传为王乔成仙之处,洞口有石额"逢师一着"。目前该处现存5窟,其中最大的为"真人王乔仙洞"，洞口狭中宽，高约3—4米，面积30平方米，洞口左侧嵌有石碑一通。洞口外两侧镶有石刻，洞内两侧有"透灵碑"；洞口前平台上，另立一方元碑。上雕刻有"烂柯山真人仙迹乔仙洞"字样。洞北有洞真观，曾为豫西著名道教圣地。烂柯胜迹，古为新安八景之一。洞真观历史悠久，名气甚大，流传下来的还有"王乔成仙""柏树顶缸""树倒成石"等传说。

王乔成仙的传说在民间流传很广。王乔，古代神话人物、道教崇奉的神仙。即王子乔，周灵王的太子、王氏始祖，本名姬晋，字子乔，自幼聪明而有胆识。据说在他十二三岁的时候，正赶上连降大雨，洛邑附近的瀍水和洛水合流，洪水漫过了堤岸，几乎要冲毁王宫。灵王着了急，忙命人运土堵水，王子晋却在父亲面前引经据典，讲了一套"川不可壅"的大道理。他的意见虽没被采纳，但他有胆量、有智慧的声名却传扬了出去。周灵王二十二年，王子晋游于伊水和洛水，遇到道士浮丘公，随上山修道成仙。

烂柯山的传说，在全国很多地方都有，王乔的传说亦然。新安烂柯山的传说历史悠久，广为流传。民间还把王乔说成"王樵"，更接地气，"烂柯"的柯就是斧子柄，传说王樵上山砍柴，观看两位仙人下棋，不知不觉已经一百多年，斧柄已经烂了，回到原来的村子，已人事皆非。这一方面是说"洞"中方一日，世上已百年，人"道"两重天；另一方面，表达了一种向往，超凡脱俗，脱离苦海，远离尘世，躲避烦恼。正因为道家有这种"出世"的思想，使得道家的追随者历代不乏其人，故而在明山静水中留下许多遗迹、传说……

烂柯山、王乔在道教文化中影响很大。新安洞真观巧妙地把两者结合在一起，成为驰名中原的道家名观，进而成为国家重点文物保护单位。烂柯山、洞真观的保护开发在洛阳高质量发展的新形势下非常重要，在文化传承保护中亦很重要，是非常难得的文化资源。新安铁门镇这一带文物、文化景点甚多，千唐志斋、张钫故居、藏兵洞、洞真观、吕维祺故居等有数量上的优势，且特色比较明显，有相当的影响力。若开发得当，定会成为洛阳文化与旅游的"新秀"及"蓝筹"。

道家的遗迹及传说，在洛阳北边的邙山一带也有。在瀍河下游，岸边有一个著名的村庄牛步河村，牛步河村属孟津区城关镇，是孟津的南大门。村名由来：相传老子离宫归隐，骑一青牛出关西游路过此地，青牛一跃过瀍河，留下"牛步河"之美称。据说周敬王四年(前516年)，周王室发生内乱,王子朝率兵攻下刘公之邑,周敬王受迫。当时晋国强盛,出兵救援周敬王。王子朝势孤,与旧僚携周王室典籍逃亡楚国。老聃蒙受失职之责,受牵连而辞职。于是离宫归隐,骑一青牛,欲出函谷关,西游秦国。

东周时期,相传老子出了周王城北门,骑着青牛,踽踽北行,上了邙山。翻岭过洼之际,瀍水突现眼前。当时,瀍水水势很大,老子顺着河道看去,水上看不到渡船,更看不到桥梁。眼看天要黑了,总不能在河边露宿吧?老子沉吟片刻,让所骑青牛后退数步,然后朝牛背猛击一掌。只听青牛长哞一声,犹如腾云驾雾,瞬间便到了瀍河北岸。从此,该地便有了"牛步河"之美称。这既是牛步河村名的来历,亦是道家学说创始人老子诸多传说之一。

瀍河岸边"牛步河"的传说无疑是"老子出关"的众多传说之一。"老子出关"的故事一直被人们津津乐道。鲁迅先生也对此发生过兴趣,还专门创作了故事新编《老子出关》。此外,老子出关中的"紫气东来"也成了中国文化中一个受欢迎的名词,帝王之家将"紫气"当作祥瑞之气;平民之家也把"紫气"当作吉祥的象征,并常把"紫气东来"写在大门上。古人还认为,哪个地方有宝物,哪个地方的上空就会出现紫气。紫气就是运气,就是福气,就是祥兆!

有趣的是,老子骑坐的青牛也成了道教文化中的重要意象。青牛成了传说中神仙、道士的坐骑,后来又成为老子的代名词,如老子又被称为"青牛师""青牛翁"等。青牛还被看作神牛,据说老子当初过瀍河、出函谷就是乘着青牛飞过去的,并演绎出一段美妙的传说。洛阳的下清宫亦被称为"青牛宫",中国文化、老子文化、道家文化等就是这样一点一滴地积累起来的,这就是源远流长的我国文化的深邃与魅力。

在牛步河上游一带有道教著名的"九泉观"。九泉观得名于附近的九泉村,该村因古时著名的九个泉眼而闻名,九眼泉在瀍河故道旁,泉分九眼,大泉如盆如碗,小泉如拳如杏,大小泉水九道并出,喷珠溅玉,水雾蒸腾,四季不竭,如今已经被新蓄起来的九泉水库覆盖。九泉观建在九泉附近,是唐宋时期的著名道观,据说与著名道士司马承祯有关,司马承祯是道教上清派茅山宗第四代宗师。司马承祯先后被武则天、唐睿宗、唐玄宗分别召见过,九泉观在当时也红火过,后毁于安史之乱。明清时又被复建,如今留有明清碑碣,诉说道观废存。

洛阳孟津区道教遗址比较多,除牛步河、九泉观,还有名气更大的白云观。白云观位于孟津区老城乡东良村东南半公里许的邙岭翠云山北半坡上，是一座利用沟坡建成的有地面建筑和窑洞的道观。这里景色秀美，北眺黄河，南瞻首阳山舜帝庙，东有伯夷、叔齐扣马谏阻处，西有李密饮酒台。

白云观始建于唐代，为唐玄宗奉祀圣祖玄元皇帝——老子之圣地，名天长观。金世宗时大加扩建，更名为十方大天长观，金末重建为太极宫。白云观，收藏着大量的珍贵文物，最著名的有"三宝"，明版《正统道藏》、唐石雕老子坐像及元代大书法家赵孟頫的《松雪道德经》石刻和《阴符经》附刻。就这"三宝"，在洛阳的诸多道教庙观中是十分难得的，堪称瑰宝。

白云观原有祖师殿、崇圣母殿、老君殿、玉皇大帝殿等，后来拆除。1988年，附近的善男信女集资在原址上重建了玉皇殿，五明三暗，单檐歇山，琉璃瓦，红门红柱，在绿树丛中很是显眼。东西依山崖凿窑洞十余孔，奉祀民间信仰诸神。山下原有九龙殿和盛唐寺，均毁。观内散存有清代石碑数通。白云观每月初一、十五有庙会，前来烧香、赶会的人不在少数。

洛阳的道教建筑还有三官庙，又称"延福宫"，位于洛阳市老城区康乐巷南段民生制药厂家属院内。据《洛阳县志》记载："大明弘治二年（1489年）伊王建，内祠三官，范铜为像。"俗称铜三官庙后改为延福宫。到了明嘉靖皇帝时因其崇信道教，在北京重修大慈延福宫，此时朱元璋的第七代孙、世袭伊藩王朱典楧在洛阳大力推崇道教，出资修建道场延福宫，并请上清宫道士张玄慕来帮助建宫。

延福宫为伊藩王府家庙，只对河南府官吏开放。每年农历正月十五天官节，七月十五地官节，十月十五水官节，河南府大小官吏和伊王及家人都一起到延福宫祈福迎神。三官庙原建筑有三官殿、三清殿、后殿、玉皇阁，庙前有戏台等。如今明代的三官庙建筑群仅存后殿一座，其他建筑遗址现为居民楼房。三官庙现为洛阳市重点文物保护单位。

明崇祯十四年（1641年）正月初十，李自成大军浩浩荡荡直奔河南府而来，明福王朱常洵及家人专程到延福宫进香、上供，并给宫中献上重金，祈求玉皇大帝保佑他全家及洛阳城平安渡过这一灾难，福王长跪不起，口中念叨不停，后被道士请入客厅，请其上座、奉茶，福王连茶都没心喝，向道长请求破敌之法，希望能保住福王的宝座，渡过这场劫难。

在福王的恳求下，道长三思后讲："贫道不懂官事，但是世间之事没有不可解之说,贫道送您十二个字,不知如何?"福王急切说,请速速讲来。道长不语,默写于纸上,并嘱福王回府细看。福王回府打开一看"先安抚、出重金、奖壮士、弃洛城"。福王第二天中午,宴请驻洛守军将领,承诺如守住洛阳城,出百万两白银,奖励众官兵。并重奖敢死队,每人百两白银,出城抗敌。最后因守军哗变,老福王失城并丢了性命……

崇祯十六年(1643年)正月,福王之子,南明皇帝朱由崧回洛阳埋葬其父朱常洵后,将延福宫道长带回南京,以谢危难时献计,让其跟随身边。后三官庙一直香火不绝。民国二十一年(1932年)洛阳绅士林谷士、李志安等人,在三官庙创办私立明德中学,教授新学。洛阳解放后,陈谢大军宣传部门还在此办报纸。此地被政府机关收用,后划归民生制药厂,现存建筑破损严重,墙体濒临坍塌,需要维护修缮,若同老城现存的老建筑一并保护开发,尚有可观的利用价值。

古时,洛阳是河南的首府,管辖的地域比较大,登封、巩义等属洛阳管辖。而登封的道家名邸中岳庙亦属洛阳地界,是洛阳道教发展的典型代表。中岳庙是中国道教的发源地,五岳之中现存规模最大、保存最为完整的道教庙宇。始建于秦,现存建筑400余间,金石铸器200余件,古柏300余株,全国重点文物保护单位,世界文化遗产。庙内的《中岳嵩高灵庙碑》是中国道教立碑之祖。

中岳庙前身是太室祠,最迟在西汉汉武帝时已经存在,原为祭祀嵩山太室山神的场所。历史上的汉武帝,对于建设全国统一的多民族国家作出过巨大贡献,但因时代的局限,到了晚年,热衷于神仙方士之说,渴望自己能够同传说中的轩辕黄帝一样,成为神仙。西汉元封元年(前110年),汉武帝游览和礼祭嵩山,下令祠官增建太室神祠,禁止砍伐山上的所有树木,以山下之地产封给神祠作为供奉之用,使中岳庙地位愈加巩固。

随着祭祀山岳制度的消失,中岳庙后来成为道教的活动场所,但仍保留着礼制建筑的特点,基本保留了清代重修以后的规制。庙中有殿、宫、楼、阁等建筑39座近400间。中轴线全长650米,共有7进11层建筑,建筑高大雄伟,主殿峻极殿是五岳中最大的殿宇。中轴线两侧分布有古神库、四岳殿、东西廊房、火神宫、祖师宫等多组院落,是道士分别举行祀典和生活的地方。庙内还有古代碑刻、汉代至清代的古柏等,完整的建筑布局使中岳庙成为一座主次分明、错落有致、布局紧凑、色调和谐的庞大建筑群。

中岳庙是五岳之中规模最大的古建筑群，世界文化遗产"天地之中"历史建筑群的遗产之一，世界道教胜地。尤其是峻极门前东侧四角亭内的《中岳嵩高灵庙碑》，刻于北魏太安二年（456年），是嵩山地区最古老的一通石碑，碑高为2.82米，由整石雕成。碑文传为嵩山著名道士寇谦之所书。字体结构严整，笔调朴实健捷，仿似汉碑古制，是研究魏碑书法和中岳庙宗教历史极其珍贵的实物资料。康有为把它列为北碑十家之首，称其"沉异奇古"。现字迹已大部剥落，仅存首尾数百字。

据《道学传》记载，道教创始人张道陵曾在嵩山修道九年。南北朝时，又有著名道士寇谦之在此改革"五斗米道"，创立"新天师道"。《中岳嵩高灵庙碑》就是当年刻立的，碑文记载寇谦之修中岳庙和传道的事迹，这是关于这位名道士最早的记录。此后，历代还有不少知名道士在这里主持过道场。峻极门东侧还有《五岳真形图碑》，雕刻着象征五岳的图像。

中岳庙是道教在河洛嵩山地区的最早基地，原是为了祀奉中岳神而设的。道家认为这里是周朝的神仙王子晋的升仙之处。王子晋喜欢吹笙作凤凰鸣声，游于伊水和洛水之间。那时嵩山有一个道士叫浮丘公，就接他上嵩山修行。几十年后，有人在山中见到他，他说："告诉大家，七月七日，在缑氏山头等我。"那日，果然见他乘白鹤，盘旋数日后才离去。于是后人在洛阳偃师区的缑山和嵩山的顶上都建立了神祠纪念他。嵩山峻极峰以东的白鹤观，背负三峰，左右皆绝壁，即为纪念王子晋而建。

中岳庙，素有"小故宫"之称，虽以太室山峰遥为背景，却独立建造于"天地之中"盆地平原，自成建筑体系，脱胎于中国皇家规制的规划布局和保存完好的建筑物，是中国道教建筑最完整的代表作。中岳庙见证了印刻"天地之中"信仰的道教文化发展史。中岳庙内的建筑和碑石是研究魏书书法、道教历史和中岳庙宗教历史的重要实物资料，文化价值、学术价值极高。

唐代的时候，道教在洛阳活动是比较频繁的，重要的道观也比较多，除上清宫、下清宫外，在隋唐洛阳城的发掘中亦发现了安国女道士观的遗址。考古工作者在隋唐洛阳城正平坊遗址的考古工作中取得重要进展，在该遗址西北隅中轴线区域发现安国女道士观建筑遗存，并出土多件道教相关遗物。在正平坊遗址西北隅，考古工作者发现了以大殿为核心的多进式庭院布局形式，存在多处大型夯土建筑，自北向南，层层递进,左右以回廊分割。其中有一处大型院落或为安国女道士观。

结合这处遗址,对照相关文献,正平坊遗址西半坊的大型院落原为太平公主宅院。太平公主死后,其宅院被改建为皇家道观——安国女道士观,收容了许多上阳宫女。此后,唐玄宗的胞妹(太平公主的侄女)玉真公主也在此出家修行。

遗址内还出土了不少疑似与道教相关的遗物,殿周围出土有不少汉白玉碎块与一件精美的汉白玉莲花底座。据《唐语林》(卷七)记载,安国观内有"琢玉为天尊、老君之像",这些汉白玉碎块很可能就是文献记载中的道教人物塑像。此外,遗址内还发现了少量黑陶、青釉瓷残片,其中一件残片刻有"令"字,推测为仪式用的礼器钵残片。

洛阳隋唐城考古发现的这处道教遗存,以编号 F21 的房址为核心,其边长约 40 米,平面近正方形,规模宏大,南北皆为双踏步。且大殿的西南有一呈西南—东北走向的廊道与殿西侧的回廊相连。考古人员推测,殿东南应也有一廊道与东侧回廊相连,两廊道东西对称呈"八"字形。"这些特征在一般生活居所中并不多见,同时也是洛阳地区首次发现。"根据文献推测,独特的建筑形制应与道教"天圆地方""五行八卦"等理念相合,此处可能是举行大型斋醮仪式的主要殿堂遗迹。

历史地看,宗教意识在我国并不是那么强,而且信仰的对象也比较杂,甚至还有多重信仰的问题,如信仰佛教,不影响其信仰道教,也不影响其信仰其他诸多的各种神仙,这种信仰的不专一,可能是我国宗教的一个特点吧。在洛阳的佛教遗存中,如龙门石窟,如吉利万佛山石窟等,虽说是佛教场所,但也有把佛像改造为道教崇拜对象的情况,甚至还有把早期基督教与佛教混在一起的情况,如在龙门山,佛教的圣地,也有早期基督教墓葬的情况。

在洛阳释、道发展的过程中,是有一个此消彼长的过程,洛阳白马寺附近有个释道相争的遗址——焚经台,说的就是两教相争的情况,斗争的结果是道教败下阵来,这种情况在其他地方可能也有,说明宗教信仰是有排他性的。洛阳是佛教传入中国的"祖庭"与"释源",而道家也把洛阳当成起源地和祖师地,这是洛阳在我国历史上宗教的高度,仅这些,在文化史上就是难得的大事、要事。用发展的眼光看,洛阳是"两支均秀"。

洛阳的道教遗存遗迹已经梳理一段时间了,总的来讲洛阳道家的东西是比较多的,级别也比较高,有些甚至是国家级的,如上、下清宫,安国女道士观等,这与洛阳历史上屡为国都有关,也与道教的发展有关。宗教是文化发展到一定阶段的产物,宗教也与人们的生活息息相关。洛阳道教的发展实际也是历史发展演变的一个缩影,从中我们也可了解到历史的兴衰、文化的演变、灵魂与肉身的思问等。

洛阳只是道教文化的一个缩影,道教是我国传统文化的重要组成部分,对中国古代社会思想、文化艺术等方面都产生了很大影响。道教源于先秦时期的道家,汉武帝"罢黜百家、独尊儒术",先秦诸子百家中有许多人物及著作被正统儒家思想所摒斥,但由于道教吸收了它们的思想内容,才使有些著作免遭湮没。《道藏》中的许多内容,就是道教徒对先秦诸子作品的疏释研究而产生的,这就为人们研究古代思想保留了难得的资料。宋初华山道士陈抟研究《周易》而推衍出的《先天图》,更是对以后理学的发展产生了极大的影响。

道家和道教的传统在我国思想史上影响很大,尤其对知识分子、士大夫阶层。中国古代士大夫阶层、知识分子,往往具有双重人格,在追求功名利禄时,儒家积极入世思想剧增,"修身齐家治国平天下",是这部分人前行的动因和力量,恨不能片刻间为官,治理一方,报效朝廷,光宗耀祖。而一旦受到挫折,人生不得意之时,则心灰意懒,消极出世念头占据上风,有的更欲修仙避世,隐于山、隐于市等,儒道思想基本贯穿其一生,这几乎是各朝各代士大夫阶层的遗风。

道教在强身健体方面是有一套的。道教强调修炼内丹,所用方法,就是中医的治疗方法,如导引法等,具有养生作用;如服气,即中国古代的一种呼吸养生方法。教徒为谋求长生不老,除了寻求"仙丹"外,不断探求种种延年益寿的养生方法,因而在道教文献中有大批研究养生的著作。在这种思想影响下所产生的八段锦、太极拳等,均有增强体质、防病健身的作用,这些都是传统医学宝库的重要组成部分。

在漫长的历史进程中,道教的一些思想理念最容易被普通民众所接受,平民百姓把信奉道教理念和希冀生活幸福结为一体,在日常生活中也留下印痕。道教所尊奉的神仙名目有许多已融入民俗,家喻户晓。道教崇尚自然、清净无为的思想,不仅贯穿于道教本身,也促进了文学艺术的发展。总而言之,道教是中国传统文化中的重要组成部分,在古代文化的发展史上具有不容置疑的影响与贡献。因此,加强道教文化的研究,也是传统文化研究的一个重要方面。洛阳有这么多道教文化遗存,研究与开发前景广阔。

# 3.千年安乐窝　学问数邵雍

　　"北宋五子"洛阳占了三个,程颢、程颐、邵雍,说明啥?洛阳在北宋时候是思想文化高地,这个高地不是浪得虚名,是长期政治、文化、意识形态等领域激荡发展的结果,邵雍即其中有代表性的人物之一。邵雍(1012—1077年)字尧夫,自号安乐先生、伊川翁等,谥康节,洛阳人称"邵夫子"。北宋理学家、数学家、诗人。宋天圣四年(1026年),邵雍十六岁,随其父到共城(河南辉县)苏门山,卜居于此地。宋仁宗康定元年(1040年),邵雍三十岁,游历河南,因将父母葬在伊水(河南境内南洛水支流)之上,遂成为河南(今河南洛阳)人。

　　邵雍初到洛阳的时候,所居房屋是草房子,门也是蓬草做的,难以抵挡风雨。邵雍以打柴为生,亲自烧火做饭以侍奉父母。虽然日子穷苦、一无所有,但邵雍却一副怡然而自得其乐的样子,为周围的人所难以理解。当时的前宰相富弼、司马光、著名诗词家吕公著等退居洛阳后,非常敬重邵雍,常常与之一起游历,并商量着想办法帮助邵雍在洛阳生存下来。

　　嘉祐七年(1062年),邵雍移居王拱辰、富弼和司马光等人出资为其在洛阳天宫寺西天津桥南置办的宅院,从此邵雍在园地上自耕自种,过上了自给自足的生活,并为自宅起名为"安乐窝",即现在洛阳桥南边的村子安乐窝村,并自号为"安乐先生",意即安贫乐道,以积极乐观的态度面对人生。

　　邵雍治学刻苦,世传他为了博览群书曾冬不炉、夏不扇,在安乐窝邵雍故居还有他当年读书挖的地下读书室。此事来源于程颢所做的《邵雍先生墓志铭》中的一段话。墓志铭中是这么写的："先生始学于百源，艰苦刻厉，冬不炉，夏不扇，夜不就枕席者数年。"二程与邵雍是同时代的人，而且过往甚密，同居于洛阳，平时常有迎送之事。所以程颐、程颢这二程先生对于邵雍是非常熟悉的。邵雍去世后，程颢为其写了这个墓志铭，里面就写到了邵雍先生当年学习刻苦，对自己要求严格，以至于冬天不生炉子，夏天忘了用扇子，而且晚上不怎么睡觉，足见邵雍当年学习一直是很刻苦的。

邵雍的思想与周敦颐有相似的地方，即也从道教中汲取思想材料，采取象数学的手法建立理学世界观。他参照陈抟传下来的《先天图》，用"加一倍法"，通过象数罗列构造出先天象数学，用来比附宇宙间一切事物的形成和发展。他认为宇宙的本原是"太极"。"太极一也，不动，生二，二则神也。神生数，数生象，象生器。"太极是绝对的"一"，由一分化、设置出数、象，由象派生出宇宙万物。

邵雍的著作《皇极经世书》，是一部运用易理和易教推究宇宙起源、自然演化和社会历史变迁的著作，以河洛、象数之学显于世。《皇极经世书》共十二卷六十四篇。首六卷《元会运世》凡三十四篇，次四卷《声音律品》凡十六篇，次《观物内篇》凡十二篇，末《观物外篇》凡二篇。前六十二篇是邵雍自著，末二篇是门人弟子记述。其中《观物篇》是邵雍之哲学、易理、历史学的理论大纲。

邵雍的《渔樵问对》着力论述天地万物、阴阳化育和生命道德的奥妙和哲理。这本书通过樵子问、渔父答的方式，将天地、万物、人事、社会归之于易理，并加以诠释。目的是让樵者明白"天地之道备于人，万物之道备于身，众妙之道备于神，天下之能事毕矣"的道理。《渔樵问对》中的主角是渔父，所有的玄理都出自渔父之口。在书中，渔父已经成了"道"的化身。

邵雍还是一名诗人，留存下来的诗有 3000 余首。他常用诗词来阐述自己的哲学思考，如《仁者吟》："仁者难逢思有常，平居慎勿恃无伤。争先径路机关恶，近后语言滋味长。爽口物多须作疾，快心事过必为殃。与其病后能求药，不若病前能相防。"这首诗第一联是说，具有仁德的人是很难遇到的，所以我们要考虑一般的情况，平日里，不要以为自己不会受到伤害，就肆意妄为。第二联说：人人争先恐后的路，必然机关险恶，劝人谦虚退让的道理，往往是意味深长的。第三联说：那些很好吃的食物,吃多了就会引发疾病,那些让人快乐的事,做多了就会引来祸事。最后一联说:与其得病之后再去求药医治,不如在得病前就做好预防。

邵雍的这首诗,有着明显的道家思想倾向,本诗所阐发的人生哲理,与《道德经》中的哲学思想十分契合。"争先径路机关恶",就是老子所说的"夫唯不争,故无尤",人人争抢的路径,必然少不了勾心斗角,少不了机关险恶。"爽口物多须作疾,快心事过必为殃。"老子说过:"五色令人目盲。五音令人耳聋。五味令人口爽。驰骋畋猎令人心发狂。难得之货令人行防。"最后一句中的"病",并不单指身体上的"病",也包括人生的"病",懂得谦虚退让适度,也就能预防种种之"病"了。

邵雍不仅是我国北宋时期伟大的哲学家、理学家、历史学家、易学家、诗人等,而且还是很独特的数学家,是二进制数学的最早发明者,而这一点,在过去的研究中,人们却忽视了他作为数学家的伟大作用及在学术上的影响,这主要是因为在计算机发明以前,人们并没有注意到二进制数学的意义。客观地讲,从《易学》的角度来看,他的二进制数学思想对莱布尼茨的发明应该有很大作用,或云莱布尼茨至少从邵雍的二进制思想中得到了灵感与启发。

邵雍对莱布尼茨的启发,来源于莱氏有个神父朋友,他这位朋友叫白晋(1656—1730年),其原名 Joachim Bouvet,是个法国人,天主教传教士,早年就来到中国传教,痴迷于中国文化,尤其是《易经》的博大精深,于是就起了个中文名叫"白晋"。他后来还在康熙皇帝身边担任耶稣会教士,就是他开创了西方人对《易经》的翻译、介绍、研究,此人对《易经》在西方的传播起了很大作用,让西方了解到了古老的东方文明、东方智慧。

莱布尼茨在1703年收到白晋寄自中国的邵雍版《伏羲六十四卦方位图》,并在同年发表了《论单纯使用0和1的二进制算术兼论其用途及它赋予伏羲所使用的古老图形的意义》一文。莱布尼茨是否受到《易经》启发还是自己独立创造出二进制数学,目前学术界还有一些争论。但至少邵雍版《伏羲六十四卦方位图》中确实蕴含了真正的二进制数学的知识,这确是一个不争的事实。

古雒斋漫语:莱布尼茨早年在莱比锡大学学习时,就接触过中国文化,当时西方出版了《中国文史评析》(1660)、《中国文物图志》(1667)、《中国哲学家孔子》《中国哲学家之王》(1664)等涉及中国易学的书。

莱布尼茨多年的潜心研究与这些书中的易学象数理论是分不开的，从中悟出二进制数码规律之真谛也是比较正常的。

莱布尼茨在其编辑出版的拉丁文《中国新论》（Novissima Sinica）一书绪论中写道："全人类最伟大的文化和最发达的文明仿佛今天汇集在我们大陆的两端，即汇集在欧洲和位于地球另一端的东方的欧洲——中国。"1716 年，在莱布尼茨去世前不久，他在《致德雷蒙先生的信——论中国的自然神教》的信中说道："我认为在这里解释，这是一个非常合适的机会，因为问题在于证实古代中国人的学说的价值以及古代中国人远远胜于近代人。"这应该说莱布尼茨发明二进制的思想是借鉴于中国易经，借鉴于邵雍的。

由于二进制只有 1 和 0 两个数字，表示任何数值的关键就取决于二进制的位数，只要位数足够，任何十进制数字均可用二进制数来表示。按照邵雍对其方位图排列的说法，"一变而二，二变而四，三变而八卦成矣。四变而有十六，五变而三十有二，六变而六十四卦备矣"（《皇极经世·观物外篇》）。

邵雍版的《伏羲六十四卦方位图》已经包含了丰富的二进制数学知识，遗憾的是中国历代学者并未注意到其中的奥秘。《易学》的研究学者并未把邵雍版的《易经》发扬光大，尤其是长期以来，易经总是以占卜为主，总是以周文王与孔子研发的《周易》64 卦 384 爻为准，而将邵雍版的方位图置之度外，从而降低了其科学成分。

邵雍钻研学问，著述一生，曾撰写《皇极经世》《观物内外篇》《渔樵问对》《伊川击壤集》等著作，自创"先天学"，成就了自己的学问体系，震惊了当时的学术界和士大夫阶层，是宋代著名的理学家，对当时和后代的哲学产生了深远影响。"邵雍去世后，当时朝廷追赠他为秘书省著作郎，赐谥号"康节"，后又封"新安伯"，且配享孔庙，尊称"邵子"，给予了非常高的评价。

邵雍在洛阳留下的文化遗迹有"安乐窝"、邵夫子墓等。"安乐窝"是当时的达官贵人富弼、文彦博等凑钱给他建的。为此他还写诗叙述此事。诗曰："重谢诸公为买园，洛阳城里占林泉。七千来步平流水，二十余家争出钱。嘉祐卜居终是僦，熙宁受券遂能专。凤凰楼下新闲客，道德坊中旧散仙。洛辅清风朝满袖，嵩岑皓月夜盈轩……"

邵雍墓位于洛阳城南伊川县平等乡西村西部。墓地东临伊水，西依紫荆山。周围群峰拱围、草木茂盛。墓地境域偏僻、静谧幽深，为难得的风水宝地,安乐佳城。邵雍墓地现存建筑物有石坊、山门、飨堂等,四周建有围墙,并保存有石雕、石刻。山门有石刻的对联,上联"删后无诗啸月嘲风留击壤",下联"画前有易蹑根探窟见先天",亦算是对先生一生贡献的评价吧。

　　北宋时候,洛阳不是京城,却是思想文化高地。程颐程颢在洛阳著书立说,传授弟子,洛阳是文化教育、理学传布的中心。司马光在洛阳撰写《资治通鉴》,为史学宝库留下了弥足珍贵的精神财富。邵雍作为一介布衣,建立了自己的先天学体系,在学术上擎起了一座高山。更为重要的是邵雍在数学上的贡献,让他荣登自然科学家行列,这在重人文、轻科学的封建社会尤为罕见。除此之外,邵雍在哲学、史学、预测学、文学等方面的贡献也是十分突出的,是难得的人才。在文化也是生产力的今天,重视邵雍思想文化的研究,具有十分重要的意义。洛阳思想文化资源丰厚,若挖掘弘扬到位,真的是价值不菲!

# 4. 理学奠基者　开山有二程

　　程颐、程颢并称"二程"，二程是洛阳人，他们创立的理学体系博大精深。论名气，程颐要更大一些。程颐，北宋理学家、教育家。为程颢之胞弟。历任汝州团练推官、西京国子监教授、秘书省校书郎、崇政殿说书等。程颐与其兄程颢都是周敦颐的学生，共创"洛学"，为理学奠定了基础，世称"二程"。程颐的学说以"穷理"为主，认为"天下之物皆能穷，只是一理"，"一物之理即万物之理"，主张"涵养须用敬，进学在致知"的修养方法。

　　二程的学说在某些方面有所不同，但基本内容并无太大差别，皆以"理"或"道"作为全部学说的基础，认为"理"是先于万物的"天理"，"万物皆只是一个天理"，"万事皆出于理"，"有理则有气"。现行社会秩序为天理所定，遵循它便合天理，否则是逆天理。提出了事物"有对"的朴素辩证法思想。强调人性本善，"性即理也"，由于气禀不同，因而人性有善有恶。所以浊气和恶性，其实都是人欲。人欲蒙蔽了本心，便会损害天理。"无人欲即皆天理"。因此要求人们"存天理、灭人欲"。

　　二程是北宋时期开创新儒学的"五子"之一，其他三位是邵雍、周敦颐、张载。二程所创立的"洛学"，还使理学具有了完整的形态，因而又是宋明理学的实际创立者。洛学是以儒学为核心，并将佛、道渗透于其中，旨在从哲学上论证"天理"与"人欲"之间的关系，规范人的行为，维护封建秩序。二程洛学是为统治者服务的，保守的因素、唯心的因素居多，但也包含有辩证法因素，能兼容并蓄，他们提出的"万物莫不有对""动静相因,物极必反",承认事物是相互制约、发展变化的,有一定的进步意义。洛学的重要作用是奠定了宋明理学的基础,在中国哲学史上有重要地位。

北宋五子是指北宋周敦颐、邵雍、张载、程颢、程颐。他们对北宋哲学思想的发展起了重要作用。周敦颐为宋代理学的开山祖师,其学说混合了道家无为思想和儒家中庸思想,其《太极图说》为理学初期的代表作。邵雍为北宋先天象数学的创立者,思想渊源于道教,把宇宙发生的过程归结为神秘的"象"和"数"的演化过程。张载发展了"气一元论"的思想,为中国古代辩证法"两一"学说的集大成者。程颐、程颢为北宋理学的奠基者,建立了系统的以精神性的"理"为核心的学说体系。

二程因为是洛阳人,他们开创的学说因而亦被称为洛学,这与张载的"关学"、周敦颐的"濂学"、朱熹的"闽学"一样,都属于儒学在宋明时期的新发展,即理学体系的组成部分。二程的"洛学"影响比较大,其后朱熹、陆九渊,明代的王阳明,又在二程开辟的方向上发展了理学。宋明理学是宋代之后漫长的中国封建社会的理论基础和精神支柱,而二程洛学则开了理学之先河。

程颢,程颐之兄,字伯淳,号明道,世称"明道先生"。河南府洛阳人。北宋理学家、教育家,理学的奠基者,"洛学"代表人物。宋仁宗嘉祐二年(1057年)进士,历官鄠县主簿、上元县主簿、泽州晋城令、太子中允、监察御史、监汝州酒税、镇宁军节度判官等职。政治上,反对王安石新政;学术上,程颢提出"天者理也"和"只心便是天,尽之便知性"的命题,认为"仁者浑然与物同体,义礼知信皆仁也",识得此理,便须"以诚敬存之",倡导"传心"说。承认"天地万物之理,无独必有对"。很显然,他的学说对王阳明影响很大。

程颢和弟弟程颐自幼深受家学熏陶,在政治思想上尤受其父程珦的影响。程颢资性过人,修养有道,和粹之气,盎然于面,门人、友人与之相交数十年都未尝看见他有急厉之色。宋神宗在位期间(1068—1085年),程颢任御史。因与王安石政见不合,不受重用,遂潜心于学术。《宋史》本传称:"慨然有求道之志。泛滥于诸家,出入于老、释者几十年,返求诸'六经'而后得之"。

二程兄弟非常注重讲学。如程颢先后在嵩阳、扶沟等地设学堂,并潜心教育研究,论著颇巨,形成了一套教育思想体系。程颢提出教育之目的在于培养圣人,"君子之学,必至圣人而后已。不至圣人而自已者,皆弃也"。认为教育要使受教育者循天理，仁民而爱物，谨守社会伦常。且强调教育要以儒家经典为教材、儒家伦理为基本内容。

程颢还提出，读书以期"讲明义理"，注重读书方法，"读书将以穷理，将以致用也"，不可"滞心于章句之末"，为此者乃"学者之大患"。同其理学思想一样，程颢的教育思想对后世也影响深远。后人为求学统渊源，于他讲学之处立祠或书院以为纪念。宋神宗元丰八年（1085 年），宋哲宗即位，召其为宗正丞，还未起行，程颢已于六月十五日病逝，享年五十四岁。后被追封为"河南伯""豫国公"。

北宋元丰五年（1082 年），理学家程颐因与王安石新政不合而退隐洛阳，当时居北宋相位，与程颐政见一致的文彦博赠给程颐鸣皋镇旧园一所，该园距离程颐老家比较近，地方比较大，又位于文化名区，非常适合授徒讲学。退出政坛后，程颐在此招收生员，"讲易经、授理学"，专事著书立说、培养学生，并把其传道授业的学府取名为"伊皋书院"。

程颐讲学影响颇大，伊皋书院就是其讲学的一个重要场所。伊皋书院，也叫"伊川书院"，位于河南省伊川县鸣皋镇，是程颐退出政坛那年所建，元朝改名"伊川书院"。

赠程颐园子办书院的文彦博是宋代名相，其字宽夫，号伊叟，汾州介休人，北宋时期著名政治家、书法家。天圣五年（1027 年），文彦博进士及第，历任殿中侍御史、转运副使、枢密副使、参知政事等职，因讨平王则起义之功，升任同平章事（宰相）。文彦博历仕仁、英、神、哲四朝，荐跻二府，七换节钺，出将入相五十年。任殿中侍御史期间，秉公执法。为相期间，稳固朝局，大胆提出裁军八万之主张，精兵简政，减轻人民负担，被世人称为"贤相"，有《文潞公集》四十卷传世。文彦博工书法、善墨翰，结字疏宕闲雅，笔法清劲，笔势飞动，风格英爽。宋黄庭坚《山谷集》说："潞公书笔势清劲，真不愧古人！"

相关资料记载，当时的伊皋书院正房 5 间为讲堂；东西厢房各 3 间，为弟子居所；书院内有稽古阁，作贮书之用；大门上悬"伊皋书院"匾，为程颐所题。程颐学识博大精深，经术通明，义理精微，诲人不倦，四方俊秀闻风而至，士大夫从学者日日盈门。程颐定学制，列校规，言传身教，声名大振。

程颐长期在伊皋书院著书讲学，他的思想体系和著述及其传道活动大多在伊皋书院完成，故被称为"伊川先生"。书院兴办后，四方学子，云集程门，"学者出其门最多，渊源所渐，皆为名士"。程颐所传之道，就是对后世产生深刻影响的"洛学"，它对宋代理学思想体系的建立起了奠基作用，具有开创之功。程颐的寿命比程颢长20多岁，从事讲学和传道的时间也就远远超过其兄，二程弟子中的大多数学生为程颐的学生，而程颐的教学传道活动又多在伊川书院进行，可以说伊川书院是理学的策源地之一。

程颐、程颢两兄弟的直传弟子很多，有名的80余人，大多有史可查，其中吕大临、杨时、谢良佐、游酢被称为"程门四先生"。程颐去世后，他的弟子不遗余力地传播并发展洛学。宋室南迁后，文化中心也随之南移，二程的弟子将洛学流传推广到南方。其中对正宗洛学南传重要作用的就是杨时（号龟山），史书记载他"载道而南，一时学者翕然从之，尊为正宗"。

二程的学生杨时（1053—1135年），字中立，号龟山，世称"龟山先生"。祖籍弘农华阴（今陕西华阴），南剑西镛州龙池团（今福建省三明市）人。北宋哲学家、文学家、政治家。杨时自幼在将乐县城含云寺和杨希旦"西斋"读书，北宋熙宁九年（1076年）进士及第。历任徐州、虔州司法和浏阳、余杭、萧山等县知县，以及无为军判官、建阳县丞、荆州府学教授、南京敦宗院宗子博士、秘书郎、右谏议大夫、国子监祭酒、给事中、徽猷阁直学士、工部侍郎、龙图阁直学士等职。杨时学问渊博，有经邦济世之才，为官政绩突出，爱国恤民，清廉正直，"皆有惠政，民思之不忘"。他学于程颢、程颐，同游酢、吕大临、谢良佐并称程门四大弟子。

杨时载道而南，长期从事讲学，并建有东林书院。洛学由杨时南传这一支的师承关系是：杨时—罗从彦—李侗—朱熹。朱熹是二程的四传弟子，他以二程学说为本，兼取诸家之长，最终集理学之大成，完成了对旧儒学的改造。这样，自二程到朱熹经过众多弟子的传播和发挥，终于形成了一套系统的新儒学思想体系，被称为"程朱理学"。南宋宁宗末年，统治者开始尊崇理学，程朱理学取得正统官学地位，成为取代汉以来传统旧儒学而占统治地位的思想学说。

在伊皋书院，还发生了"程门立雪"的故事，说的是杨时和游酢拜见老师程颐的事。杨时精通史学，能文善诗，人称"龟山先生"。他年轻时就考中了进士，为了继续求学，放弃了做官的机会，奔赴洛阳拜二程为师。有一天，杨时和游酢前来拜见程颐，在窗外看到老师在屋里打坐。他俩不忍心惊扰老师，又不放弃求教的机会，就静静地站在门外等他醒来。可天上却下起了鹅毛大雪，并且越下越大，杨时和游酢仍一直站在雪中。等程颐醒来后，门外的积雪已有一尺厚了。这时，杨时和游酢才踏着一尺深的积雪走进去。后来杨时成为天下闻名的大学者，这件事也被作为尊师重道的范例，传为学界佳话，由此演变为成语"程门立雪"。

随着时间的推移，理学作为官学虽已成为历史，但在长时期崇尚理学的背景下所形成的各种礼仪、规制，大都沿袭下来，成为中国传统文化习俗的一部分。如有关生育、婚娶、丧葬等方面的乡风民俗，不少仍是《朱子家礼》之定制。其他如现在所说的"天理难容""理该如此""理所当然"等，其实都是理学的影响或造就。所有这些，若追根求源的话，就不能不追溯到二程，追溯到传播其学说的伊川书院。伊川书院对理学的形成和传播所起的作用是不容忽视的。

# 5. 话说关林

　　我国的关公崇拜也是很有市场的。洛阳有中国三大关帝庙之一的关林。另外两个,一个在湖北的当阳,关羽的身躯葬在那里;一个在山西的解州,关羽的出生地,关羽的家乡,关羽的魂魄在那里。这三个都比较大,而洛阳尤甚。洛阳旅游有"老三篇""新三篇"之说,"老三篇"中的"龙关白",指的就是龙门、关林、白马寺。

　　洛阳的关帝庙,名曰"关林",就不同一般。圣人的寝陵叫"林",如孔子墓,就叫"孔林",孔子是文圣人,理应叫"孔林",关羽是武圣人,叫"关林"没任何问题。关羽的身子葬在湖北当阳,头颅葬在洛阳关林,就使得洛阳的关林庙非同一般的关林庙。当然,关羽头颅及后配的身躯究竟葬在哪里,民间与学界有不一致的看法,但目前的关林已约定成俗,蔚然大观,还是不要贸然去改的好,有争议可以存疑,待证据充分再说议。

　　洛阳关林思想上、文化上、宗教上、旅游上等名气很大。其原因在于关羽是名人,家喻户晓,一部《三国演义》让刘关张名扬青史,而关羽影响似乎更大于其他二者,这可能是作者罗贯中始料未及的。再则就是洛阳的关帝庙——关林是陵寝庙林娱合一,这在中国为数众多的关帝庙中独一无二。还有,洛阳的关帝庙是建在当时的都城,政治意义、政治影响、文化意蕴等是其他地方关帝庙无法企及的。就凭这些,当然还有其他的,中国的关帝庙,洛阳关林首焉!

　　关林的名称得名并不是太早。汉代关林称为"关侯冢",宋代称为"关王冢",明代时改名为"关帝陵"。清康熙五年(1666年)将"关帝陵"

敕封为"忠义神武关圣大帝林"，简称为"关林"，一直沿袭至今。一般认为"林"是古代墓葬的最高称谓。洛阳"关林"是国内唯一的冢、庙、林三祀合一的古代经典建筑，被列为海内外三大关庙之一。每年都有无数游人前来凭吊瞻仰这位武圣人、大财神。

关林是洛阳的一张靓丽名片，关林中有价值的东西很多，关公的陵寝就是其中最重要的东西之一，也是关林称之为"关林"的核心要素。公元219年冬，孙权偷袭荆州，关羽败走麦城，大义归天。220年春正月，孙权害怕刘备起兵报复，将关羽首级献于洛阳曹操处，此番做法是嫁祸于人，但被曹操识破，曹操敬慕关羽为人，将计就计追赠关羽为荆王，刻沉香木为躯，以王侯之礼葬于洛阳城南十五里，并建庙祭祀，从这个意义上讲，"关林"迄今已有1800余年历史了。

洛阳老城有著名的妥灵宫，相传是东吴献送关羽头颅后，曹操所设的安放关羽头颅的祭殿。妥灵宫位于今文明街东端，该宫坐东向西，有门楼三间，通道一间，卷棚三间，大殿三间，供关羽像。据现存古碑记载："妥灵宫为曹氏（操）所建。"妥灵宫建成后，成而毁，毁而复建，经历了一千多年风雨。乾隆年间，由河南府学博士张宾贤、郜大鼎等提议，依据旧基础重建，达官贵人、士大夫及商贾细民"不约而集百余人，四方慕义而捐者不计其数，越三月而就"。现原建筑几乎全毁，仅存石碑二通和门房通道三间，遗址为文明街小学家属院。妥灵宫应该说是历史上第一座关帝庙。

关林中有关冢，即关羽灵首埋葬之处。关冢高17米，面积500余平方米，冢正面南墙有康熙五十六年所建石墓门，门额题"钟灵处"，墓门对联为："神游上苑乘仙鹤，骨在天中隐睡龙"。关冢据说建于汉末，如今绿草如盖，高峻出尘，虽江山已改，而墓冢依然。"关林翠柏"是洛阳"八小景"之一，古柏苍翠，葱茏回合，每当大雨急住乍晴之时，云气如烟，似袅袅香篆，悠悠绕冢流走，奇幻梦景，令人拍案称奇。

关帝冢平面为八角形，外筑围墙，冢前石碑高4.8米，下有龟趺，上有雕龙碑首，额题九叠篆书《敕封碑记》，是康熙皇帝给关公追加封号所立碑，碑阴为洛阳名人，人称"董老官"的左都御史董笃行所撰的《关圣帝君行实封号碑记》，其内容为关羽的生平、封号以及建庙情况。护碑亭作全木构八角形，为八面起坡歇山顶，斗拱枋橼交错勾连，构筑奇巧，别具一格，是清代亭式建筑之典范。碑亭前有明代所立的石供案及石牌坊，石牌坊高10米，宽6米，3道门，正额题"汉寿亭侯墓"5字。

关林的建筑,主要建于明万历年间,清乾隆时又加以扩建,是一处保存完整完善的古建筑群。关林的建筑规格按照宫殿形式修建,布局严谨壮观。庙前有戏台,中轴线建筑依次有大门、仪门、甬道、拜殿、大殿、二殿、三殿、石牌坊、林碑亭、关陵;中轴线两侧附以其他形式相同的对称建筑物。其中最具特色的当数戏楼,前台的歇山式和后台的硬山式组合在一起,重檐楼阁的构筑之妙、布局之巧全国十分少见。

关公的地位是逐步提高的。最初,曹操封他为荆王,万历三十三(1605年)年敕封关羽"三界伏魔大帝神威远镇关圣帝君",关羽始封"圣"。清朝,顺治五年敕封关羽"忠义神武关圣大帝",康熙五年敕封洛阳关帝陵为"忠义神武关圣大帝林",始称"关林",成为与山东曲阜"孔林"并肩而立的两大圣域,文圣人"孔林",武圣人"关林"。当然,其他后人也有用"林"的,但基本不被后世认可。

关林的大门建于清代,比较独特,有九九八十一颗金色乳钉,是封建社会等级制度中最高品级的标志。大门东、西两边为八字墙,分别篆写"忠义""仁勇"4个大字,概括了关羽忠心、义气、仁爱、勇武的一生。关林的仪门建于明万历年间,取"有仪可象"之意,是当时文官到此下轿,武官到此下马的场所。原为明代关帝庙大门,清代改称"仪门"。门额上的"威扬六合"匾,是慈禧太后的笔迹,十分珍贵。

关林有著名的石狮甬道,也叫"石狮御道"。石狮御道由仪门到大殿,长35米、宽4米,两边石栏,有36根望柱,共104个石狮子。此石狮甬道,被誉为"洛阳小卢沟"。据碑文记载,现时之甬道,重修于明万历四十七年(1619年),由在洛客商捐资,依宫殿式样修建。石狮御道是皇帝或朝廷遣官致祭时的专用步道,百狮百态,惟妙惟肖。御道甬柱、栏板多为信众所捐建,祈愿生意兴隆、财源广进,故上多雕刻铜钱纹饰,寓意四方来财,故民间又称之为"生财之道",同时也把关公作为财神的形象表现得甚是到位。

关林的建筑是比较规范大气的。有大门、仪门、大殿、二殿、三殿、关冢等。大殿始建于明万历二十四年(1596年),面阔七间,进深三间,高26米。庑殿顶,琉璃瓦覆盖,五脊横立,六兽扬威。正门上,有12幅明代浮雕木刻。说的是桃园三结义、三英战吕布的故事等。大殿中有拜殿,位于正殿之前,是春秋大祭时百官谒拜之所。殿中悬挂有乾隆御书的"声灵于铄"匾和"翌汉表神功龙门并峻,扶纲伸浩气伊水同流"对联。大殿中还有平安殿,又称"启圣殿",是关林的主体建筑,位于整个庙院的中心，雕梁画栋、气势恢宏。殿内供奉有贴金的关帝像，关平、周仓、王甫、廖化侍立两侧，庄严恢宏。

关林三重殿的二殿，是五开间，庑殿式，门上悬挂着"光昭日月"匾额，是清光绪帝御笔，内塑关公武财神像，关平、周仓捧印持刀分立身后，招财童子、利市童子侍奉身前。古往今来，人们多在这里祈求生意兴隆，财运亨通，事业发达。二殿中有娘娘殿，是财神殿东配殿，建于明代，供奉关羽夫人胡氏、女儿虎女和儿子关兴。殿内东、西两侧绘"祛病祈福图"和"求子还愿图"。民间流传胡夫人能祛病送子，故人们多在娘娘殿前燃香祛灾、虔心求嗣。

关林除大殿、二殿外还有三殿，三殿又称"春秋殿"，也称"寝殿"，现存建筑建于清嘉庆二十二年（1817年），殿前有旋生和结义两株奇柏，殿内塑有关公夜读《春秋》像和关公睡像。再往后，有忠义神武灵佑仁勇威显关圣大帝林碑，立于关林（冢）前奉敕碑亭内，碑文记载了关羽生平事迹及封号、建庙等情况，是关林称"林"的重要依据，反映了历代帝王对关羽至高无上的尊奉和对关林崇祀不断的历史，同时也证明了关林在海内外数千座关庙中的领衔庙宇地位。

关林还有著名的石牌坊和八角楼。石牌坊宽10米，高6米，三门道。正额题"汉寿亭侯墓"五字，坊上题联甚多，均是歌颂关羽之作，书体皆为明清书法。八角楼建于清康熙五年（1666年），构筑奇巧，别具一格。亭内有龟趺座石碑一通，高4.8米，碑头雕龙，额题"敕封碑记"四字。碑的正面书题"忠义神武灵佑仁勇威显关圣大帝林"，碑文为洛阳名人，时任谏官的左都御史董笃行撰写。该碑为历代帝王对关羽的最高封号的实物例证。

关林南边还有著名的千秋鉴戏楼。戏楼有些年头了，始建于清乾隆五十六年（1791年），专为祭祀关公演戏所用，算起来已有200多年历史。戏楼分布在关林建筑群南北中轴线的最南端，坐南朝北，结构精妙，前台为歇山式，后台为硬山式，两者组合在一起，犹如华丽的重檐楼阁，正面上书"千秋鉴"三个大字，更是有着浓郁的历史气息。舞楼台基东侧立有一通石碑，据碑文记载，当初晋商为修建戏楼出过不少力。过去祭祀关公，要在农历正月十三、五月十三、九月十三唱大戏。"千秋鉴"戏楼上出现过不少名角，河南的有些剧种如曲剧也是在这里唱火的，不过《走麦城》是不能在这里演唱的。

洛阳关林现存有《关帝诗竹》刻石，相传为关羽亲手所绘，石刻高

120厘米,宽55厘米,画面左侧刻有"汉寿亭侯印",下面横卧一方磐石,右侧则有两竿翠竹拔地而起,雄壮挺劲。左边的一竿,竹梢向右斜出,竹叶下垂,好像正经受着一场暴雨的洗礼,人称"雨竹";右边的那一竿,则枝叶飘飞,犹如狂风袭过,叫"风竹"。故关帝诗竹又被称为"风雨竹"。

关帝诗竹图,看似竹叶凌乱,却向我们追溯了一个遥远的故事:东汉建安五年(200年),曹操围关羽于下坯土山,关羽为保皇嫂安全而向曹操提出三个条件:只降汉、给嫂奉、辞归刘。曹操重其勇武,一应答允,并给予了他很高礼遇:三日一小宴,五日一大宴。上马金,下马银。企图感动关羽,使他归顺于自己。

关羽之所以有名,是以忠义著称,他身在曹营,仍心系刘备,在得知刘备的下落后便封金挂印与皇嫂离开曹营。临行,绘修竹一幅,后人照本刻石,内容为:"不谢东君意,丹青独立名,莫嫌孤叶淡,终久不凋零",意思是说:请曹公原谅我未能当面向您辞别,谨以这幅丹青表达谢意。虽然只有几片淡淡的竹叶,但曹公待我的真情不会因时间推移而淡忘。以竹叶寓情,衬托出关公参天大义。所以曹操称关羽:"事君不忘本,义士也!"关帝诗竹画法精炼,没有多余的竹叶,是一幅字画双读的传世佳作。

关于关羽的头颅究竟葬在哪里,确实有些争议。有一种看法认为关羽头颅安葬处不在现在的位置,而在偃师与洛阳交界的官庄村,此地现属伊滨区,确有一个小规模的关帝庙。主要证据就是曹操将关羽首级厚葬在洛阳城之南一剑之地的地方,曹魏时,都城就是现在的汉魏故城,从方位上讲能对得上,况且此处还有个关庄,相传是关羽守墓人的后裔,据说此地也发现有小型关墓等。

洛阳关林是历史上形成的,尽管有不同的意见,但现有的证据还没有太大的说服力证明关林在其他地方。洛阳类似的情况还有,如汉光武帝陵问题,有人认为不合常理,应在其他地方等。事实上,事物的发展是比较复杂的,尤其是约定俗成的东西,没有确切的证据不要轻易去改,古人在确定某项"公案"的时候也是比较慎重,一般有官方出面认定。有鉴于此,原来已经认定的历史性题材,要有个连续性,尊重大多数人的选择,能不动则不动,保持其稳定性。

洛阳关林历史地位非常重要,是全国关帝庙中地位最高的。关公信俗,在中国众多信俗中也是非常重要的一支,拥有的信众比较多,是国家级的非物质文化遗产,是民族文化的瑰宝。关公是平民百姓的"保护神"，是平民百姓诚实劳动、发家致富的守护者，故受到了人们经久不衰的膜拜。关公的"忠义、仁勇"成了平民百姓耳熟能详的处世理念与行为规范。做人是要有原则的，高大上的东西百姓不一定知道，但做事讲忠、讲义、讲仁、讲勇则影响了一代又一代国人。在民族复兴、文化自信的新时代，关公文化仍有许多进步意义！

# 6. 黄河东流去　大家巍然在
## ——记文学大家李准先生

河南孟津县麻屯镇下屯村出了个文学大家——李准。他是中国现代文学史上的一面旗帜,他的扛鼎之作《不能走哪条路》,指明了当时中国农业的发展方向,这就是合作化道路,集体化道路,为此受到毛泽东主席的首肯。文学家就是要研究和回应社会问题,弘扬正能量,用如椽大笔讴歌时代,推动社会发展与进步。

李准先生社会阅历丰富,当过麻屯镇盐店学徒、洛阳银号学徒、银行职员,学历不算高,但悟性很好,对社会的观察能力颇高,生就的文学创作大家,其间,观察社会、体恤民情,先后写出《李双双小传》《芦花放白的时候》等著名小说。《李双双小传》原型即是他的夫人董爽,当时董爽是麻屯镇,乃至孟津县第一个农民合作社的铁姑娘队的队长。董爽的经历即是他的创作源泉。

李准曾担任中国作协副主席、中国现代文学馆馆长。他在文学创作上,颇有特点,取材接地气,语言根植于河南大地,人物形象鲜活生动、写的基本是自己熟悉的人、熟悉的事,让人感觉就像发生在身边一样,朴实中包含着生动,生动中体现着真情,他是现代河南作家的典型代表,是豫西地区文学创作的大师级人物。

同李准先生有过一面之交,大概是1996年,河南墨子研究会在当时的石人山、现在的尧山召开研究会,在会议上有幸见到了李准先生,他是作为特邀嘉宾参加会议的，并且，他的夫人董爽女士也来了。在会议的间隙同李准夫妇有过一段亲切的交谈，当时他好像是中风刚愈，但身体恢复得不错，谈锋甚健，对文学创作有很多真知灼见，给人印象较为深刻。

李准先生是杰出的现实主义作家、剧作家。1954年他参加了文化部电影局举办的"电影剧本讲习班"后，开始创作电影文学剧本，他的第一部作品是《老兵新传》，成功塑造了一个主动到北大荒去发挥余热的老兵战长河的形象，把战长河乐观、向上、豪迈的特点刻画得淋漓尽致，搬上银幕后，深受好评，1959年获莫斯科国际电影节银奖。从此一发不可收拾，痴心于电影剧本创作。

李准先生与洛阳结下不解之缘，他生于洛阳，长在洛阳，洛阳是他创作的源泉，洛阳有他宝贵的孩提时光、青春岁月，他的作品大多离不开河洛故土，《不能走那条路》《李双双》《大河奔流》等，散发的是邙洛故土的泥香。他生前多次回故乡，他视名利为草芥，但却欣然担任洛阳大学名誉校长，为家乡的莘莘学子授课、讲学。

李准先生是洛阳大学的名誉校长，他很看重这个职务，一有机会就来学校指导，同领导商谈学校发展大计，同青年教师谈提高教学水平，同青年学生谈立志报国……他语言朴实，话语幽默，满肚子的故事，与他交谈如坐春风，在他身上既有一般人的普通，更有大师的风范。个人观点——他是传扬豫西地区地域文化的标杆式人物。

李准先生创作的电影剧本影响比较大的有《李双双》，他笔下的李双双刻画得非常成功，李双双性格泼辣，大公无私，见义勇为，是那个时期典型的先进农村妇女形象，另外一个人物孙喜旺也描绘得生动、自然，他一方面心地善良，老实忠厚，另一方面胆小怕事，明哲保身。再加上著名演员张瑞芳、钟星火的精湛表演，《李双双》已成为中国电影的经典之作，李准因此获得1963年第二届电影百花奖最佳编剧奖。

1966年，李准下放到河南西华县，这里是黄泛区，老百姓有讲不完的故事，这些故事深深感动了他，激起了他极大的创作欲望，于1975年完成了电影剧本《大河奔流》的创作，他采用宏观的写法，把人物放在广阔的历史背景中，描绘人物坎坷多变的命运。这个剧本比较大气，是李准先生创作上的一次突破，反映了作者思想上、艺术上的巨大成就。十一届三中全会以后，李准先生先后创作、改编了电影剧本《牧马人》《高山下的花环》《双雄会》等，在文学界、电影界影响很大。尤其是这个时期创作的长篇小说《黄河东流去》被称为"立体的流民图"，1985 年获文学界的最高奖"茅盾文学奖"，现在这枚珍贵的奖章存放在洛阳理工学院"李准纪念馆"里，无声地诉说着曾经的主人创造的文学史上的奇迹。

李准先生的长篇小说《黄河东流去》，以一九三八年日军入侵中原，溃退南逃的国民党军队扒开黄河花园口大堤，淹没河南、江苏、安徽三省四十四县，一千多万人受灾的历史事件为背景，描写了黄泛区人民十余年经历的深重灾难和可歌可泣的斗争。该书是李准先生唯一的一部长篇小说，倾注了作者巨大的心血，是新时期我国长篇小说的杰出代表。

李准先生编剧的《大河奔流》电影是中国电影史上的重大事件，首先是李准先生编剧编得好；其次是导演谢铁骊、陈怀皑导演得好；再就是这部电影云集了张瑞芳、陈强、于是之、王铁成、王心刚、张金玲、葛存壮等著名电影演员参加演出，著名表演艺术家孙道临担任解说。这是新中国成立以来第一次出现毛泽东和周恩来领袖形象的电影，结束了几十年来革命领袖银幕上形象空白的历史。

李准先生编剧的《大河奔流》刚上演的时候，我正在河南大学读书，当时，为了看这部影片，各系的学生要排队，先是按系排，然后按年纪排，我印象中历史系是安排在半夜看的，尽管时间比较晚，天也比较冷，但大家的热情很高，因为这部片子写的是河南的事，编剧是河南人，更重要的是此部电影首次出现了领袖毛泽东、周恩来的形象，这在过去是不可想象的。因而，这部电影在当时也是强大的"旋风"，上演之时，可谓"万人空巷"，这就是文学的力量。

电影《高山下的花环》，由李准先生根据李存葆的同名小说改编，由谢晋先生执导，著名演员唐国强、斯琴高娃、吕晓禾等参加演出，影片塑造了梁三喜、赵蒙生、靳开来等一批个性鲜明的人物，反映了对越自卫反击战中战士们在血与火的洗礼中经受的考验，以及他们一心为国、保家卫国的高尚品质。李准先生的改编是一次再创造和升华，感动了那个时代的无数人。影片引起巨大轰动，获百花奖最佳故事片奖、金鸡奖最佳编剧奖。

李准先生改编的电影剧本很成功的还有《牧马人》，该片由谢晋先生执导，开启了谢晋、李准联手编排电影的中国最佳模式。他们两个珠联璧合，配合默契，谱写了中国电影史上的佳话。该片根据张贤亮小说

《灵与肉》改编,讲述了旅美华侨许景有几经波折理解儿子许灵均的故事。影片由朱时茂、丛珊领衔主演,牛犇、刘琼、陈肖依等主演,该片上映后获极大成功,获百花奖最佳故事片奖等多项大奖。

李准先生功力深厚,尤其在电影剧本改编上,是无可争辩的大家。他还根据姚雪垠长篇小说《李自成》的有关片段,改成了电影剧本《双雄会》,这部影片是由陈怀皑导演,许还山、杨在葆、黄宗洛等人主演。主要故事情节讲述了李自成去说服已经投降了明朝的另一个农民起义领袖张献忠,重举义旗的故事。这是一部历史类剧情电影,李准先生的文学再创造,使李自成、张献忠的形象跃然出世、令人难忘。

李准先生改编的电影剧本还有《清凉寺钟声》,1991 年上映,是一部剧情电影,仍由他和谢晋搭档,他编剧,谢晋执导,濮存昕、栗原小卷、尤勇等担任主演。主要剧情为抗日战争中日本随军护士在逃离中国时留下一名婴儿,围绕他的身世经历产生了种种纠葛,最后主人公还是回到了养育他的中国。故事情节复杂,结局出人意料,不失为一部优秀的电影作品。

洛阳理工学院有五尊名人塑像,其中一尊就是现代名人李准。这位邙洛走出去的汉子,又回到了生他养他的地方。

李准先生是河洛大地走出去的文学大家、语言大师,在中国文坛上有比较高的地位。他在学术上的贡献有目共睹,一是作品接地气,所写的人和事源于生活,高于生活;二是有时代感,作品反映时代的呼声,与时代一起前进;三是在电影剧本创作方面,独树一帜,是那个时代的领军人物,也是"新媒体"运用的典范;四是刻画的人物大气、丰满,让人过目难忘,如李双双、孙喜旺、李麦、梁三喜等;五是艺术修养高,文笔、书道俱佳,尤其是他独特的魏碑和汉隶结合的"李体"字,透出了一种"真不同"的味道。李准先生是洛阳走出去的同新中国一起成长的名副其实的文学大家!

# 7.洛阳才子雷英夫

　　近现代洛阳孟津县出了一个被毛泽东主席赞赏的人物——雷英夫，毛主席亲切地称他为"洛阳才子"。雷英夫，又名雷霆臣，出生于1921年，他是孟津县雷河村人。因家境贫寒，生活无着，走投无路，投奔延安，参加革命。先在延安抗大学习，1938年参加八路军，同年入党，经毛主席推荐先后担任叶剑英、周恩来同志的军事秘书，总参作战部副部长，后任解放军后勤学院副教育长，少将军衔，我国优秀的战略家、军事家，也是妙手著文章的高手。

　　雷英夫引起毛主席注意源于他在抗大上课时认真听讲，是一个刻苦学习的好学生，后来他利用一次课堂学习的机会，请毛主席给他笔记本题写了"斗争"两字。毛主席对他很关注，仔细检查了他的学习笔记，并向滕代远询问了他的学习情况，知道了他是"逼上梁山"来延安参加革命的，记住了这个孟津来的有志向的年轻人，当叶剑英需要参谋时，毛主席就推荐了这个难得的人才。

　　皖南事变后，叶剑英回延安任中央军委参谋长，雷英夫随之回延安，兼《解放日报》副刊编辑，在苏德战争爆发一周年之际，写了一篇文章，题为《苏德战争一年》，文章对苏德战争进行综合研究，有理有据，行文流畅，《解放日报》在重要位置发表，并连载两日。还有雷英夫写的皖南事变的材料，毛泽东十分欣赏，夸雷英夫有出息，写得好，不愧为"洛阳才子"。

　　雷英夫还根据朱德总司令的思路、观点写过一篇文章，题目是《军事教育必须从实际出发》,文章强调军事教育必须从实际出发,旺盛的战斗士气务须与良好的战斗技术相结合,方能立于不败之地。文章发表后,在我党高级干部中引起强烈反响,一致称赞文章旗帜鲜明,分析透彻,抓住了当时军事教育的突出问题。但此文引起个别高级将领的反对,毛主席看到此文后,给予高度肯定,毛泽东同志认为这是一篇切合实际的"军队建设"的好文章。

雷英夫不光文笔好,在军事战略上还有独特的分析判断能力。朝鲜战争中,他在总参作战室工作,通过对形势的分析,认为美帝国主义不甘心失败,有可能会在仁川登陆,为此,向周总理谈了六个方面的想法,周总理带着雷英夫到毛主席的菊香书屋进行了专题汇报,雷英夫对美军登陆的地点、时间等进行了详细认真的汇报,后来的事实证明雷的判断都是对的。为此,毛主席说,"有道理、很重要","小参谋大有作为"。

毛主席说的洛阳才子雷英夫的故事,大概蕴含有两个典故,一是说洛阳才子贾谊;另一是隐含唐代诗人孟浩然一首诗中的一些意思。"洛阳访才子,江岭作流人。闻说梅花早,何如北地春。"这首诗点明了该典的出处,体现了毛泽东主席学识的渊博,诗学底蕴的深厚。孟浩然这首诗,脍炙人口,表达了作者丰富的情感,是一首精炼含蓄的精美好诗。

洛阳才子雷英夫将军逝世于2005年,他的故居在孟津县老城镇雷河村,此地七里八河,是伏羲获龙马处。史书记载:"伏羲王天下,龙马出河,遂则其文以画八卦。"龙马者,天地之精华,伏羲获之,故而有"河出图,洛出书,圣人则之"之说,开启了中华民族文明之源。雷英夫将军诞生地,亦是华夏文明肇始地,这不仅是历史的巧合,更是山川毓秀、人杰地灵、个人奋发等条件下之综合与必然。

# 8.侠肝义胆姚将军　光彩朗照若北辰

　　孟津县近代还有一个很有名的人物——姚北辰,字啸青,出生于1897年,是孟津县常袋镇姚凹村人,清河陆军军校预备学校毕业,后留学日本攻读炮兵专科,回国后任陕西陆军讲武堂兵器教官、陕西陆军炮兵团长,参加过第二次直奉战争。北伐战争时任国民革命军第二集团军第八方面军独立第二旅少将旅长,参加了清丰、南乐之战,荣获冯玉祥革命奖章。

　　抗日战争爆发后率部由庐山到信阳北上抗日,任石家庄警备司令兼防空司令。后奔赴山西前线,参加了著名的平型关、忻口作战和中条山会战等战役。在国家危急、民族生死存亡之时,姚北辰将军积极抗日、英勇善战、指挥有方、严惩汉奸,深得民心。后担任国民党第十五军中将副军长,是著名的抗日英雄,优秀的爱国军事家。

　　姚北辰家庭是当地有名的大户人家,家风笃厚,耕读传家,据其族人介绍,姚北辰的母亲为人朴实,家里虽然比较富有,但仍纺纱织布,到地里捡拾麦穗、捡牛粪,在乡邻中有很好的名声。当年,姚北辰在洛阳驻守,他爱民如子,对家乡的差夫等非常关照,没有大官的排场和架子。姚北辰的两个弟弟也在军中谋事,一个是旅长,一个是团长,姚家兄弟为人做事都比较低调,有很好的口碑。

　　姚北辰从军后,大有上进之心,刻苦训练,虚心好学,深得上司赏识,不久便被选派到日本留学,学习炮兵专科,这在当时是军队中的尖端学科。回国后派往镇嵩军,这种安排有一定性质的改造地方部队的含义，他率先垂范，治军严谨，职务不断擢升，从连长一直升到副军长。职务高升后，不以高官自居，每次回家乡姚凹村，离家几里就下马步行，遇到乡亲都热情打招呼，一点没有大官的架子，给村民留下了良好印象。这就是素养，敬畏故乡，不在家乡耍大牌。

姚北辰留学日本时学的是炮兵专业，回国后，他把学到的专业知识同作战实际紧密结合，所带的军队军事素质有显著提高，尤其在当时的"镇嵩军"中是顶尖级的。相传姚北辰的炮打得特别准，指哪打哪，百发百中。尤其在同日军作战中，日本人一听说姚北辰的军队就闻风丧胆。一次攻打日军一个兵工厂，姚北辰亲自操作，第一发炮弹就准确打到敌人兵工厂的烟囱里，为作战胜利打下了基础，也被后人传为佳话。

姚北辰留学回来后，官做得越来越大，但不忘乡梓，看到家乡教育落后，就千方百计办学校，没有校舍，就以古庙为基础，一方面拿出自己的积蓄，又多方筹集资金物资，创建了姚凹学校。后来眼见古庙地方小，他又把自己的整所宅院捐出来，办了当时洛阳县规模比较大的完小，使附近马岭、酒流凹、南达宿等二十多个村庄的农家子弟受到了良好教育，为家乡培养了一批优秀人才。姚北辰将军不仅是军事家，也是心系后昆的教育家。

姚北辰在长期的军旅生涯中形成了两个显著特点，军队每到一个地方，一是有严明的纪律，姚北辰有句格言："有欺男犹如欺吾父，辱女犹如辱吾母"，所到之处，秋毫无犯；二是主持正义，侠骨柔肠，对人们关心的热点问题努力帮助解决。20世纪30年代，姚北辰率部驻守陕县，了解到当地一家姚姓祠堂、祖坟等，被一恶势力霸占，他走访老乡，了解情况，问题弄清后，迅速将情况呈报洛阳公署。洛阳公署根据姚北辰反映的情况，核实后秉公处理，将原来恶势力霸占的祠堂、祖坟等财物返还原主，使正义得到伸张，得到社会的高度评价。

姚北辰在军队中身居比较高的位置，但没有架子，他体恤士兵、体恤百姓，爱民如子，主持正义。一次在部队开拔过程中，他发现一部分人将要被执行死刑，人命关天，一向比较仁慈的姚将军立即予以制止，并逐个进行核查，发现其中一些人并不构成死罪或犯罪，为此专门和有关部门沟通，最后决定将无罪的释放，有罪的按律治罪，体现了军人的担当，维护了社会正义。

姚北辰领兵打仗，除了要求部下有严明的纪律外，每到一处还注意同当地群众搞好关系。一次，他的部队行军到济源大浴乡临仙村，宿营后,与房东闲聊,得知房东姓姚,是一姚家,是舜的后代,按辈分比自己长,便恭恭敬敬地按辈分叫起了称呼,使在场的人一下子都拉近了距离,产生了亲近感。这说明姚北辰的文化底蕴和素养,他始终把自己看成一个普通的人,在当时的年代,尤为难得。

姚北辰从小受传统文化教育,是孟津大儒许鼎臣的学生,学养深厚。同时,姚北辰也是一个孝子,每逢母亲的生日,他只要能腾出空,都要回来给母亲祝寿,表达对母亲的深爱之心。与此同时,他善待乡亲,不忘村里的穷苦百姓,在为母祝寿的同时,也专门安排乡亲们的饭菜,来者有份,谁到谁吃,坚持数日,在乡里享有很好的声望。

姚北辰是小浪底镇老龙嘴村许鼎臣先生龙嘴山馆的学生,他当到国民党军队副军长兼任师长时,许鼎臣先生去世,姚北辰曾骑马携夫人带着礼品回来吊孝,足见他的尊师情谊。许鼎臣先生弟子比较多,偃师的孙贡九也是他的高足,曾在洛阳国史专修馆教书,主编了洛阳县志,遗憾的是这部从清嘉庆开始的具有承上启下作用的县志,1966—1976年间被军代表借走了政治部分的五册,后不知所终。许鼎臣教出的弟子中有一文一武如上述,为师的也脸上泛光矣。

姚北辰心系姚窑的百姓,为家乡办实事。他发现村里人用水比较困难,导致村里人常年洗不成衣服,牲畜饮水困难。于是对村里的地形进行了一番考察,决定在村东半坡处开挖一个长30米、宽15米的大坑,南面用红石头砌成,每逢下雨,雨水从三面汇集于此,形成了一个大水池,村里人亲切地叫它"官坡池",解决了村里洗衣问题、牲畜饮水问题,深受百姓称赞。

姚北辰的经历体现了与时俱进。从小立志救国救民,积极响应辛亥革命和讨袁革命,毕业于清河陆军第一预备学校,成绩优异被国家选派到日本留学,毕业于日本陆军士官学校炮科第十三期,回国后到镇嵩军任职。北伐战争时任国民革命军第八方面军独立第二旅少将旅长,抗日战争中参加了著名的平型关、忻口作战和中条山会战等。在国家危急、民族存亡之时,率军抗战,屡立战功。解放战争中毅然投入革命阵营,曾在四野五十一军工作,后任湖北军区军政学校校长,1953年9月29日因病逝世于武汉,李先念、王树声等领导人曾前去看望,给予很高评价,称赞姚北辰将军是一个对中国革命有功的正直军人。

# 9.瀍河有村名瀍沟　工商巨子陈思礼

　　孟津近代出了个工商大家,名字叫陈思礼。陈思礼,字敬初,小名二泰,是个民族资本家,著名爱国人士。他1900年11月15日出生于孟津朝阳镇瀍沟村。他是家里的独子。从小家境贫寒,"三天吃一顿咸饭,糠窝窝也要分着吃"。他小时候比较淘气,曾脚勾辘轳轴,头朝下悬在井口上玩耍,被他爹哄下后一顿狠打,后渐渐立志成才,读过私塾课文,写一手好字,常替富家子弟捉刀做文章,有感于家庭的贫穷,发誓要干出些名堂。

　　陈思礼曾在洛阳南大街益晋银号当过学徒,当时我爷爷董相成是银号掌柜,因是同乡的关系曾帮带过他。他头脑灵活,有眼色,先在"益晋银号"当学徒,后又转到"鸿福银号"当伙计,他打得一手好算盘,人称"铁算盘",他办事干练,深得东家赏识。东家无后,晚年便把银号托付给他,他经营有方,使银号生意日益兴隆,还在西安、重庆等地开了分号。

　　陈思礼从小受到父亲严格管教,自古"棒头出孝子,娇惯忤逆郎",他侍其父母老人至为孝顺,小时在家如此,外出学徒如此,事业有成以后尤其如此。在洛阳、西安家中,但凡父母在场,他总是垂手肃立,小心答应照办,绝少拂其意。

　　陈思礼发达以后,不忘桑梓,热心慈善事业,乐于助人,捐资为家乡兴建多项公益设施,如在20世纪40年代的时候,为保持水土,防止洪水冲毁道路,他耗资购进大量红沙石板、石灰、砖石等,在老家东沟北头建造"水扣",使雨水季节的积水顺利流出,这项工程至今还发挥着作用。

此外对家乡修桥补路、建校兴学、乡邻资助等不胜枚举。

陈思礼先生对待朋友很讲交情,朋友有事义不容辞。当年他同益晋银号掌柜董相成,平乐正骨传人郭灿若等是换帖弟兄,1948年郭灿若在上海不幸病逝,陈思礼恰好也在上海,他就召集在沪的同乡安排后事,并率先捐资银元200元,资助其夫人高氏及其子郭维淮扶灵柩回洛。平时对乡邻造访,必先安排吃饭,再谈事情,尤其对贫苦者,更是温恤有加。

"陈家庄园"位于朝阳镇瀍沟村,是陈思礼事业处于高峰时建的。他亲自设计方案,委托他的五叔及叔伯侄子陈铭三管理施工,从1937年开始,历时五年建成。西边的两孔窑是暗箍的,东边两孔窑是明箍的。特殊之处在于明箍的窑洞上又箍了两孔天窑,窑上套窑,从底窑到天窑的楼梯台阶藏在两底窑之间的窑帮里,再往下是一处极为隐蔽的地窖,实际上东边的窑洞是三层,十分巧妙。

陈家庄园的窑洞连同前面的房子组成了一个独立的院落,有大门、二门、对厦,还有四十多米的大车院,大门上面还有一间炮楼,开有瞭望窗口,存放有火药铳等武器,有一定的防御功能。当时为修院落的墙基,贴出告示,送一车瀍河的鹅卵石付工钱银元一元,一时间附近的村民奔走相告,纷纷套牛车送石头,河滩里上至牛步河,下至高沟、张家寨的大石头几乎被拉光了。

当时给陈思礼家干活的工匠,是洛河南宜阳县的李师傅和木工赵师傅,手下的大小工也都是他们从宜阳带来的。李、赵是洛阳一带的著名匠人,李师傅技术精湛,经验丰富,在洛阳城建的深宅大院甚多;赵师傅雕得一手好花鸟,现在还能看出木隔扇上的翎毛花卉栩栩如生。更为珍贵的是当时洛阳著名书法家李振九先生的题字秀丽端庄,笔法意蕴,直追兰亭。

陈思礼所建的宅子,当地人称之为"陈家金殿",被誉为洛阳的"乔家大院"。该院落是百里北邙山上一颗镶嵌在绿树翠野中的明珠,房屋建好之时,恰是陈思礼父亲陈金堂的生日,陈思礼倾力操办,洛阳、孟津、政商各界好友及亲朋好友登门道贺者川流不息,方圆几十里慕名前来瞻仰参观者络绎不绝,一时间瀍沟村人山人海,盛况空前。目前,他的故居保留得还算比较好,是一座具有北邙风格的乡绅大宅。

新中国成立,陈思礼响应国家发展轻工业的号召,将经营商业的资金投入纺织工业,在郑州筹建了新毅纱厂,并担任厂长。后来进行工商业的社会主义改造，新毅纱厂在全省第一家公私合营，陈思礼成为工厂的私方代表。反右斗争开始，他到农村参加农业劳动，到厂食堂打杂，1958 年 4 月被"补划"为右派，1960 年 10 月被摘掉"帽子"，当时的说法是：手掂帽子，以观后效。

陈思礼先生是民族实业家，是新中国河南纺织工业奠基人，是著名爱国民主人士、河南省和郑州市人大代表，是河南民主建国会成员，是郑州工商联委员。1964 年退休，原来居住在郑州，后处理掉郑州的房子，举家搬迁至西安。后受到历史冲击，全家被遣返祖籍务农，1976 年，国家落实政策，得到平反，1986 年病故于故乡瀍沟。

陈思礼先生经历了"反右"风波以后，思想沉闷，回家乡"隐居"。尽管没住在自己亲手建的庄园里（已分给贫雇农），但生活在养育自己的家乡，倍感踏实，乡亲们也给他很多接济，他再次融入故土之中，一直到他去世。临终遗言是——埋在故乡，哪也不去。如今，在陈家大院靠山窑洞的后面，坐东朝西矗立着他的坟墓，仿佛在无声地讲述着这位民商巨子的悲壮人生。

# 10. 益晋银号董相成  正直善良传美名

　　孟津麻屯镇董村近代出了一位品德高尚、乐善好施、亦商亦农的绅士级名人董相成。河南近代工商巨子陈思礼是他徒弟,平乐正骨第六代传人郭维淮是其义子。董相成,字子明,生于1896年,卒于1987年。他从小离家到银号当学徒,铸得一手好元宝,打得一手好算盘。1922年洛阳"益晋"银号在南大街76号院挂牌成立,董相成担任"益晋"银号掌柜。当时东家是孟津县麻屯人石昆。石昆也是铸银高手,两人是同门师兄弟,又是生意场的合作伙伴。

　　益晋银号的诞生,得益于孙中山领导的民主革命的胜利给民族经济带来的复苏。董相成银匠出身,手艺精湛,看中了课银铸成官银的巨大利润。益晋银号有五盘银炉,每日铸银三千两,总计每天铸银一万五千两以上。除获取加工费以外,还有过往银行贷出的利息,每年获利都在三万元以上。这在洛阳当时的银号中是非常突出的。

　　银号的生意,靠的是把握机遇和官方的支持。当时益晋银号看到了大量晋(潞)盐进入中原的机会,盐业每天都有大量碎银需要铸成元宝送到银行。因此,顺应发展开办了银号,承接铸银生意。同时结交了运城"中国银行分行"行长董增汝,山西军界谢竹喜、政界李孟存。在这样的背景下,益晋银号的生意非常火爆。在运城、洛阳等地都开有票号。

　　益晋银号在办票号的同时,在山西闻喜、陕西西安开设盐号,还在陕州建立棉花打包场,在洛阳开办大有火柴厂。机遇的捕捉、生意上的扩张,使益晋银号声名大振,资本积累达百万元以上,在洛阳的金融界显赫一时。这中间，东家石昆外联拓展功不可没，掌柜董相成运筹帷幄、尽心施展，形成了洛阳金融市场的绝妙合作。

益晋银号风生水起，在洛阳、运城等地金融业影响颇大。但花无百日红，在事业的鼎盛时期，益晋号的东家石昆同他山西的靠山李孟存等发生了矛盾，打起了官司，对方巧取豪夺，想霸占益晋号在运城的资产。这场官司一打就是三年，后来幸亏洛阳新安人氏，时任河南大学校长、国民党监察委员的王广庆先生，从中斡旋，找到国民党元老于右任出面干预，事情方有转机。但官司打下来，益晋号元气大伤，一落千丈。

益晋银号经历官司风波以后，生意每况愈下。虽有掌柜董相成的苦心经营，拆东补西，但杯水车薪，加之买办集团勾结官僚打击民族工商业，益晋号支持的棉商破产，还有日寇侵入山西，所办的盐号、打包厂相继倒闭。洛阳火柴厂因产品滞销，受潮报废一万九千箱，损失二十万元。诸种原因的叠加，导致益晋银号轰然倒塌。石昆先生一蹶不振，寓居洛阳，于1968年病逝。

益晋银号目标是汇通天下，生意鼎盛时期，把业务从洛阳做到汉口、上海、开封、山西等。为了汇兑保密及资金安全，还拟定了31个字的暗码：洛地生意广，阳春照阁景；益聚同人乐，晋升大有明；银业顾维主，号召往来行(荣)。每段首字连在一起就是"洛阳益晋银号"，以此作为每天的暗号同各处的行店商号和代办处进行联系。在当时，这种票号联络保密方式也是很有玄机的。

益晋号掌柜董相成，在洛阳朋友比较多，同清末进士林东郊、秀才李振九、高佑等文化名人多有交往。生意倒闭后，回乡赋闲，还带回去不少林、李的字画，有些后来送人了，有些被付之一炬了。董相成在洛经商期间，同孟津平乐正骨第五代传人郭灿若、高云峰夫妇过从甚密，他们把唯一的儿子郭维淮认到董相成名下，当董相成的干儿子，解放前后两家还多有交往，是典型的世交。

董相成为人正直、善良。他常说：自己要吃点亏，不要占别人的便宜。经商时曾借给红山乡蒋沟村毛九川200元大洋，1943年回家务农，生活艰辛，曾想讨回，但得知毛家家境贫寒，不再提及此事。在洛阳经商时，凡是家乡人到洛阳办事，一律管饭，安排住宿，在乡亲中享有美名。他回乡后，视文明教化为大事，把自己家的房子贡献出来，用以办学，方便邻近村子孩子们读书上学。

董相成弃商返乡后，脱掉长衫，从头开始干农活，由不会到成为行家里手。年岁大了，干不动农活时就义务扫村里的道路，一扫就是40多年。他常讲一句话：家门不扫，何以扫天下。他教子有方，把三个儿子都培养成国家干部。他古道热肠，造福梓里，无论村里谁家有事他总是援手相助。有诗赞曰：十六从贾老而农，商海桑田老终生。膝下义子郭维淮，大医风范华夏名。购宅置地三十亩，辛勤换得五谷丰。孝亲堪为后世尤，善待友邻留良声。

董相成老先生所经所历给我们诠释了什么是良好家风。谋事忠，朋友信任要把事办好；肯吃亏，遇事替别人着想；达则兼济天下，穷则独善其身，能干大事干大事，干不了大事干小事；教子严，耕读传家，诗书继世；做事低调，不事声张，回归乡野，始终不提商界光鲜之事；心态好，随遇而安，所归之处，便是心安之处……积善之家，必有余庆。正因为此，老先生得享90多岁之天年，留得英名在坊间。

董相成是我的爷爷，在我生活的道路上、求学的道路上、工作的道路上给我的教诲颇多。他常说，做人要本分，要知足，该自己得的自己得，不该自己得的坚决不得；做事要实在，火心虚，人心实，真心对真心，城里的乡里的，坚决不要坑人家；做学问要耐得住性子，不要急，不要慌，弄明白一个说一个，日久必见其功……每每想起，如雷贯耳，催人奋进！

# 11. 以善为本　勤勉终生

　　很长时间来,一直想写一篇关于外公(当地称"外爷")的文章,但一直在忙别的,没能静下心来。近段时间,似乎是清静了一些,方能聚拢一下心绪,把记忆中的点滴捧现出来。外公名讳李文俊,出生于光绪二十七年正月二十一(1901 年 3 月 11 日),属牛,病逝于 1988 年 1 月 2 日,是孟津黄河岸边李家岭人,这一支李姓,属明代驻守黄河窄口关军人的后裔。

　　李家岭村当地人称"俩梁",原来人口很多,是濒临黄河边的大村,当时教育很发达,有孟津最好的完小、初中,有孟津保存比较完好的戏楼及李家祠堂等。外爷通过勤俭持家,积累起不少的财富,是村里有名的"二户",仅次于"大户"。不用说名字,一说"二户",村里人都知道是谁家。外公给我的印象是不苟言笑,话也不多,但说出去的话,掉地下能砸个坑。

　　因父母是双职工的缘故,小时候我到外公家住的机会比较多,一般到假期就回去了。那个时候农村条件差,特别是冬天,到处是寒冷的,冻得耳朵都是烂的,手都伸不出来。印象最深的是,一回到家,外公就张罗着生上一堆火,当时烤火的材料比较多,麦秸、棉花秆、玉米芯、树枝、树叶等。农村烤火最好的烧柴是棉花秆,耐烧、热量大,其他的柴火,像麦秸、树叶一轰就完了,当时就在烟熏火燎中说着笑着,其乐融融。

　　外公喜欢孩子们回去,喜欢热闹,孩子们一回来,外公背着土枪就上山了,外公是当地有名的"枪手",当时用的是手工制造的土火铳,枪筒是铸铁的,很长,装的散弹、铁砂子,射程不是很远,但打击面比较大。外公上山是打野兔的,只要发现目标,没有他打不住的,十米开外,枪响兔落。有时候打一只,有时是两只甚至更多。这个时候就是全家的节日,把野兔洗净剁开拌面上笼蒸,味道真是好极了,至今也难以忘怀!

因农村比较冷,印象中老跟外公睡牛棚,确切讲是睡牛洞。在村子"南古洞"的窑里住过,在北古洞的窑洞住过。牛在大洞里,人住在侧面的小洞里。窑洞确实是冬暖夏凉,美中不足的是牛粪的味道太大,牛铃铛随着吃草的咀嚼声音比较大,但在当时也是一种不错的选择,尤其是寒冷的冬天,窑洞里面比较暖和,麦秸上面铺褥子,盖一床被子就行了。

外公是响当当的男子汉。我的外婆是李家岭附近任家门村人,娘家有个哥,身体不太好,后来病逝了,其他家族的人看中了其家产,想霸占,外公听说后,掂着枪去了,在院子的后山上,连放几枪,吓得有企图的人不敢打如意算盘了。在旧社会,人善被人欺,做人就要硬起来,不怕事,也不找事。外公做事堂堂正正,在村里,在附近地界有很好的名声。

外公风格剽悍,但处事细腻。得知妻弟家留下的孩子身患重病,无人照看时,毅然决然把小孩背到自己家去。当时这个表舅得的是"大肚子脾"病,肚子很大,但人很瘦,奄奄一息,在背孩子回去的过程中,把肚中的疮疡挤破了,结果回到家,拉出了许多血脓,从此以后,病好了,肚子不大了,一切恢复正常,这也算是无意之中救人一命。后来这个表舅就在外爷家上学、长大,成为我党的一个优秀的县处级干部。

外公对外婆娘家,也就是他内弟家或言之我的舅爷家的帮助非常大,这里面有个故事,令人心酸。舅爷家在任家门儿,也叫"任家沟",舅爷家有三个女儿,一个儿子,孩子小,地里活忙不过来,一天下午就到李家岭找姐夫去帮忙犁地,吃完晚饭,说了一会话,带了点外婆蒸的馍就返回了,外爷还把他送到村西的大柿嘴,看着他走到大路上才回家。没曾想,这以后发生了一件谁也没有想到的大事。

舅爷摸黑走着,走到任家门儿东北方向,目前大致东地水库的位置,突然从黑暗中跳出一个黑影来,大喝一声,"截路的,留下买路钱!"舅爷从声音判断是个年纪不太大的男人,出于自卫,就一扁担抡过去,抡到了对方腿上,把其抡倒了,对方一看打不过,就捣蒜般跪地求饶。舅爷一看是个十五六岁的孩子,不忍再打他,就对其进行了训斥,说道你年纪轻轻的,干啥不好,非要干坏事!

舅爷见这个年龄不大的小"刀客"不住求饶,也动了怜悯之心,从布兜里拿出两个馒头，给了他，告诫说吃吃回家吧，不要再干坏事了。小"刀客"答应得很好，谁知这个年龄不大的"刀客"认准了要做这一单，他尾随着舅爷，在快到村口的地方，抽出藏在身上的刀子，猛刺舅爷几下，因动静比较大，村里出来了一些人，把这个"刀客"制服了，但舅爷因身中数刀，血流不止。到了天明的时分，外爷赶着牲口，拉着犁具到门口的时候，才知道了这件飞来的横祸。

舅爷因受伤比较严重，第二天就去世了。这件事对整个家庭打击都比较大，这就有了把表舅、表姨带到家，在姑姑、姑父家上学长大的事。表舅非常争气，发愤图强干出了一番名堂。此事感慨还是比较多的，"天有不测风云"真是一句实话；生在乱世，生命是没有保障的；再则，做人比较难，任何时候都要做好防范，不可掉以轻心，正可谓小心行得万里船！

后来我到农村当知青的时候，我这个表舅在公社当党委书记、县纪委书记等，他也曾在我插队的村庄驻过队，对我政治上的进步、思想上的提炼要求很高，正是在他的不断激励下，自己从插队知青、参加高考、工厂当工人、考上大学、到高校工作，一步一个脚印成长起来；细想起来，这就是缘分，割舍不掉的缘分。一个家族，一定要把善当作根本，善待别人，善待自己，善待一切，以善为本，善莫大焉！

民国时候，豫西地区比较乱，土匪比较多，但凡家里有些财产的人大都提心吊胆。躲避"老日"的时候，好多人都跑到黄河北岸的济源、孟县的山里，外公全家也去了。但他担心家里的百十亩地没人照看，就独自渡过黄河回到家里了，一天，正在地里干活，被土匪蒙头绑票了，感觉走来走去走了很长时间，被塞到一个漆黑地窖里去了。绑匪用他的衣服包着一张纸条，让人传到黄河对岸家人手里，提出用十担粮食赎人。

外公被绑匪囚禁在一个红薯窖了，凭直觉他觉得离自己的家不远，甚至半夜里还能听到自己家里养的牛咀嚼时的铃铛声。河北家人那边接到绑匪的勒索信，也在千方百计筹集粮食。在同绑匪打交道的过程中，外公同绑匪虚与委蛇，斗智斗勇，让绑匪放弃了继续绑架他的想法，并把他蒙头转圈使迷魂计送到了村头。实际上，外公已经判断出绑匪是附近村子里的人，觉察到了但没说破，这样就捡了一条命。

经历这次变故后，外公没有以牙还牙，继续揣着明白装糊涂，还暗中把粮食送到此人家门外，时常接济这个缺吃少穿的家庭。就这样，这个事情就像没有发生过一样。这个家庭，人比较多，吃不饱饭，估计也是没办法了才用了此招。事后,这家人主动帮助外公家干活,特别是农忙的时候,几乎是全员出动。就这样,这个事成了尘封的秘密。外公是个内心高尚的人,对伤害过他的人他仍能原谅并给予帮助!

外公平时话不多,很深沉。他知道冤家宜解不宜结,得让人时且让人。别人那样做,肯定是有不得已的原因,不能因别人做错了,拿错来对待犯错的人,若是那样,冤冤相报何时了?因此,这件事宁肯烂到肚子里,也不说出去。在煎熬中,外公选择了隐忍。这种隐忍非一般人所能做到的,仅此,他就是大智慧之人!

外公家族比较大,他弟兄四人,他排行老三,家里侄子九人,除了亲舅以外,印象中有狮子舅、老虎舅、豹子舅等,当时家里以农业为主,但也涉及其他业态,如做豆腐,有豆腐坊;做酒,有酒坊,酿造的红薯酒、高粱酒、柿子酒远近闻名;还做柿饼,一年产量上万余斤,销到洛阳、孟津老城、海资集等,以农为本,兼作别样,把单调的自然农业做得红红火火,是当地勤俭致富的典范。

在民国到新中国的转型中,外公很有眼光,有两件事很能说明问题。一是他积极支持革命,在白色恐怖中,偷偷把两个侄子送到黄河北,经山西到延安参加革命,先在延安抗大学习,解放战争中随四野转战南北,立下赫赫战功,解放后在开封"一军"供职,成为我军的中高级干部。另一件事,就是在解放初把自己的小闺女,就是我的母亲送出来参加革命工作,当时好多人很封建,不愿意让女孩子家抛头露面,外公却说,解放了,不能把孩子束缚在家里,跟着共产党,没错!

我的外婆任秀荣是李家岭村附近任家沟人,跟着外爷一辈子没少受罪,拉扯我大姨、舅舅、我母亲三个孩子,再加上娘家侄子侄女也时常在这里生活,虽说土地不少,但日子过得还是紧巴,尤其外公被绑票的那段时间,不知流了多少泪。当时家族大,人多,没有分家,为了过日子,没少受委屈。外婆没有被困难压倒,总是乐呵呵的,把好吃好喝的尽着孩子们。印象中的外婆慈祥、坚毅、乐观、吃苦、耐劳。

外公身教重于言教,把三个孩子都培养成有责任心的人。我的舅舅李逢五,也是典型的农民,干得一手好农活,说话语速比较快,见到外甥们回去很是高兴,常说的一句话就是外甥是舅家狗,吃饱就走。回到舅家,就像过节,待上一个假期,就不想回城了。自己虽说在城市长大,但农村的经历,外公家的经历,是弥足珍贵的财富,深深铭记,难以忘怀!尤其是后来到孟津插队,离外公家很近,经常回去,更感受到了浓厚的亲情。

张华沟是藏在深山里的明珠，我的表弟乔彦昭还有相茹老师等人专门写过关于该村的文章。该村水草丰美、历史悠久、富有传奇色彩。我的姨夫家是村里的大户人家，姨夫既是农民，也是木匠，还是牛马大牲口的经纪人，印象中经常到洛阳关林的牛马市买牛买马回去饲养。从小没少吃姨家的拐枣、沙梨、柿饼、红薯、蜂蜜等，在眼前浮现的仍是姨夫忙着下红薯窖掏红薯的身影……

外公是典型的农民，在他身上有农民的吃苦耐劳，刚毅不屈，守着土地、热爱土地，无论是丰年歉年都义无反顾地耕耘劳作；外公的性格是典型的农民性格，爱憎分明、厚道持家，哪怕自己受再大的苦、再大的累，也不说一句怨言。这种立身处世、这种不屈不挠的个性、这种不服输的精神，实际上就是中国农民的缩影。从古到今，我国的农民太难了，但这种难，这种苦难，造就了民族的性格，苦难磨人，苦难兴邦！

外公是家里的核心，他常说的一句话是，"剩饭热三遍，拿肉都不换"，这句话的深刻含义是不暴殄天物，要节约粮食，丰年想着灾荒年；他还有一句话，"要正干"，意思是不要走歪门邪道，干啥事要正正派派来，即使失败了，还可以从头再来，若是歪门邪道，就是一条没有退路的路，一旦走上，后悔也来不及。这两句话，很普通，很家常，但管用，尤其在人生的路上，不能骄奢淫逸，要走正道，人间正道是沧桑！

外公离世已经很多年了，一点一滴地写这篇文章不为别的，为的就是纪念，纪念外公，纪念外婆，纪念舅舅，纪念亲人，纪念普通人极其普通的一生。普通是人的本性，普通中可能蕴含着不普通。人的一生，可能享福、可能受罪、可能顺境、可能逆境，不管何种境遇，不要忘了家人，不要忘了亲情，不要忘了亲人无声的教诲，已故的亲人的懿言善行，是后代成长的阶梯，在教后人如何做人、如何处事……这些东西，看似不值一文，实则价值连城，受用终身！

# 12.昔日察院今农小　风雨漫漫留鸿爪

　　老城农校街小学是我的母校,曾记得母校大门前有一对石狮子,很高大、很威武,小时候同伴们常爬上去玩,石狮子被磨得铮明瓦亮,一对狮子给童年带来许多难忘的回忆。近期一个偶然的机会,来到了农校街小学,石狮子还在,可能是怕丢的缘故吧,石狮子被移到了大门里边,依旧是铮明瓦亮,但没有安放在底座上,仅剩的一个底座也散落在一旁,并且裂开了。农校街小学曾是明清时期察院的遗址,当年是何等的气派,如今,这些似乎没有了,让人多少感到有些遗憾。

　　农校街历史悠久,明清时期叫"察院街",因为它是河南府南察院所在地,故名"察院街"。明代的时候,洛阳虽不是京城,但政治经济地位十分重要,有河南府、河南卫、福王府、伊王府等重要机构。洛阳还是我国北部漕运的枢纽,加上屯田、盐务、茶马交易、矿山开采等事务,洛阳举足轻重,故朝廷在洛阳设立了六个察院,监督官员履职尽责情况,南察院就是其中之一。

　　明朝时候,为了使官员能够清正廉洁,减少不法行为,政府加大了监督监察力度,构建不能腐的制度,仅一个河南府,就有六个察院:农校街是南察院,东大街是中察院、西北隅三皇庙西是后察院,东关外还有三所察院,目的是巡按诸军、监察诸王、提督学校、巡查盐务漕运等,足见当时在制度、机制设置上是相当严密的。

　　洛阳农校街的察院还是河南的"贡院",是人才的摇篮。到了清代,河南府保留了一个察院,就是南察院,称"河南府察院",但其功能不再是监督官吏,而主要是举行生员(秀才)考试,为国家选拔人才,这个"察",是察看人才的"察"。从这个意义上讲,河南府察院可与开封的贡院相颉颃,甚至比它还要早。

农校街原河南府察院当年是非常气派的。据乾隆洛阳县志记载:察院坐北朝南,有正堂、卷棚各五间,左右耳房十六间,考棚二十一间,还有川堂、西厢房、东厢房、大书房、买办房、书吏房、茶房、上厨房、听差房、东西鼓楼、东西辕门等,并有诸多碑记,遗憾的是现在都看不到了。特别值得一提的是买办房,同洋行打交道,处理涉外事务。可见当时办教务已注意到同外部的交流,非常难得。

农校街的察院还开创了河南职业教育、农科教育的先河。1910年在此创办河南府中等桑蚕学校,这一点比河南农大开办农业教育要早;1914年改为河南省立洛阳甲种农业学校;1923年改为省立第三农业学校,1927年改为省立第三职业学校;1927年年底,察院街改名"农校街"。这次改名,体现了与时代发展的同步,突出了办农业类学校的特色。

在原察院的位置首先办河南府中等桑蚕学校,后屡次改名,但一直以农业学校为核心,体现了以农为本的职业教育特色,这也切合当时河南的实际情况。在更名为河南省立洛阳高级农艺职业学校的时候,因抗战爆发,曾一度迁往卢氏,1948年迁往开封,1952年与河南大学农学院合并,后从河南大学分出来,组建河南农学院,即今河南农业大学。从这个意义上说,洛阳农校街的农校还是河南大学、河南农业大学的前身之一,是河南农业职业教育的奠基之地。河南以农校命名的地方可能是仅有的,足见其在河南农业教育中的重要位置。

农校街小学还曾是国家最高行政机关所在地。1932年,随着抗日战争形势日渐严峻,国民政府把洛阳定为陪都,同年,国民政府迁都洛阳,"行政院"把办公地点设在了农蚕学校,一个不大的洛阳,一个小小的农蚕学校,一时间成了全国的政治中心,这是近现代洛阳继吴佩孚在此练兵之后的一个比较大的历史事件,尽管时间不长,但影响颇大。

一般认为,农校街小学只有一个校园,实际上农校街小学还有个西院,在农校街小学的西边,原来是马武毅公祠。位于今农校街28号,坐北朝南,是纪念晚清名将马德顺的祠堂。马武毅公祠原有门楼、川堂、享殿,后院东西厢房等,立有马德顺纪念碑一通,1927年洛阳县第一区第一小学设此。新中国成立后为农校街小学西院,祠堂门前有一对雕刻精美的石狮子,是洛阳为数不多的石雕狮子精品之一,可与明福王大门前的石狮子相媲美,后被移至洛阳王城公园大门前,至今仍昂首屹立于王城公园大门前,笑迎八方来客。

我家小时候曾在农校街小学东隔壁的原4号院居住过。家里住的房子是西边的厦子屋,后墙紧靠农校街小学,打开后窗户,就可看到农小的院子,看得最清楚的就是窗户下面一排高低不等的古代石碑,有的有龟形的碑座、方形的碑座,有的则没有,杂乱地靠在那里。后来,这些石碑不见了,听人们说,修校园的路和台阶,很多石碑被填埋下去了。此类事在中国的城乡其他地方也比较多,这种做法,填埋的不仅是碑刻,还是文化。

在农校街小学学习的经历令人难以忘怀。当时的农校街小学门面十分雄伟壮观,门前两只石狮子安放在高大的底座上,带有威严神秘之气息。学校的老师们都很好,循循善诱,和蔼可亲。印象深刻的是当时的女校长赫校长,普通话地道纯正,一身剪裁得体的人字呢列宁装,是那个时代典型女干部的形象,赫校长办事果断,作风干练,给学生们留下了难忘印象。

农校街小学的老师很多,印象深的还有我的班主任刘淑芬老师,她是教我们语文课的,工作认真负责,关爱学生,这也奠定了以后自己喜欢文科的基础。刘老师当班主任时候,我有幸被选中当了班里的班长,这是自己人生当的第一个"官",有了这个第一,以后上初中高中好像有些不好收拾了,一看简历,就被委以"重任"。当然这也是自己人生中非常宝贵的精神财富。

从自己在老城农校街上学的经历来看,可谓非常幸运。农校街小学是历史名校,起源于明代的察院、清代的贡院、近现代河南最早的农桑学校、农艺职业高级学校、民国政府的办公地,有这样深厚历史积淀的地方,不是每一个人生平都能遇上的。而这样的地方,对在此学习过的学生,不可能不产生一定的影响,尽管这种经历带有一些偶然性,我还是发自内心地为自己的母校自豪!更为自己的母校祝福!期望自己的母校有更好的发展!

# 13.历史烟云一瞬过　木铎声声话一中

洛阳老城是我从小生活学习的地方，在此读的小学、中学。一个初春的下午，与朋友一起，畅游老城的老街道，不知不觉走到了老洛一中东边的校园。

洛一中是我的母校，洛一中东院，是著名的佛教寺院安国寺，又称"大安国寺"，位置在洛阳老城西南隅敦志街南头路东侧，它是洛阳老城现存唯一的佛教寺院。这座建于隋唐时期的皇家寺院，在中国佛教史上占有重要地位。当时的大殿，是老师们办公、学生们学习的地方。

洛一中当时有东、西两个校园，西园在营林街，东园在敦志街。东园有两个大殿，前面的大殿原来分割为教师的住宅，我初中的班主任、后来洛阳电大的副校长熊先平老师就曾经住在那里，后来改建为洛一中的校办工厂，生产碘钨灯和台灯。现在看到的就是原来工厂生产车间的样子；后面的大雄宝殿，上面是琉璃瓦，当时主要是教师办公的地方，也曾当过教室。安国寺在1927年以后，就已中断香火。

安国寺北边大殿目前已进行了保护修复，修缮基本到位，面阔五间，进深四间，砖木结构，单檐歇山顶，四面檐部皆斗拱，斗距明显，用砖砌拱眼壁，施有花草纹彩绘。殿内五架梁，前后对单步梁立四柱，柱础为青石莲花柱础。顶部琉璃瓦与吻脊、殿顶面坡平缓。殿前有一月台，这个月台，在我们上学的时候很多情况下当主席台用，比如开学典礼、大型活动等，本人在1970年进入该校学习时，曾代表新生在此月台上发言，至今仍记忆犹新。

安国寺南殿,面阔五间,进深三间,为砖木结构歇山顶,四周檐下用斗拱,耍头作龙头;殿内数根红柱力托殿顶,柱础为石鼓,上部梁枋因大屋顶遮蔽不甚明了。该殿在几十年前改作车间,屋顶已被人为改变,上面覆盖的是机制红瓦。这也难怪,当时学校学工学农,没有地方,只好对原有的建筑资源进行改造,相对于被毁掉,也是不幸中之大幸。

关于安国寺最早记载的是《元河南志》,安国寺原为隋朝贵族杨文思宅第,杨文思去世后,隋炀帝将此宅赐给东都留守樊子盖。唐朝时,此宅归户部侍郎宗楚客,宗楚客被流放岭南后,此宅归唐中宗太子李重俊所有。神龙三年(707年),李重俊死于宫廷政变,此宅改为皇家寺院崇因尼寺,景云元年改名为"安国寺"。

安国寺几经变迁,唐武宗"会昌灭佛",此寺被拆除,以后又重新尊佛,易地重建,但此寺只复原了一小部分,为僧人居住的院子,院内种植了很多牡丹。后来,安国寺迁到东城承福门内,为祈福之所,内有八思巴帝师殿。东城是隋唐洛阳城宫城之东的一处城池,位于老城南北大街以西区域,承福门为其南门。安国寺移于东城承福门内,就是今敦志街一带。

关于安国寺的历史沿革,《河南通志》卷五十记载:"安国寺,在府治南。唐咸通间建,元延祐六年重修。明洪武初修,置僧纲司于其内。成化、弘治相继修葺,乔缙为记。"这段文献说明,安国寺在府治南(明代河南府治,今老集一带),唐咸通年间(860年—873年)建,元朝延祐六年(1319年)重修。明太祖洪武初年修缮,在这里设僧纲司,这是管理佛教事务的机构。明朝成化、弘治年间相继修葺,乔缙写了碑记。

隋唐时候,安国寺是重要的皇家寺庙,安国寺和内道场集中了一批中外僧人,国内僧人最突出的是彦琮,外国僧人则是来华的南天竺僧达摩笈多等。当时翻经馆在洛河之滨的上林园。而佛经翻译后,需要内道场的高僧审定,再由少府监进行印刷,而少府监、安国寺均在东城,这样,佛经翻译、审定、印制方能比较迅速,这亦说明安国寺恰恰在佛教传播的环节发挥着重要作用。

安国寺历经兴衰。会昌五年(845年),唐武宗"灭佛",下令洛阳只留两座佛寺,其余皆拆除。内道场是保留的两座佛寺之一。原安国寺拆后,原内道场,改名为"安国寺"。在此之前,此道场的名字是慧日道场,此名见于《续高僧传》卷九《隋东都内慧日道场释法澄传》。

中国的传统有一条就是在庙宇里办学,这种例子很多,如洛阳的文庙办文明街小学,老城的府城隍庙办六中、三十中,老城的安国寺办师范、办中学等。这个传统很悠久,因王朝更迭,兵荒马乱,许多庙宇容易废弃,新中国成立以后,要恢复秩序,就要办教育,这些废弃的庙宇就成了最好的选择。废弃的庙宇无主,很少有争议;还有一条,办教育是弘扬正气,能镇住各种邪佞,朗朗的读书声,是阳刚之气,一正压百邪。

我是洛一中七五年高中毕业生,在我的印象中,那个时候洛阳一中的影响很大,是洛阳的知名中学。20世纪六七十年代,洛一高停办,改名为"十三中",洛一高的原书记宋长春到洛一中当校长。宋长春校长是南阳人,1949年前参加革命,后来领导筹建了洛阳教育学院、洛阳大学、洛阳电大等,他是洛阳教育界的资深领导、教育管理专家。

据有关资料记载,洛阳市第一中学建于1948年3月,是洛阳解放之初建立的第一所新生政权的学校。洛一中原来的位置在洛阳市老城区敦志街和营林街,有两个校园,后于2010年10月迁址于原洛一高东院,现校址为洛阳市爽明街1号。洛一中历史悠久,在洛一中老校区,曾办过豫西地区比较早的师范学校——省立第四师范。再往前追溯,是历史上有名的皇家寺庙——安国寺。

洛一中在老城办学时,有敦志街、营林街校园。我们上学时,初中大致是在敦志街校园,教室是在安国寺的大殿里,木结构的,顶很高,屋顶覆有琉璃瓦,很是气派和古老。在前殿的南边和西边还有一些教室。后来前面的大殿改成校办工厂,生产照明灯具,在社会上有相当的名气,我们那一批学生,是在实践教学的环境中成长起来的。

洛一中在中国近现代历史上,也曾见证过大的历史事件,营林街校园曾是蒋介石和国民党军事委员会的办公地。1932年,上海"一·二八"事变后,国民党政府迁都洛阳,定洛阳为行都。国民党政府驻洛阳老城府衙门(今老城青年宫),中央党部驻西工吴佩孚兵营司令部旧址,蒋介石及军事委员会驻第四师范。尽管国民政府迁都洛阳时间不长,于同年12月1日国民政府迁回南京,但也在中国近现代历史上留下了特殊的一笔。

洛一中老城营林街的校院,还曾是明朝河南卫所在地。河南卫是明朝在洛阳的常设军事机构,拥有驻军千余人,并统领福王府等王府仪卫司和嵩县千户所,负责驿传、治安等事项。清军入关,占领河南卫,建河南营,初驻绿营兵千余人,长官为参将,正三品。由此可见,河南卫是军事重地,承担明清时期洛阳军事防守的大任。

清朝时期,洛阳驻军兵力得到进一步加强。此时洛阳民乱频仍,治安混乱,雍正年间,河南巡抚田文镜给雍正皇帝上书,要求增加洛阳驻军。疏载:"豫省八府,其处万山之中,而素称险要者,莫过河南(洛阳)一郡……地方辽阔,俗悍民顽,而山多箐密,最易藏奸。需增兵两倍,实武备以固疆圉,示军威而垂永远,长享太平于亿万斯年矣。"

南大营在清朝的一些军事活动中地位重要,比如,在左宗棠平定甘肃土匪马化龙、陕西土匪白彦虎制造的陕甘叛乱和收复新疆过程中,南大营是清军的军需中转站和兵员补充地,并组建了一支大型驼队,派驻了一批八旗兵,常年驻守,戒备森严,是清朝设在中原地区的一支军事劲旅。

民国时期,袁世凯选定洛阳作为屯兵之地,在洛阳西工修建新式兵营,西工兵营建成后,由吴佩孚在洛阳练兵,南大营交给了河洛道师范学校。

河洛道师范学校,是今洛阳师范学院的前身,首任校长为王卓午。王卓午,宜阳人,清末京师优级师范学堂毕业。从这个意义上讲,南大营,即后来洛一中的老校址,是洛阳师范学院的发祥地。

王卓午是洛阳师范学院的创始人。1916年,王卓午奉河南省教育厅令创办河南省立河洛道师范学校,初选址于周公庙,时间不长,迁入南大营。不久,河洛道师范学校改名为河南省立第四师范学校;1933年,改名为河南省立洛阳师范学校。从时间上看,洛阳师范学院创建已一百余年,其肇始地就在老城营林街,与洛一中是同一地缘。

洛阳师范在民国时期是洛阳最高学府,著名文学大师任访秋、方志学家苏从武、数学家陈梓北、音乐理论家刘诚甫等曾长期在此任教,培养了抗日名将韩钧、文学家李蕤、画家田零、教育家张桂岭、出版家陈清源等一大批人才。此时的营林街,虽有营林之军事含义的名字,但实际上是洛阳的文教圣地。

文学大师任访秋先生,是我在河南大学念书时的老师,他曾为我写的书《中国咏史怀古诗卷》欣然写序,见解甚高。他在洛师任教有年,对洛师评价很高。他曾说:"民国时期的省立洛师,师资力量非常雄厚,有些学科,可以和当时的国立河南大学相媲美。"今河南大学图书馆藏有1920年苏从武著的《洛阳县小志》,此书为其在省立四师任教期间所写的讲义,是重要的地方历史文献。

我曾在洛阳师范学院任教多年，对洛师的情况亦略知一二。1938年，省立洛师迁往卢氏县，1946年年初迁回洛阳，设校址于安国寺。1948年年初，省立洛师迁往开封，不久又迁至苏州吴江县，次年7月停办。1950年，省立洛师在洛阳重建，定名为"洛阳师范学校"，选址于东华街；1958年年底，改为"洛阳师范专科学校"，次年迁至安乐窝；2000年，升为本科院校，定名为"洛阳师范学院"，如今已是河南师范教育的名校，在全国影响颇大。

世事有沧桑，往来成古今。1944年5月，洛阳沦陷，南大营成为日本宪兵队驻地。抗战胜利后，洛阳警备司令部迁于此。洛阳解放后，南大营初为解放军的军营，后来成为洛阳市一中的校址。

营林街南大营还是抗日志士的殉身之处。1944年5月洛阳沦陷，根据洛阳警备司令部和中统洛阳站制订的潜伏计划，一大批军政人员潜伏于洛阳。其中，王敬肃、苏琏、郭洪楫、刘应堂等十七人原为洛阳县警察，伪降于日军，组建了伪洛阳县警察局，王敬肃任局长。他们名为日本人的警察，实际在从事抗日之事。

洛阳是中华名城，日本人对洛阳的觊觎、渗透由来已久。当时，驻洛阳的日本特务机关是"三阳公馆"，设在义勇前街，负责人是佐藤羡次郎少将。此人精通汉语，于1938年2月潜入洛阳，化名"杨书祥"，自称河北保定人。佐藤到洛阳后，以卖豆腐丝为掩护，进行刺探情报、发展情报人员的活动。

日军占领洛阳后，佐藤用网罗的部分汉奸组成了伪洛阳县政府等机构。在洛阳守军和政府撤离洛阳时，佐藤让解信吾等一批间谍混入其中，到达洛阳南部山区。解信吾，《大同报》社长，铁杆汉奸。洛阳被日军侵占时，解信吾与报社工作人员撤离洛阳，到达河南省政府所在地内乡县丹心镇，获悉了王敬肃等十七人皆为潜伏人员的情报。

汉奸解信吾寻机回到洛阳，向佐藤报告警察局的情况。1944年中秋节，佐藤以开会为名，将王敬肃等十七人诱捕并押往南大营洛阳宪兵队，活埋于省立洛师操场。这一惨案震惊豫西。后锄奸队设计将解信吾诱杀于伊川；1945年春节，大雪纷飞，锄奸队将佐藤等人围歼于西安火车站，报了英雄殉难之仇。

洛一中是个文化底蕴很深的学校。曾经有一批学术造诣深厚的老师，如政治特级教师袁振鹏先生，他是皖南事变牺牲的新四军政治部主任袁国平的侄子，讲课很有激情、很有感染力；英语特级教师杨霞先生，是当时洛阳英语教学方面的领军人物；物理教师熊先平老师，印象中他是北京工业大学毕业的，非常敬业，课教得很好……正是有这样一批优秀老师，才使洛一中闻名遐迩。

一个学校，校长是魂，校长是旗；有了魂，有了旗，这个学校就会有好的发展。当时的洛一中，之所以在洛阳的基础教育中声名鹊起，与当时的校长宋长春先生有很大关系，他治校有方，治学有方，广揽人才，关爱学生，使当时的一中成为洛阳名副其实的第一中。

洛一中的老师中，有的以学术见长，有的以综合育人见长。如当时的团委书记，也是数学教师的赵丙戌老师，他的家乡是伊川县的，毕业于武汉大学数学系，他负责当时学校的团委工作、红卫会工作，在帮助学生干部成长方面有很大的贡献，是学生健康成长的引路人。像赵丙戌这样的老师，在当时的洛一中还有许多：王盘根老师、张希华老师、杨金榜老师、崔土平老师等。

从自己在洛一中上学的经历来看，可谓非常荣幸。洛一中是伴随着新中国而生的名校，起源于隋唐的安国寺、明代的南大营、民国军事委员会的办公地，是河南比较早、洛阳最早的省立师范，这样丰厚的历史积淀，对在此学习过的学生，定会产生不可估量的影响，仅我们这一届就涌现了戍边英模、公安卫士杨保红；实业大腕、白马集团董事长吕书礼；商界精英、鸿诚百货有限责任公司书记朱山涛；河大高材生，河南省外专局领导宋欣；政坛丽人、洛阳市文物局正县级调研员孙小明；军界翘楚、工程专家张文巾；历史学者、洛阳理工学院副院长董延寿；大国工匠、照相名师钱元公……作为洛一中的学生，我们发自内心地为母校骄傲、自豪！期愿母校的明天更加美好！

# 14. 孟津访古贤　教恩永流传

　　近期在几位朋友和舍弟的陪同下,冒着酷暑到小浪底镇寺院坡村东边的一个小自然村周家庄访古寻贤。家在寺院坡村张华沟的表弟乔彦昭为我们当向导。周家庄村原是一个百十口人的小村子,清代末年出了位远近闻名的教书先生,名曰"张弘猷"。张先生字萱卿,道光年间人,是位庠生。张先生饱读诗书,学富五车,潜心杏坛,育人有方,培养了许多优秀人才,有很高的社会知名度和赞誉度。

　　张萱卿先生虽居穷乡僻壤,但培养出来的一些学生很有出息。如西安宝鸡专员,后陕西民政厅专员马神迁,许昌专员谢彦青,鄢陵县县长周韶武,鄢陵县警察局局长谢明武,豫西名医乔清华,孟津河防队队长张会川,孟津乡绅李家岭、李志明等。尤其是马神迁,在动荡年代保护豫剧名家常香玉,是常香玉出道路上的守护者,关于此还有一段动人故事。

　　抗战时期,河南200余万难民跑到陕西等地避难。香玉剧社流落到渭南、西安等地,演出举步维艰。后到宝鸡演出,形势有所好转,但受到当地泼皮无赖骚扰,尤其是当地豪强刘三看中常香玉,要纳她为妾,若不从就要砸场子。当时的宝鸡专员,张萱卿的学生刘神迁挺身而出,震慑歹人,并认常香玉为干女儿,才使香玉剧社在陕西站住脚跟,并有后来的辉煌发展。

　　随着小浪底水库的建成,如今的周家庄村已从低洼的山沟迁到了地势比较高的寺院坡村,周家庄几乎已成了废弃的村庄。我们循着荒草没膝、高低不平的山路,来到了张萱卿先生的故居,破旧的房屋,已被蒿草覆盖,门前有一通缺了碑额的漫漶不清的教恩碑和一副同样不是太清晰的石刻对联,古皂角树迎风挺立。

张萱卿先生故居门前的石碑是民国十七年夏历三月他的受业弟子所立,石碑正中刻有"清邑庠生张老夫子字宣卿教恩碑",石碑正文和后面受业学生的名录因石质风化已基本看不清楚。两副石刻的对联估计原先是镶嵌在教恩碑两边,字迹有的已经破损,大致是:"一席化雨栽培□,□□春风熏陶深"。据老表乔彦昭讲,石碑的碑首在 20 世纪的时候被生产队截开做了四个打土坯的石杵子,现已不知所踪。

清末民初,孟津西乡一带办学风气昌盛,仅小浪底镇范围内,办私塾比较有名的就有明达村的杨伯峰、老龙嘴的许鼎臣、周家庄的张萱卿及其弟子张凤阁等,该地区虽然自然条件比较差,缺水、缺粮、缺资源,但不缺的是民众内心深处对知识的渴望,对传授知识老师的尊重。周家庄张萱卿老先生故居门前的教恩碑就是非常好的例证。愿天下每一个传授知识的人和科学知识都能受到尊敬! 教恩永存,文化馨香!

# 15. 留得清气满乾坤

## ——略记孟津县原检察长田志宽先生

两年前的一天,在与好朋友高北辰先生、田战通先生的品茗遐谈中,得知田战通先生要为他的父亲,孟津县公检法战线知名人物、已故检察长田志宽出版回忆录,当时很是敬佩,就激动地说,若书稿整理好,我给你写序。

时间过得很快,不知不觉两年了。前几天同高北辰、田战通先生小聚,战通告诉我,他把父亲的回忆录整理完了,想请我写序。顿时有些惶恐。当时只是随便一说,如今真要动笔来写,深恐力不能及,词难达意。

田志宽先生是孟津县政法系统的老领导,孟津县检察工作的创建者。他为官一任,造福一方,在当地百姓心中留下了清正廉洁的美名,可谓:不要人夸颜色好,留得清气满乾坤。

田志宽先生是我在孟津县马屯公社相留大队下乡时一个大队的在外面当官的人,他在当地名气很大。初到一个地方,自己有一个习惯,就是注意了解当地的历史和风土人情。相留、印子沟、高坡一带,人杰地灵。我在最初的了解中知道了两个本地有影响的人物,一个是附近老龙嘴村的许鼎臣先生,他是河南近代的名人;一个是印子沟村的田志宽先生,他是我下乡时期孟津县非常有名的人物,且是我下乡时一个大队的人。当然,后来我才知道田志宽先生的夫人也是老龙嘴人,姓许,与许鼎臣家是一支的。

许鼎臣是近代河南的著名人物,他是我下乡的所在地上村西南边一个小村老龙嘴村人,字石衡,光绪丁酉科举人,是清末民初的"河南三杰"之一。因社会动荡,他无心功名,便设馆授徒,名曰"龙嘴山馆",门生众多,桃李广布,名震中州。

"仰听尧舜语,俯察周孔辙"是许鼎臣先生的座右铭。许鼎臣先生学养深厚,著述颇多。著有《龙嘴山馆文集》《中州学系史》《孟津县志稿》等,还在洛阳创办"河洛国学专修馆",担任首任馆长。许鼎臣纵论诸子百家,谈经说道,沿朱溯孔,被推为中州儒宗。许鼎臣先生在当地名气很大,下乡不久,就多次听人谈起,当时,还专程到老龙嘴村寻访许鼎臣故居,凭吊一代文宗。

对田志宽先生的认识了解,是在上村的田间地头。上村的地和印子沟的地是地头相连的。一个夕阳西下的傍晚,我们知青们正在东边河滩地干活,田志宽先生从县城回来了,骑着一辆破旧的自行车,戴着一顶半旧的草帽,见到我们干活的知青,便从车上下来同知青们寒暄,完全没有大干部的架子。他的话虽不多,但很朴实。当时,我就注意到他腰上别了一支手枪,包枪的红绸子布还隐约能见。就是从那时起,认识了田志宽先生,记不清当时他是县公安局的局长还是法院的院长,反正那个时代带枪的就不是一般人。估计他也是出于职业习惯,外出公干的时候,为应对意外,惩戒犯罪,时常佩带武器,以防不测。

田志宽先生当时在我们村乃至孟津县西乡一带名气很大,在老乡们中口碑很好,他积德行善,扶助乡邻,谁家有困难,他经常伸出援手,力所能及地予以相助,对表现优秀、家庭困难的知青,他帮助安排工作。他出身农家,很早在庙护乡参加革命,积极服从组织安排,党叫干啥就干啥,把自己的一生奉献给了孟津县的政法事业。

当然,对田志宽先生的更多了解是通过他的回忆录,通过他的长子田战通先生及高北辰先生对他的描述。田志宽先生的形象在我心中由最初的朴素、朴实到敬业、忠诚、奉献等一步一步高大起来。

拜读了田志宽先生的回忆录,很受感动。他是解放初期参加革命的老干部,受当时条件的限制,文化水平也不是太高,但他能把自己的经历如数家珍般地书写出来,这需要多大的毅力!这里只能说明一个问题,就是对自己所从事的工作爱之深、感之切、看之重。他的回忆录,写的是自己亲身经历的人和事,因此读来感觉非常亲切,仿佛就像发生在眼前。而这些第一手资料,十分难能可贵,是非常珍贵的地方史资料,可以填补孟津县历史记载之空白。

回忆录中有些人物和我有些交集。如大队党支部书记张书贵同志，也是我下乡时期的书记，他很关心知青工作，经常到宿舍看望我们，帮助我们解决生产生活中的困难。他艰苦朴素，联系群众，工作作风扎实，经常深入农户家做工作，深受大家好评，是大家公认的好书记。我在相留大队朱坡村教书时，他对我们的帮助很大。另一个人物李大均，马屯公社李家岭大队人，他老家在我舅舅家西隔壁，两家之间是亲戚关系，印象中他的辈份比较低，称我的母亲为姑奶。他时任公社办公室主任，为人正直，办事认真，不苟言笑，但在解决大家困难方面还是比较务实的。还有县委书记卫乃如，曾在洛阳地区纺织品采购供应站担任过党委书记，我父亲那时是纺织站物价科长，他是老领导，工作中有许多交往，我下乡时他还专门送我一个笔记本，勉励我要好好接受贫下中农再教育。我在孟津下乡时，卫乃如又回到孟津担任县委书记，他的夫人苗阿姨，曾经是县知青办的主任，直接管我们知青工作。同卫乃如的几个孩子我们还是朋友，回到洛阳以后，还经常保持联系。

田志宽先生的回忆录篇幅不算太长，但字里行间反映出一个受党培养多年的一个老干部情操。如他在甄别案件中的认真精神、凭证据说话的一丝不苟的工作作风，深入案发现场剥茧抽丝的科学态度，把一个优秀政法干部的形象跃然展现在读者面前，这就是人民喜爱的好干部，一个全心全意为人民服务的干部。

回忆录真实还原了一个一心为公、心系工作、心系民众的人民公仆形象。党叫干啥就干啥，从不挑肥拣瘦讲价钱，从党总支工作，到公安工作、法院工作、严打工作、检察院工作，都是愉快地服从组织安排，干一行，爱一行，专一行。像一颗螺丝钉一样，拧在哪里就在哪里使劲，放在哪里就在哪里发光。

田志宽先生历任县公安局副局长、法院院长、检察院检察长，在一个县里应该是一个大权在握的人。实际上他是一个非常低调、廉洁奉公、敬业奉献的人。他严格要求自己，立下的规矩就是"不收礼，不送礼，不吃请，不吸烟，不喝酒"，"做官一身正气，两袖清风"。这些从他办事所骑的自行车、几个孩子的安排、家在印子沟的生活，甚至几次家里窑洞的坍塌等方面都可以看出来。这样的干部，心里想的是工作、是人民群众，是在舍小家为大家。当时物质生活匮乏，工作条件艰苦，但他精神上是丰裕的、高大的，他知道自己当干部是为谁而干，深知老百姓的口碑就是最好的奖状。

田志宽先生在生活上还是一个有情有义、爱家庭、爱孩子的真君子、大丈夫。农忙时间回家干活，儿子当兵给孩子买秋衣……充分说明他是一个有家庭责任感的人，一个热爱生活的人，一个有高尚情趣且扎根生活沃土的真人。尽管读得比较粗朗，但一部回忆录看下来，令人敬佩之至。

还有非常难得的是他言传身教的示范作用，他常说："小时候贫穷，是一笔精神财富。如果以贫穷为动力，奋勇进取，就能化贫穷为神奇，走出困境，奔向成功；如果甘于贫穷，意志消沉，不思进取，浑浑噩噩，就会贫穷一生，后悔莫及"。他的诸如此类的许多励志话语，对其美好家风的塑造和传承，影响颇大，直接影响了他的家庭、他的子女。如他的长子田战通，得到了他思想精华的真传，早年从军，保家卫国，默默奉献；后笔耕不辍成绩斐然，是河南省作家协会会员，屡有佳作问世；他在医疗岗位工作，敬业奉献，济困扶弱，是仁者大医，荣获洛阳市十大道德模范。更难能可贵的是，战通先生精心整理父亲的手稿和回忆录，这不仅是珍贵的谱牒资料，是田氏家族的事，更是珍贵的思想教育的极好教材。"人间正道是沧桑"，此之谓也。

受邀能为家乡领导田志宽先生饱蘸心血所写的回忆录写一些话，深感非常荣幸！对自己来说最重要的是一次学习，一次思想上的洗礼，一次不忘初心的教育。

不算是序，算是学习心得吧。

# 16.河洛浸润　焦桐盛开

　　兰考是焦裕禄精神的发祥地、光大地,也是焦裕禄同志的第二故乡,但是,他把第二故乡当成了第一故乡,为改变兰考的落后面貌,他拼出性命大干一场。虽然他在兰考工作的时间不过一年零四个月,但他以自己的实际行动诠释了什么是真正的共产党员,什么是党的干部,党的干部是干什么的,党的干部应该怎么干? 今天,有幸踏进兰考这块热土,重温焦裕禄进步的历程,踏着焦裕禄同志的足迹,更深刻地领略了焦裕禄,领略了焦裕禄精神。

　　焦裕禄同志是在兰考出名的,但他成长进步发展的基础是在古都洛阳现代化的工厂打下的。焦裕禄同志是山东淄博人,生于 1922 年 8 月 16 日,1946 年 1 月加入中国共产党,解放战争后期随军南下,到了河南,在尉氏担任过区长和共青团郑州地委第二副书记,1953 年 6 月到洛阳矿上机器厂参加工业建设,担任一金工车间主任、科长,其间曾到哈尔滨工业大学学习、大连起重机厂实习。焦裕禄同志在洛阳工作九年,这是不平凡的九年,农村工作的经历,现代工业化大生产的历练,使他成为坚定的共产主义战士,我党的优秀干部,这是他日后不负党的重托,做出突出成就的重要基础。

　　焦裕禄同志的成长进步是有一个过程的。洛阳矿山机器厂是革命的大熔炉,是打破一个旧世界后新生产力的代表,引进的大部分是当时苏联的新技术,聘请的是苏联高水平的专家,按照现代化大生产的模式进行管理,又有深孚众望的国家领导人担任厂领导,在这样先进的环境中,焦裕禄同志如饥似渴地学习,扑下身子钻研,逐渐成为一个懂技术、懂管理的中层干部,在他的带领下,研制成功我国首台2.5米双筒卷扬机。如今,这个中国机械工业的"第一",已从三门峡观音堂煤矿"请"回到了洛阳中信重工,在无声地诉说着另一条战线,同样精彩无限的楷模焦裕禄。

焦裕禄干部学院,始建于2013年7月,是河南省委组织部重点建设的河南省三所干部教育学院之一,也是中组部确定的全国13所地方党性教育特色基地之一。学院建在兰考,具有特殊含义,兰考是焦裕禄精神的发祥地之一,是焦裕禄同志为之奋斗献身的地方,更是学习弘扬焦裕禄精神的首佳之地。感受焦裕禄精神,领悟焦裕禄奉献的历程,启迪自己人生的方向,定位自己事业的奔赴,是来焦裕禄学院学习的真正意义。

兰考是河南的一个大县,有着悠久的历史和光荣的传统。古往今来,人杰地灵,被称为"孔子过化之地"。历代文风蔚起,英贤辈出,人才济济,如池子华佐秦,陈平辅汉,大儒戴德、戴贤,一代才子江淹,中原哲人王廷相,"天下第一清官"张伯行,名医张从正,画师张世禄;当代又有版画大师刘岘,文化巨匠王阑西,党的好干部焦裕禄……他们在不同的时代,不同的领域,为社会的发展做出了重要贡献。

兰考由历史上的兰阳、仪封、考城三县递合演变而成,解放后属开封地区。兰考历史上因风沙弥漫,被称作"东昏地"。兰考地处黄河故道,也位于黄河最后一个拐弯处,此地条件艰苦,灾荒频仍,河患屡现。焦裕禄同志就是在天灾人祸不堪言状的时候,临危受命,来到兰考,担任县委书记。他带领县委一班人找贫根,除"三害",制定出一套科学治理的方案,率领全县人民打响了"除三害"的战斗,后来形成了闪闪发光的焦裕禄精神。

来到兰考已经好几次了,每次来都要拜谒焦裕禄同志的墓地,这次也不例外,在焦裕禄墓前低头沉思,最受感动的是他对人民无私的挚爱,他虽然在兰考工作的时间不长,只有短短的475天,但他把整个身心都给了兰考人民,心里想的是大家,唯独没有他自己。中国的民众是最厚道的,以真心换真心,这就是焦裕禄赢得人民深切爱戴的真正原因。

在兰考,以十分崇敬的心情参观了焦裕禄同志纪念馆,深深被他的事迹所感动,焦裕禄同志是大局意识的典范,体现了革命战士是块砖,哪里需要哪里搬的精神,党需要南下就南下,需要土改就土改,需要进工厂就进工厂，需要学习就学习，需要攻关就攻关，需要农村就农村，党的需要就是自己的选择，责无旁贷，义无反顾。这样的人才是毛主席的好学生，人民的贴心人，县委书记的好榜样。

在焦裕禄学院听了该校老师张冲讲的"焦裕禄同志在兰考的475天"专题报告，十分受感染。张冲老师是本地人，所运用的资料典型生动，真实还原了焦裕禄书记在兰考的日日夜夜。四百多个日夜，在人生的长河中不过是短暂的一段，但焦裕禄同志把它过得波澜壮阔，把人生的价值、共产党人的追求、县委书记的担当演绎得尽善尽美，令人赞叹，令人动容！

在焦裕禄干部学院还开设了别开生面的现场采访式教学活动，邀请了与焦裕禄同志有过交集的几个老人，在老师的"主持"下，"现身说法"。这几个人一个是几十年如一日扫"焦桐"树叶的村民魏善民，他把"焦桐"看成焦裕禄的化身，精心呵护，奉若神明；一个是被焦裕禄从逃荒的火车站劝回家的雷中江，他信了焦书记的话，返乡治理"三害"，皓首不改；另一个是培育泡桐育树苗、守护泡桐林的肖亮臣，种树、护树是他生命的全部。他们不是老师胜似老师，用活生生的例子把焦裕禄讲活了。焦裕禄书记是兰考人民心中的"神"，他永远活在人民心中。

焦裕禄同志到兰考担任县委书记虽然只有一年多的时间，但是他调研在先，工作在前，注意充分调动广大群众的积极性，当时物质匮乏，物质奖励少，就实行精神奖励，把各村热火朝天除"三害"的场面拍摄下来，宣传出去，激励大家。据县委宣传部的干事刘俊生讲，当时拍的群众干活的照片有9000多张，极大鼓舞了群众干劲，但焦裕禄同志唯独不让宣传自己，目前留下的照片仅有4张，基本上是宣传干事刘俊生偷拍的。他不宣传自己，但群众把他抬得更高，焦裕禄就是丰碑，永远矗立在人民心中！

焦裕禄同志到兰考任县委书记的时候，正是兰考"三害"最严重的时候。老百姓生活无着，出去要饭的比较多，兰考出去要饭的人有句口头语，外地人问他们是哪里的？一般会说："兰考的大爷"，这句话需加标点，"兰考的，大爷"，是尊重别人的意思；不加标点，还有点"自豪"的意思。焦裕禄同志来了以后，深入基层调研，扑下身子实干，人心回归，开始扭转落后的局面，恢复了兰考人的尊严。这就是焦裕禄，兰考的领头雁！

　　焦裕禄同志心系人民群众,他到兰考当县委书记不久,有一天,北风凛冽,天寒地冻,大雪纷飞,焦裕禄带上县委工作人员,冒着漫天飞雪,在大雪封门时到农村访贫问苦,在一个双目失明卧床不起的五保户家,老人问他是谁? 他脱口而出,是你的儿子。焦裕禄同志对人民群众的一往情深跃然而出,正是有这样的情感,焦裕禄同志把人民当父母,俯首甘当人民牛,为改变兰考的面貌贡献了毕生力量。鞠躬尽瘁,死而后已,是焦裕禄书记人生的真实写照!

　　在兰考焦裕禄干部学院大门的对面,有一棵独特的大桐树——"焦桐",是焦裕禄同志当年带领群众治理风沙时亲手所栽,因为是焦裕禄同志亲手所栽,当地的老百姓亲切地称这棵树为"焦桐",老百姓把这棵树看成焦裕禄书记的化身。五十多年过去了,焦裕禄书记虽然已经"去"了,但这棵他亲手栽种的桐树依然生机盎然地生长在这里,应了他那句"活着不能把沙丘治理好,死了也要看着百姓把沙丘治理好"的宏言。

　　焦裕禄干部学院现场教学安排在黄河东坝头和附近的张庄,目的是了解"三害"形成的原因,深刻理解焦裕禄同志知难而上,敢于担当的崇高品质。东坝头是黄河的最后一湾,是清咸丰五年黄河决堤形成的,这里曾是兰考的第一大风口,焦裕禄同志带领除"三害"工作队,查风口,追风源,找到了治沙的办法。为了纪念焦裕禄,人们把这里固沙的刺槐林称为"焦林",把这里的刺槐称为"焦槐",并塑立了焦裕禄半身雕像,创建了焦林纪念园,永远缅怀这位人民的好书记。

　　过去河南农村有句话:种桐树,养母猪,十年是个大财主"。在兰考学习考察,为这句话找到了最好的注解。焦裕禄同志到兰考担任县委书记,为了解决风沙问题,问计于百姓,要想镇住风沙,造福百姓,最好的办法就是种桐树,桐树是速生树种,适合在沙土地里生长,为此,引导老百姓在风口的地方广植泡桐,防风治沙,改善生态环境,增加人民收入。从这个意义上讲,焦裕禄同志是个接地气的实干家,问计于老百姓的好干部。

　　焦裕禄同志结合兰考沙土地的特点,大力倡导种植泡桐,发展泡桐产业。此次学习还专门考察了兰考的泡桐产业,理解焦裕禄同志种植泡桐,防风固沙,富民强县的远见卓识。兰考的泡桐是制作民族乐器古筝、扬琴、琵琶、柳琴、阮、二胡的优质材料,兰考现有这样的民族乐器制作产业二百多家,比较有代表性的是中州民族乐器有限公司。该公司由代士永创办,是河南省优质品牌,其产品远销海内外。焦裕禄书记的心血没有白费，兰考泡桐产业的品牌已闻名遐迩。

焦裕禄同志善于调动群众积极性，善于走群众路线，是懂得领导艺术的好干部。焦裕禄同志讲："干部不领，水牛掉井。"兰考的穷根是"三害"，要想治理"三害"，就是要发动群众，调动群众的积极性，群众的积极性调动起来了，兰考摘掉落后的帽子就有希望了，为此焦裕禄同志竖起了四面红旗：秦寨的决心，赵垛楼的干劲，韩村的精神，双杨树的道路。榜样的力量是无穷的，在焦裕禄树立的典型引领下，兰考走上了健康的发展道路，这是焦裕禄同志的伟大功劳。

焦裕禄同志有句名言："吃别人嚼过的馍没味道。"这句话很普通，很朴实，但道理很深刻，体现了焦裕禄同志的创新思维、创新思想。如他来到兰考工作，把劝阻人们外出逃荒要饭的"劝阻办公室"，改成治理"三害"的除"三害"办公室，一个"劝"，一个"除"，内涵是截然不一样的，"劝"是惰性思维，保守思想，头痛医头，脚痛医脚，"除"是创新型思维，是从"根"上解决问题，这就是焦裕禄书记来兰考给人们带来的新理念，在这个理念的指导下，他带领县委一班人扑下身子干，搞调研，出方案，绘就兰考发展的宏伟蓝图。

焦裕禄同志是人格高尚、廉洁自律的典范。焦裕禄艰苦朴素，大公无私，他多次讲干部不要搞特殊化，而且率先垂范，对自己孩子看"白戏"主动补缴票款；基层送鱼坚辞不要；大女儿工作安排到条件差的酱菜厂；下乡工作同乡亲们同吃同住同劳动，并把这一条硬性规定下来，目的是怕干部搞特殊，脱离群众；还主持制定了兰考《干部十不准》，从制度上保证了干部同群众的血肉联系。焦裕禄同志严于律己，故而，桃李无言，下自成蹊。

焦裕禄同志是甘于奉献的典范，要求其他人做到的他自己首先做到，如到基层调研，他几乎跑遍了兰考的每一寸土地。县里有吉普车他不用，一辆旧自行车就是他时刻不离的交通工具，走村串寨，访贫问苦，问计于人民群众，沙丘上、盐碱滩、泥流中、牛棚里，到处留下焦裕禄同志的身影，"贴膏药""扎针"等就是焦裕禄在实干中总结出的鲜活经验，这种实干精神让群众信服，群众才会发自内心地呼唤焦书记，才会深情地说，焦书记是为兰考人民累死的。

焦裕禄同志是个有血有肉的人。他是人民的儿子，大雪封门，他去访贫问苦，发自内心地称自己是农民的儿子；大雪纷飞，天寒地冻，兰考火车站，他耐心说服人们返乡，用自己勤劳的双手改变兰考面貌；风沙中、激流中，他蹒跚前进，查风口，探水流，为人民除"三害"呕心沥血；他这种全心全意为人民的赤子之心，深深赢得人民的爱戴。

焦裕禄同志是特殊材料做成的人。焦裕禄同志从洛阳矿山厂到开封地区工作的时候，已经患有肝病，为此曾到疗养院疗养，但他得知农业战线需要干部时，就义不容辞地来了，组织让他到最艰苦的兰考工作，他不讲价钱，又来了，在兰考工作的 475 天，他是以抱病之躯在拼命工作，心里想着兰考人民，唯独没有他自己。他是钢铁战士，共产党的钢铁战士，为人民服务的钢铁战士！

我在兰考学习的日子里，一次乘车穿行在裕禄大道上，不经意间看到了兰考县委、县政府的办公楼，着实一惊。兰考发展得很快，街道宽敞，大厦林立，商贸发达，市容整洁，经济总量位居全省先进行列。但县委、县政府的办公场所仍保留原样，比较破旧，比较简陋，甚至很土气，乍一看不协调，细一看很协调，这就是焦裕禄精神发祥地的胸怀！不是花不起钱，而是人民群众没有真正富裕起来以前不花这个钱，诚如是，九泉之下的焦裕禄书记一定是十分欣慰的。

焦裕禄同志不图名、不图利，一心想着工作，一心想着人民群众。他的事迹生前人们都不知道，作为一个客死异乡的县委书记，他是死后出名的，是人民把他"抬"起来的，穆青等人的文章固然重要，但更重要的是，他的事迹都是真的，都是他一步一个脚印，实打实干出来的。凡是真的就是善的，凡是善的，就是美的。真善美是人间大道，焦裕禄就是真善美的完美代表。

洛阳也是焦裕禄精神的发源地。焦裕禄同志在兰考工作了一年零四个月，而在洛阳矿山机器厂工作了九年，洛阳的九年，是焦裕禄思想转变、提高、升华、形成的重要时期。洛阳是国家"一五"期间、"二五"期间国家重点建设的大工业基地，组织上把焦裕禄从农村土改战线调到工业一线，这种"轮岗"，体现了组织上的栽培和重用，正是这段先进的大工业的经历，锤炼了焦裕禄，丰富了焦裕禄，使焦裕禄走向成熟，重新回地方工作后，各种优秀的东西集中大迸发。焦裕禄精神的发祥地应该是洛阳和兰考，或言，发祥在洛阳，光大在兰考。

焦裕禄是毛主席的好学生。焦裕禄把学习毛主席著作当成力量源泉，毛主席的著作随身不离，走哪带哪，遇到难题，遇到棘手问题，在毛主席著作中寻求答案，问计于人民群众。他到兰考的所有决策，所采取的治理"三害"的诸种工作措施，源于对毛主席著作的深读细研和实践上的贯彻落实。毛泽东思想是他工作的方向盘,他是名副其实的毛主席的好学生。

焦裕禄同志是与时俱进的榜样。从焦裕禄成长的经历来看,充分体现了与时俱进,与时代同步——在山东支前是个进步青年,随军南下,尉氏土改实现了农民到党的干部的转变;洛阳矿山厂的工作经历使他实现了农村工作向机器大工业生产的转变和升华,思想境界有了一次大的提升和发展;再次回到农村工作,无论思想方法、视野境界、工作风格均已脱胎换骨,焦裕禄同志正是有这样的思想基础,才能做出以后的优异成绩。

来到焦裕禄学院学习,要解决什么问题?我一直萦绕在心。若说要解决理想信念问题、党性修养问题、作风建设问题等,都对,但有些空泛。以焦裕禄精神来学习焦裕禄,我认为要解决三个问题:第一,要知道自己是谁?第二,为了谁?第三,依靠谁?把这三个问题解决了,就达到学习目的了。第一个问题,要知道自己是人民的公仆;第二个问题,就是为了人民;第三个问题,就是要依靠人民群众。解决了这三个问题,就领悟到了焦裕禄精神的精髓。

焦裕禄干部学院的学习时间虽然时间不长,但受益良多。焦裕禄同志是我们永远学习的榜样,他的光辉形象永远矗立在我们心中,他那"亲民爱民、艰苦奋斗、科学求实、迎难而上、无私奉献"的精神,永远激励着我们在实现伟大中国梦的征程中不断前行!

# 17. 春风润物话家风

　　什么是良好家风？话题比较热，讨论得比较多，现实中确有许多好的范例，听了受益良多。

　　我的爷爷曾经是一个生意人，民国时期洛阳"益晋银号"的掌柜，后又返乡当了农民，经历得比较多，起伏比较大，他常说的一句话就是"不框外"，教我们做人做事"不框外"。初听"不框外"感觉没啥，辞藻很平淡，不起眼，太浅显；细分析，"不框外"还是有深意，值得耐人寻味的。

　　爷爷讲的"不框外"的"框"就是条条框框的"框"，实际上就是现在常讲的规矩，"不框外"就是按"规矩"办事。按"规矩"办事、"不框外"是为人之道，做事之本，成事之要。古人常说，成人不自在，自在不成人。这里"自在"与否，关键在于是否有"框"的限制，有限制了，就不自在，不自在了，就成"人"了。细想起来，"不框外"三字是包含着深刻哲理的，这是爷爷传给我们宝贵的精神财富，是我家的家风，弥足珍贵！

　　我国是一个历史悠久的国家，家风家训是规物范世的良好教材。我爷爷留下的家训是"不框外"，被我们的家庭立为做人处世的"洪范"。我父亲是一个解放初期参加革命的干部，长期在洛阳地区的有关县市及洛阳地区的商业单位工作，一生很多时间同钱同物打交道，他经常说的一句话就是"心要放平，事要做正"。这句话是父亲对他父亲"不框外"的继承和发扬。

　　父亲说的"心要放平，事要做正"是他为人处世的准则。他一生淡泊名利，组织让干啥就干啥，国家建设三门峡大坝，需要抽调干部，他二话不说，就立即奔赴火热的建设一线，为建设大军提供商业供销服务；地区组建纺织品批发采购供应站，他服从分配，毅然又返回洛阳开展创建工作，他担任地产科长、物价科长几十年，兢兢业业，任劳任怨，被誉为工作上的"老黄牛"。

家父的"心要放平，事要做正"体现在他工作的方方面面。在荣誉面前他从来不争，总是把评先名额让给别人；办事他总是先考虑别人，工作上勇挑重担，加班加点是再正常不过的事，单位最后走的一个人往往是他；他所经手的账目都是字迹工整，井然有序，是新参加工作年轻人的范本。他不厌其烦对我们几个孩子说，不管干什么工作，心态一定要放平，心态平了，就不会计较得失了，事也就做正了。

家父工作的性质和钱物打交道比较多，加之计划经济时代，二级站有许多特权，要批计划，要定地方产业的生产定额，因此找的人比较多，对此父亲坚持原则，公事公办。记得有一次，过年的时候，一个采购员送来了几斤自家产的核桃，父亲知道后，坚决退了回去，全然不顾几个孩子期待的眼神。他说：组织信任，干事一定要正，不要贪图小便宜。

家父是洛阳商业上物价方面的专家，洛阳物价局成立之初，要调他去负责业务方面的工作，但另一方面纺织站物价方面也离不了他，再三挽留他，权衡之后他选择了留下，继续为纺织站做奉献。后来商业越来越不景气，逐渐转为企业，有人说他当年若调走了，就成行政单位了，各方面的待遇高，省得在商业受苦。他则说人不能忘本，不能在困难的时候离开患难与共的老单位。

从爷爷立下的家规"不框外"，到父亲处事待物的"把心放平，把事做正"，实际上是一脉相承的，其核心是做人要本分，守规矩，规规矩矩做人，规规矩矩办事，不越雷池半步。这些质朴的话语，表面上看，确实有点谨小慎微，缺乏大刀阔斧的东西；但长远来看，守规矩，办事稳当，心中有谱，不出大的差错，才是办成事的关键。

家庭是社会的细胞，"不框外"、"把心放平，把事做正"是我家从爷爷辈到父辈传给家庭的优良家风和传统，这些看似无形，实则有形的精神层面的东西，多少年来一直影响着我们的家庭和亲戚；家里的人始终铭记老辈人的教诲，并把这些东西融化在自己的工作和生活中。家家都有美好的家风传承，就构成了我们民族最珍贵的精神财富，有了这些内在的东西，我们的民族才会越来越自信，我们的社会才会越来越和谐，我们的国家才会越来越强大。

# 18. 岁月蹉跎　青春无悔

瀍河边上的上村是个紧临庙护山坡的小村庄,当年人口不过百十口,但比较富庶,得益于瀍河,村里的土地在河滩的比较多,大都能浇到。当时,附近的其他村子干旱贫瘠,唯独临瀍河的上村、西相留等村,得天独厚,地能浇上水,不是单纯的靠天收。

当时孟津县的很多地方一个工分才几分钱,而上村就达到一毛多,正因为比较优越的条件,加上紧邻县城到横水的公路,上村成为孟津县安排知青的必选之地,从 1968 开始的第一批知青,到最后一批知青,上村知青点长盛不衰,走了一批,又来了一批,是典型的知青村。在近期的新农村建设中,上村已定位为"知青村",在知青资源上做文章,很有创意。

上村南邻瀍河,村里的水浇地比较多,也种有一些菜地,种的有青菜、葱、君达菜等。农活不忙的时候,自己还曾同村里的大叔一起到横水赶会卖菜。当时卖菜是一件好差事,卖菜的钱要上交生产队,但可以在横水街里吃上一碗杂肝汤和两个烧饼,那在当时就是美味佳肴了。

在孟津上村的三年插队生活是艰苦、充实而愉快的。当时生活条件差,尽管知青享受半年商品粮的待遇,但年轻人饭量大,不会调剂,粮食还是不够吃,知青组一个月的粮食不到 20 天就吃完了,剩下的时日要靠吃红薯、到老乡家蹭饭来打发。

本人在上村插队三年,大部分时间在大队中学担任民办教师,教过语文、历史等课程,虽然当时的办学条件不是太好,桌子是片子板,凳子是土坯垒，甚至还要复式教学，但培养的学生在县、公社的联考中取得比较好的成绩。他们中有的人后来成为教师、中小学校长，有的人成为村支部书记、村委主任等，是农村建设的骨干力量。

瀍河在上村南边是河面最宽阔的地方，夏季来临的时候，河水比较大，当时的学生来自瀍河南面朱坡、高坡等村的比较多，上学要淌水到上村来，每逢这个时候，为数不多的几个教师就有一个任务，就是护送学生过河，手把手地把学生送到河对岸。

在农村插队的时候，附近一带农村比较缺水，瀍河是季节河，水量不是很稳定，为了解决农田灌溉问题，当时的北马屯公社就在上村东南边瀍河滩搞了一个"截潜流"工程，意思就是把瀍河的地下水打出来，动用的人力物力财力比较多，作为驻地的知青，我们也曾在"截潜流"工地上奋战了很长一段时间。

在"截潜流"工地上干活，最大的好处是能挣满工分，不用自己做饭，还能吃饱，尤其是中午的大肉炸酱捞面条，尽管炸酱中没有几疙瘩肉，但毕竟是腥荤，很顶饥。就是在这个工地上，才了解到了吃大锅面条要想吃得饱还真是有技巧，这就是"头碗浅、二碗满，紧接着就是第三碗"，不如此，很难吃饱。

上村"截潜流"工程在当时还是有一定成效的，工程完工以后，形成了一片比较大的水面，因为是炸药炸出来的，水比较深，故这块水面也成了附近老百姓和知青夏天的乐园，凫水的、逮鱼的络绎不绝，甚至还有偷着炸鱼的。在那个年代这个小型水库给大家带来了许多乐趣。

上村虽然是个不大的村子，但因为是建在濒临瀍河的台地上，故自古以来就是古人类居住的一方宝地。据洛阳市文物部门考古发掘发现，此地是著名的"上村遗址"，同翻过去南面山的"班沟遗址"齐名。我们下乡插队期间，曾在附近农田里捡拾了一些新石器时代的石铲、石镰、石斧等物件，甚至还挖出过鸵鸟蛋化石。

当年插队的地方是孟津县北马屯公社相留大队。该队由东相留、西相留、朱家坡、上村、印子沟、高坡等几个自然村组成。当时的支部书记由东相留村的陈木木，大名陈栓长担任，他担任支书多年，是方圆远近有名的支部书记。我后来到洛阳师专工作，他曾专程来看过我。相留大队人杰地灵，出过县检察院的检察长、县委书记、大学校长、大学书记、洛阳市政协副主席等。

相留大队因人多村多后来又分出一个朱坡大队，由朱坡、西相留、高坡、上村、印子沟组成。当时的支部书记由朱坡的张书贵担任,张书贵书记老成持重,工作稳健,在百姓中有比较好的口碑。随后,朱坡的书记由一同在村学校当民办教师的高北辰担任,村长亦由民办教师的同事赵建设担任。再后来村支书、村主任由我民师时的学生朱建设、王建伟等担任。

相留的村名顾名思义是"宰相在此停留"的意思,是孟津县一个古老的村子,至于说是哪个宰相在此停留,已不可考了,但名字流传了下来。相留村乃至后分出来的朱坡村,陈姓、朱姓、赵姓、高姓居多,是个沿瀍河而居的村子,村子里能工巧匠比较多,打铁的、做木工的、印布的、漏粉条的等。村里民风很好,不排外,故接受了一批又一批知青。

在相留大队上村生产队插队三年的时光,同当地贫下中农结下了深厚的感情。当时的生产队长陈志清、保管王金顶,副队长陈东汉等对我们知青关照颇多,政治上、生活上给予很大照应,让远离家门的知青们感受到了温暖,度过了艰苦难忘的蹉跎岁月。

刚到下乡驻地的时候,因知青住的房子还没有收拾出来,大队便安排我暂时到西相留村赵建设家居住。赵建设是我的好朋友,也是我民师时的同事,后来到四川冕宁解放军某部服役,退伍返乡后担任过朱坡村村长,为农村建设做出了贡献,体现了退伍军人的优良品质。当时赵家大院人口比较多,有赵建设三兄弟,还有赵金昭、赵金波兄弟。院里比较热闹,不时传出读书声、嬉闹声。

在插队期间结下深厚友谊的还有民师时的同事、后来担任朱坡村书记的高北辰先生。高北辰先生在部队复员后到大队学校任民办教师,其见识、阅历非同一般,共同的教书生涯让大家情同手足。尤其难能的是那个特定的时代,全民敬重解放军,高北辰先生忍痛割爱,将自己正宗的军上衣赠与本人,让自己在那个时代也"拽了"一把,这件军衣伴随着自己从农村、到工厂、再到大学,每每想起,难以释怀!

在当时那个时代,有军装穿,有军帽戴,就是最好的奢侈品。有了高北辰赠送的军衣,再加之赵建设弟专门从部队寄回的军帽,其装束在当时就是最时髦的。这身装束伴随着自己在广阔天地大有作为,先是孟津县知青先进代表,后是洛阳地区知青先进代表,出席县、地区知青积代会,也算风光了一把。遗憾的是这些反映时代特色的照片不好找到了。

农村插队的生活是艰苦的,但我们这一代知青人并没有被困难吓倒,当时的信念就是响应毛主席的号召,到广阔天地里滚一身泥巴,炼一颗红心。最令人难忘的就是在大寨田工地上干活,北风呼啸,天寒地冻,肩扛车推,耳朵冻烂了,手脚冻肿了,但一道道大寨田建起来了,我们很有成就感。

在大寨田上干活,不光是受累吃苦,甚至还有牺牲。当年,省建三公司在东相留村插队的一个知青,就因为在大寨田上干活,不注意上面撬下来的土块被埋进土里,在插队的农村献出了年轻的生命。从更大的范围看,献出生命的知青、受到伤害的知青例子也不是少数。故而就有了后来邓小平同志的明智决策,让知青分期返城。

在农村插队期间,最忙活的是"三夏"大忙时节,此时全村男女老少都出动,割麦子、运麦子、打麦子、晒麦子。这个季节时间不等人,害怕下雨,要把麦子装到库里才算完事,因此从生产队干部,到每一个社员,包括知青都高度紧张,全力以赴。同时这个时间也是吃得最好的时期,油馍、白蒸馍、捞面条管饱,为的是抢收抢种,不误农时。

春华秋实,秋天是收获的季节,玉米堆成堆,红薯堆成山。尤其是村里收获的棉花,堆放在知青窑洞的屋顶上,晚上看棉花的活是个美差,既可以挣工分又可以露天睡在棉花堆上,望着皎洁的星空,在秋虫的鸣叫声中进入梦乡。美中不足的是棉花中虫子太多,弄得浑身痒痒的,不太舒服。好在年轻,这些都不算啥。

在农村插队,最难熬的是夏天蚊子太多,刚开始用蚊帐,就那也挡不住蚊子钻进去,后来用黄蒿熏,闹得满屋是烟也好不了多少,身上仍然被咬得又红又肿。其次是跳蚤太多,我们居住的砖砌窑洞,地面比较潮湿,站到地下,随便在腿上一拍,就可拍到几只跳蚤。跳蚤生命力强,身手矫健,基本拍不死。在地下撒些"六六粉",效果方好些。但夏天更多的夜晚,大家住在麦场上,既凉快,蚊子又少,又可吹牛聊天。

在农村插队时,遇到雨雪天就是休息日,一般集中在队部、麦场房或知青驻地打扑克。当时的生产队副队长陈东汉虽然年纪不小了,但是个单身汉,经常领着知青玩,他的口头禅就是,啥最美? 打扑克最美,吃桌最美。他不是典型的农民,在外面闯荡时间比较长,有一定的社会阅历,但不轻易展示。

在农村插队的时候,最惬意的是玉米刚熟和红薯刚熟的时候,嫩玉米和新鲜的红薯随便吃,玉米一煮就是一大锅,吃得非常过瘾;鲜嫩的红薯蒸着最好吃,特别是红薯皮光滑的,蒸熟以后,透明发亮,香甜可口。在农村生活,最大的好处就是常吃新鲜的,东西不贵,吃着如意。这种田园生活,令人难忘。

插队的知青当时有个标配,就是每个知青,尤其是男知青,大都有一个口琴,在远离家人的日子,在孤独的日子,在心情郁闷的日子,吹奏上一曲自己心爱的曲子,当时流行的曲子有《沈阳啊沈阳》《北风那个吹》《抬头望见北斗星》《忆苦思甜歌》等,伴随知青度过那似乎光明似乎暗淡的日子。

插队期间最难学的其实还是农活。下乡的第一课,就是跟着老农"帮耧",实际就是牵着牲口种麦子。当时牵的牲口是大牲口——马,牵着马齐步走,牵着马左转弯、右转弯、前进、停止等,拉的是耧,走的是正步,稍不留神,不是马踩住你,就是你踩住马。好在几天下来,"考试"合格了,可以按着师傅的指令,走直线,拐弯、停止、前进等。农业活,实际还是很有诀窍的,想干好还真不容易。

我们插队下乡的地方是丘陵地带,土地犁完之后,有许多土坷垃,因而农活中有一样活,就是打坷垃。打坷垃用的工具比较特别,长柄的木槌或镢头,干活时大伙排成一排,把大土坷垃敲碎,这样耕作起来才便于保墒,有利于农作物生长。中国的农业是精耕细作的农业,而农民就是在日复一日的劳作中生存及创造财富。

在农村插队期间,有一个比较大的收获就是学会了做饭。比如和面,擀面条;比如揉面,烙油馍;比如整馅,包饺子;比如发面,蒸馒头……艰苦的生活给人出了难题,同时也培养了人适应生活的能力。一帆风顺固然是好事,但一帆风顺有可能会扼杀人性中积极进取的一面。

知青生涯,自己最大的收获:学会了吃苦,磨炼了思想。尽管自己的父母亲是农村家庭出身,但他们参加工作以后,我们生在城市、长在城市,对农村的情况知之甚少。来到了农村,与贫下中农同吃同住同劳动,才真正知道了农村的艰苦、艰辛,在磨两手老茧的生产实践中,真正拉近了同农民的距离,思想感情上得到了升华。了解中国的农村农民农业,是解开中国问题的一把钥匙。

农村的插队生活使自己开始树立了尊重自然、敬重自然、热爱自然、顺应自然的宇宙观。当时的农业很落后,基本是靠天收,风调雨顺了,就五谷丰登,反之,就歉收甚至绝收。在这种情况下,就要顺合自然,适应节气,不误农时,因地制宜,精耕细作,从土地里抠出财富来。

患难之中见真情,插队期间,虽然生活艰苦,有时候吃了上顿还不知道下顿在哪里,但结识了一些真诚相待的朋友。有民师同事,后来参军回来当村委主任的赵建设；有民师同事，部队复员回乡，后来担任大队书记的高北辰；有朱坡大队学校校长、后王湾村学校校长张朝先；有民师同事，后老城区团委书记赵金波等。岁月沧桑，真情永在！

插队落户最重要的是培养了自己的上进心。这个世界上，父母可以依他们的能力为你创造一些条件，亲戚朋友们可以在力所能及的情况下给予一些帮助，这些都是难能的、可遇不可求的。但说穿了这些都是暂时的，不可能伴随你终生。因此，要想干些事，要想有所作为，只有靠自己，只有靠奋斗，除此之外，别无他途。这一点明白得越早越有益处。

# 19. 我的高考经历

2019 年是改革开放 41 年,也是恢复高考制度 42 年。40 年,三分之二个甲子,回想起来所经历的改革,所经历的高考,历历在目,使人难以忘怀。恢复高考,我参加了第一次高考、第二次高考,并且都被录取了。

得知恢复高考的消息时,我在孟津县北马屯公社相留大队当插队知青。那个时候虽然生活很苦,但我们对未来充满了希望,当时秉持的理念是农村是一个广阔天地,在那里是大有可为的。每个知青血液里沸腾的是"一颗红心,两手准备,时刻为祖国的需要而付出"!

当时到农村插队已经两年多了,接受贫下中农再教育已经见了成效,过了思想关、劳动关、技能关,经受了严冬修建大寨田、三夏大忙、三秋大忙、瀍河截潜流工程、瀍河防洪等重大事件的考验,是一个比较合格的知青了。故此,出席了孟津县知青积代会、洛阳地区积代会,被挑选为大队学校的民办教师。

为了准备高考,把被耽误的时间夺回来,凡是打算高考的知青大都进入了时间倒计时模式,争分夺秒,如饥似渴。没有资料就回自己的母校找原来教过自己的老师要,有不懂的问题就向老师请教,向下乡所在地的老师请教,向一切知道的人请教。家长也被动员起来,听说那里有好的复习材料,能买则买,不能买则抄。当时,家父为支持我高考,抄写了几摞子材料。可怜天下父母心,不光是现在,过去依然。

当时辅导过我的老师,我印象比较深的有洛一中的赵丙戌老师,他是武汉大学数学系毕业的高才生,我们上高中时他是洛一中的团委书记，赵老师对我以后走向工作岗位影响颇大，是我政治上的引路人，教我们要有事业心，以天下为己任，要乐于奉献，勤于为别人服务，他当团委书记的时候，我由班长"升职"担任洛一中的"红委会"主任。

那个时期，非常讲究政治，政治挂帅，政治是灵魂。在复习时事政治时，洛一中的袁振鹏老师给予我很大帮助，对党史的分析、对时政的分析等，袁老师有许多新的见解，对自己启发很大。袁振鹏老师学术水平高，是洛阳市政治学科的第一批特级教师。他的叔叔袁国平是新四军的政治部主任，在皖南事变中牺牲了，受袁振鹏老师的影响自己后来喜欢上了历史，上大学时报考的就是历史专业，本科的毕业论文就是"项英袁国平与皖南事变"。

英语学习方面的问题主要向张希华老师讨教。张希华老师高中时当过我的班主任，教我们英语课。张老师为人和蔼可亲，学生成长中有什么问题大家都愿意给张老师说。因为那个时候，受南阳马振伏事件影响，大家都不重视英语学习，张老师循循善诱，强调英语学习的重要性，对我们这一批学生影响很大。张老师后来到洛阳师范、洛阳大学任教，培养出了很多优秀学生。

在自己复习准备高考的同时，还要教自己的学生。那时大一点的大队都有小学初中，我当时在相留大队的朱家坡学校教初中，主要教语文，有时还教点地理、政治什么的。相对于其他民办教师，自己还是比较轻松的，没更多的农活，学生放学了，自己就开始学习了。那时候电比较紧张，点的是从砖厂要来的柴油制成的灯，柴油灯的捻容易烧结，一晚上要拨弄好多次，学习到大半夜，鼻孔全是黑的。

经过短暂仓促的复习后，我们这批经过贫下中农再教育的知青，沐浴着改革的春风，踌躇满志地参加了恢复高考制度的第一次高考。我当时参加高考的考场设在孟津县横水公社横水高中，住在我父亲的一个老同事韩德运伯伯横水街的家中，当时，也不知道紧张，很轻松就考下来了。

参加完第一次高考后，自己并没有抱太大希望，毕竟到农村干活，耽误学习的时间太长了。但是在报志愿的时候，还是有些不切实际，印象中报的北京的学校、政法类的学校比较多，报完以后，就认为此事已经完了，能上不能上完全听天由命，不存在托关系、找后门千方百计上学的事，心态放得还是比较平的。

事又凑巧，参加完高考以后，针对知青的招工开始了。当时在孟津招工的有拖厂、玻璃厂、铜加工厂、棉纺织厂、740厂等单位。那时自己的目标第一是拖厂，拖厂是洛阳十大厂矿之首，东方红拖拉机的诞生地，能进拖厂是很多知青的梦想；第二是740厂，该厂是军工单位，科技含量高，发展前景好，也是知青的追求。

实际上，知青招工也是有竞争的，最后是自己在等待高考结果的同时，被招工招到了洛阳棉纺织厂。洛阳棉纺织厂，也叫"纱厂"，是洛阳的十大厂矿之一。当时国家的战略布局是把拖厂、矿山厂等建在了涧河西岸，把纱厂建在了涧河东岸，深层次是要解决"牛郎"和"织女"的婚配问题。

到了纱厂以后，因为招回来的纱厂子弟很多，在工作分配的时候，男生喜欢的机械维修、机器保全等热门工种轮不到外单位来的人员，这样，自己就被分配到了有女儿国之称"细纱车间"，成为细纱丙班的纺纱机的手工摆管工，每月的工资收入18元。这个工种也是纱厂最不看好的一个工种。

进厂时间不长，纱厂子弟中学面向全厂在职人员招收教师。统一出题、统一考试、择优录用，在当时这是一种公平的竞争。全厂有600多人参加考试，最后，自己和另一个同志脱颖而出，被选拔到厂子弟中学担任教师。当时，自己新到一个环境，没有背景，完全是凭实力考进教师队伍的。这样就从一个没有多少技术含量的摆管工成为一个大厂子弟中学的教师，由灰领变成白领，成为一个教育工作者，这也奠定了以后自己工作的基础。

洛阳是国家"一五"建设的重点，当时在十大厂矿上班是一件非常自豪的事。在洛阳有一种记忆，脍炙人口，就叫在大厂上班。在大厂上班，顾名思义就是在十大厂矿上班。曾几何时，在大厂上班很时尚，家里有人在大厂上班，不光自己风光，家里人也跟着风光。大厂社会地位高、职工福利好，有自己的食堂、自己的澡堂、自己的学校、自己的运动场，自己的专业运动队等，是当时社会的"特区"。能到纱厂工作应该说也是自己的宝贵经历，也是一件值得骄傲的事，毕竟咱曾经是产业大军中的一员。

在洛阳棉纺织厂细纱车间的时光也是一段美好的时光，尽管要三班倒，重复简单枯燥的抓管、码管、放管等动作，但深深感受到了机器工业、产业工人、企业管理、企业生产的伟大，它同农村农业的操作方式，完全不是一回事，这种经历，极大地开阔了自己的视野，触动了自己的内心世界。有些东西除非你经历过，否则是不会刻骨铭心的。

到棉纺织厂工作不久，有人告诉我，高考被录取了，但遗憾的是一直没有从官方得到通知，而自己也没有专程到下乡的地方去查。那个时候，录取通知书的送达不像现在这么规范，更何况是一个家不在当地，且已招工走了的知青。这个谜底直到前些年，省委组织部审查省管干部档案，我到孟津县人事局查阅下乡时的原始档案，在知青花名册"知青去向"一栏中，赫然写着：招工至洛阳棉纺织厂；高考录取豫西师范大专班。看到这些，当时心里是百感交集！

恢复高考制度第一次高考虽然录取的不是自己所报的志愿，但毕竟被录取了。豫西师范当时办的是两年制的大专，那一批人因为学制短，又恰逢百废待兴用人之际，因此，毕业以后很多人走上了洛阳地区、洛阳市的领导岗位，在学校教书的也涌现出许多优秀人才，正因为此，豫西师范被外界称为"豫西人才的摇篮"。因为阴差阳错的缘故，自己没能进入该校学习，也算是有缘无分吧。

随着教学的深入和对学校情况的了解，自己发现和其他的老师有一定的差距。因为当时的纱厂，是国营大厂，招收教师很严格，学校教师的素质都比较高，大部分教师毕业于北大、清华、天大等名校，个人水平、教学实力相当深厚。比较中自己看到了差距，开始有了危机感，因此就下决心继续考学。这种想法身边有人不理解，劝说道，你现在已经是教师了，即使是上了大学，回来可能还是教师，去上学没有太大必要。

在矛盾和斗争中自己选择了继续考学深造，这个想法定下来以后，就一边教学，一边复习，尽管工作忙，时间紧，因为有第一次的经验，很快就进入了角色，加之第一次备考的有些内容还记忆犹新，所以感觉没有太大力度的复习，就有了一种比较好的感觉。很快就迎来了第二次高考，也是第一次全国统一出卷考试，第一次高考是各省自己出题考试。这次考试地点离纱厂中学比较近，考场设在洛阳市第十九中学。

第二次高考历时两天，自己骑着自行车就去了，中午无法回家吃饭，在街上随便吃了点，到王城公园长条椅稍微歇了一会儿就直接参加考试了。考试下来，自我感觉还算不错，在填报志愿时吸取第一次比较盲目的教训，把首选放在了河南的高校上，结果是被开封师院历史系录取了。本科读书和三个校名有关系，录取是开封师院，毕业拿的是河南师范大学的毕业证，后来恢复为河南大学。

收到了开封师院的录取通知书，在办理交接手续时又出了问题。当时子弟中学教师严重不足,自己走了,所教的课程没人接。厂政治部明确告知,啥时有人接你的课,啥时你再走,这样就遇到困难了。在分身乏术、万般无奈的时候,救星来了,开封师院中文系的毕业生,纱厂出去的梁建国先生学成归来,他接住了我的课头,我才得以脱身,到开封报到上学。

这就是自己的高考经历,虽然一波三折,步步惊心,但总算如愿以偿,考上大学了。这个经历深深影响着自己的一生,是弥足珍贵的财富。在个人的成长过程中,外力固然重要,但最重要的是自己。自己不努力,靠谁都没有用,自己努力了,没有办不成的事。

知识青年到农村去,条件是艰苦,但艰苦不是消沉的理由,这里引申出一个问题,就是人生的方向问题,不管在逆境、在顺境、在不逆不顺之境,一定不要迷失方向,要知道自己的人生方向在哪里。这个方向要同国家前进的方向一致,在同国家命运一致的情况下,把自己的努力发挥到极致,国家好了,自己才能好。

个人的所谓一点成功,实际上取决于最后的坚持,能坚持下来的人,就是很可能成功的人,不能坚持的人,很可能就是半途而废的人。当然,最后的坚持是很痛苦的、很孤独的,但这种痛苦、这种孤独是成功的必然伴侣,有了这种伴侣,才使成功显得格外有意义、格外耐人寻味。

在个人的成长过程中,遇到的问题可能会很多,但有一点一定不要放弃,就是学习。人的生存需要营养,人的成长亦需要营养,这个营养的供给,就是读书、就是学习。学习不是别的,它是生命的必修课,离开了学习,就像花儿离开了阳光,生命就会枯萎。

改革开放四十年,弹指一挥间。沐浴着改革的春风,我们被称作"新三届"的一代人已经走向或正在走向退休的路上。我们经历了生命历程中的沧桑和痛苦,我们也经历了生命历程中的耕耘和收获,但有一点我们不会忘记,那就是时代赋予我们的使命,我们没有退缩,并且是毫不犹豫地完成了。岁月不老,青春无悔,目随夕阳,志在千里!

# 20.融入时代　追逐梦想

　　一滴水,只有融入大海,才能永不消逝;一粒沙,只有投入大地,才能凝聚力量;一个人,只有依托党和国家,才能实现个人价值。在中华人民共和国70华诞来临之际,作为一个受党培养多年的人民教师、二级教授、河南省劳动模范,河南省高校系统优秀社科专家、河南省学术技术带头人,两次洛阳市优秀专家获得者等,深感上述话语道出了我们这代人的心声。没有共产党,就没有新中国;没有新中国,就没有我们这代知识分子所取得的成绩。

　　我们这一代人,出生在20世纪50年代中后期,当时是国家最困难时期,生活上是低标准,工作上是高标准,苦活累活干在前,关键时刻要舍小家顾大家。从小受父辈工作的影响,我们就知道了什么叫吃苦?什么叫奋斗?什么叫小家?什么叫大家?什么叫骨气?什么叫精神?

　　"知识青年到农村去,接受贫下中农再教育。"到广阔天地去,沾一身泥土,练一颗红心,是我们这代人接受的第一次洗礼。高中毕业后,我和同龄人一样,积极响应党的号召,告别城市比较优越的生活,来到孟津县北马屯公社相留大队上村生产队插队落户。当知青的三年,使自己的人生发生了巨大变化,真正体会到了中国社会最底层的艰辛及伟大。深深认识到农村问题、农民问题、农业问题始终是制约我国发展的关键因素。在同贫下中农打成一片的火热实践中,自己熟练掌握了农活,得到农民朋友的认可,当选为洛阳地区知青积代会代表,出席洛阳地区知青积代会。

在插队落户的过程中,同农民兄弟结下了深厚友谊,得到了他们的承认。村里的学校缺老师,他们就推荐我到大队学校任民师,先后教过语文、历史、地理等课程,所带的年级在公社的各项评比中名列前茅。当时所带的学生有的后来担任村委主任、村支书,有的担任农村学校的教师、校长,还有的参军入伍,担任军官、国家公务人员等,在所在岗位成就了一番事业。

人生经历的第二次洗礼就是从农村插队知青招工到洛阳棉纺织厂当工人,从最基层的细纱车间摆管工干起,因工作比较优秀,被推荐到厂子弟中学担任教师,当工人的经历使自己比较深刻理解了机器生产,尤其是大机器生产在经济发展进程中的地位与作用,明确了工人阶级的力量及伟大所在。知青经历、工厂经历,是自己世界观上的深刻革命,明白了什么样的人才是劳动人民,怎样才能具有劳动人民的感情,并保持始终。

恢复高考制度,参加高考,并顺利考上大学是自己人生中的第三次转折与洗礼。当时,在农村当知青的时候,自己抱定的决心就是扎根农村干一辈子革命,不改变山区的面貌绝不回城。恢复高考,组织号召广大知青积极报考,自己响应号召,在孟津县横水高中参加了七七年的高考,在成绩没有公布的时候,招工到了洛阳十大厂矿之一的洛阳棉纺织厂,成绩出来后,被录取到了豫西师范大专班。但因已招工离开农村,录取通知书没能送达,不知所踪,错过第一次上大学的机会。

到工厂以后,又参加了七八年的第二次高考,有幸被录取到了河南大学历史系读书,至此,成为读书人、教书人,一辈子同教学、同学术研究、同教育管理结下了不解之缘,一干就是将近40年,把青春年华献给了国家的高等教育事业。

大学毕业以后,分配到洛阳师院工作,在洛阳师院工作18年,担任历史系副书记、系主任,后被组织派到洛阳大学担任副校长,在洛阳大学工作7年,洛阳大学同洛阳工业高专合并,成立洛阳理工学院,自己被省委组织部任命为洛阳理工学院副校长,在此岗位工作了10年多时间,2017年10月光荣退休。

在三个大学工作期间,自己能较好摆正业务工作、行政工作之间的关系,首先把自己看成一个教师,在育人方面率先垂范,在业务方面精益求精;在管理方面以人为本,理顺和调动各方面的积极性,形成工作上的最大合力。

作为一个教师，在教学上一定要"立"起来，在三尺讲台上、在教学的主渠道上，做到把最好的精神食粮奉献给学生，因教学方面比较突出，自己先后被评为"洛阳市十大优秀青年""河南省劳动模范"等荣誉称号。

作为有 30 多年教书、学术研究的教授，在学术上一定要有自己的研究方向，有自己的学术创新。从教几十年，发表学术论文近百篇，出版学术著作 20 余部，主持国家、省部科研课题 30 余项，在河洛文化、世界近现代史、简帛易卦、中西文化比较、古代墓志铭、洛阳地方史等方面，有比较高的学术造诣，在学术界有较大影响，荣获河南省社科成果奖、三次洛阳社科成果一等奖、河南省学术技术带头人，河南省高校优秀社科专家、是洛阳市为数不多的文科二级教授之一。

自己长期担任高校副校级管理干部，分管过人事、财务、国资、科研、后勤、校办产业、担任过"三个代表"驻村工作队洛宁县总队长等，在高等教育管理上，能理论联系实际，把一些复杂的事情管理得比较到位，如节能减排工作，有洛阳理工学院的工作模式，是全国公共机构节能环保的先进单位，洛阳大学的档案管理工作，自己分管办公室的时候，是全省先进单位；分管国资、校办产业，均是省级先进单位；在高等教育管理上，因为工作尽心到位，被评为省教育系统优秀管理干部；驻村工作成绩优异，荣获洛阳市"十佳"优秀工作队长称号。

教学上、研究上、工作上等方面能取得一些成绩，完全归功于党领导和人民群众的支持。前进路上，每一步没有党组织的关怀指导，自己都是微不足道的，没有共事伙伴、同仁同行的关心帮助，自己什么也无从谈起。一滴水，只有融入大海，才有力量，才是大海。

在庆贺祖国 70 华诞的激动时刻，自己深深感到，一个人要进步，一个人要想有成就必须紧紧依靠党，在党组织的怀抱中获得方向、获得动能；同时，在党组织的指导下，不断学习，不断进取。恢复高考，自己考上了大学，有了人民教师这份令人羡慕的工作，但办人民满意的大学，立德树人，要求教师要有更高的水准，为此，自己没有停歇，攻读河南大学硕士学位，接着又报考南开大学，攻读博士学位、博士学历。读书的过程是丰富自己的过程，也是提高工作水平的过程，更是改变命运的过程，多聆听组织教诲；多读书，与知识为伴，必将有不同一般的丰富人生。

# 21. 花儿向着阳光　组织就是太阳

　　马上要到我们党百岁华诞的日子了,我的内心非常激动。回想自己追求进步入党的过程,非常难忘,刻骨铭心。我的父母亲都是建国初期参加革命的干部,他们追求光明,摆脱世俗,义无反顾地投身革命队伍,这在他们那个时代,也是非常难能可贵的。我的爷爷原来是洛阳老城南大街一个银号的掌柜,临近解放的时候回到原籍洛阳县金溪乡董村务农,回到故乡后,兄弟三人分了家,爷爷是老大,老家产给了两个弟弟,自己另辟地建宅。

　　爷爷另立的宅院在老院子北边,与老家院子之间隔着一条"古洞",这条"古洞"是通往西边邻村石门村的必经之路,雨天路上都是水,晴天路上都是土。因为分家,家中的资产拆分到了三兄弟名下,因此,在土改划成分的时候,家里被划成"中农"成分。在当时,"贫下中农"是依靠的对象,"中农"是团结的对象,地主、富农是打击的对象。母亲家是孟津县北马屯乡(现小浪底镇)李家岭村人,家里也是"中农"成分。可想而知,两个中农成分的家庭,在入党的时候,政审这一关是很不好过的。

　　因为家庭是中农出身,在入党的时候就意味着要比贫下中农出身的要更优秀一些。我曾目睹父亲积极争取进步,不断要求靠近组织的经过,印象中,父亲的入党申请书写了无数遍,思想汇报也是一篇又一篇,每当换了一个工作单位,第一件事就是向组织汇报思想,讲自己的工作打算,第一时间取得组织支持。终于,功夫不负有心人,在父亲担任单位物价科长那一年,光荣地加入了梦寐以求的党组织。就在他入党的那一天,他激动地对我说,追求进步,靠近组织就要像花儿向着阳光一样执着,只有这样,才能永远不迷失方向!

我积极要求进步,靠近党组织是在我上高二那一年,即1974年,那一年自己向党组织呈交了第一份入党申请书。当时我是洛一中的学生干部,是校学生会的主席,校团委委员。校团委书记是武汉大学数学系毕业的赵丙戌老师,赵老师是我政治上成长的领路人,他教导我要有远大理想,要能严格要求自己,要吃苦在前,服务在前,不要计较个人的得失等。那一年,我作为中学生中的积极分子,出席了洛阳市团代会的筹备大会。

1975年6月高中毕业,我响应毛主席的伟大号召,知识青年到农村去,接受贫下中农的再教育,义无反顾地奔赴孟津县北马屯公社相留大队知青点,成为一名光荣的知青战士,在这个瀍水河畔的小山村插队落户三年时间。下乡的第一时间,我就向村党支部书记张贵同志递交了入党申请书,张贵同志是有着30多年党龄的老党员,语重心长地对我说,好好锻炼,组织不会亏待你!在张书记的指导下,我重活脏活苦活争着干,从不向组织讲价钱,逐步实现了一个城市学生向新型农民的转变。后来,村党支部发现了我喜欢学习,知识根底比较好,就把我选调到大队学校,以知青的身份担任大队学校民办教师。

在孟津北马屯相留大队插队三年,同贫下中农打成一片,庄稼活基本是过硬的,受到乡亲们的认可,所任教的大队学校,教学质量在全公社、孟津县都是比较靠前的,因此我被评为知青先进分子,出席县、地区知青积极分子代表大会,大队党支部也把我列为入党培养对象。后来,招工开始了,我第一批被招工到城,进入洛阳十大厂矿之一的洛阳棉纺织厂,先是细纱车间的一名管工,后经过考试,以工代干成为纱厂中学的一名教师,这期间我多次向组织递交入党申请书,亦被纱厂中学党总支确定为入党积极分子。

在纱厂中学时间不长,我又第二次参加了高考,第一次被录取到豫西师范大专班,当时因故录取通知书被滞留在下乡插队所在地,不知所踪,我稀里糊涂错过了第一次上大学的机会。后一次如愿以偿,被录取到了开封师院历史系。因在纱厂工作的时间不是太长,尽管组织很重视,想进一步考察发展我,为此党支部书记黄锦绣老师还跟我谈话,希望我能够留下来继续教书,继而也解决我的组织问题。但考虑到自身知识还是相对匮乏,我就选择了离开工作岗位,去读书深造了。

到了大学以后,就投入到如饥似渴的学习中去,虽然当时我是班级团干,也是组长,一个班只有三个组,但当时大部分同学都把精力投入到学习中去,过的基本是宿舍—教室—图书馆三点一线的生活,因此,虽然也递交了入党申请书,但不像其他几个优秀的同学,在学习之余主动承担社会服务等事务,故自己政治上进步的步伐不大。这一点在自己以后的反思中也认识到,任何时候,不能一味地搞业务,要把坚定正确的政治路线放在第一位,政治业务双丰收!

大学毕业,我作为一级分配对象,分配到了洛阳师专工作。当时正在筹建历史专业,我积极递交入党申请书,世界史教师比较缺,我主动担纲《世界近代史》的教学工作;政治辅导员比较缺,我在教学之外主动要求担任历史系第一届学生的政治辅导员,因辅导员工作比较忙,我吃住都在学校,从学生的早操、课间活动、晚自习,到学生的各项活动等,我每一项都认真对待,圆满完成组织交给的任务,受到师生好评,因此递交入党申请书不久,就被组织确定为入党积极分子,随后又被确定为重点培养对象、重点发展对象,终于在1982年5月4日,被党组织吸收为中共党员。

加入党组织以后,我的发展步入健康快速的通道,先后担任成教科长、成教部主任、历史系副书记、历史系主任、洛阳大学副校长、洛阳理工学院副校长;职称上也由助教、讲师、副教授、教授到国家二级教授;学历上也在不断提升,由大学本科、硕士研究生到博士研究生。一路走来,深深感觉到,一个人就像一朵花,要想苗壮成长,离不开党的光辉、党的照耀,花儿向着阳光,组织就是太阳!

在申请入党的过程中,自身从思想到行动都受到了深刻洗礼。体会最深的是:首先对党要忠诚,要始终如一。自己追求进步,积极要求入党,从时间跨度上讲整整十年,这十年无论是当学生、当农民、当工人、当教师等,我都无怨无悔,相信党是指路明灯,跟着党没错! 第二,追随党组织,希望成为党组织的一员,就要经得起党组织的考验,经得起时间的检验。追求组织的过程,是我思想认识提高的过程,组织没有接纳自己,说明我还有欠缺,因此就要不断地向内归因,直至被组织相信和认可。三是既然选择了组织,就要在组织的领导下努力工作,组织的总路线是确定的,但每个人的岗位是不同的,因此,作为一个共产党员,不论在什么岗位,都要把党员的责任与任务落实好,守土有责,守土尽责,这就是一个党员干部不管任何时候都要做的!

# 22.师恩难忘 难忘师恩

　　人在成长的过程中会遇到几个好老师,有好老师的指引、点拨才有一个人健康苗壮的成长。在上小学的时候,自己遇到的好老师就是洛阳老城农校街小学的刘淑芬老师。刘老师是教我们语文课的,很关爱学生,善于发现学生身上的优点,并让优点成为学生进步的动力。一次语文课上大胆的发言,让刘老师发现了我,并鼓励我在做好自身学习的同时,多做一些服务其他同学的事,这样我就成了班长,成了班长专业户。

　　当时我家就住在农校街小学的东隔壁,推开我家房子西边的窗户就可看到农校街小学的一进院落,那时,学校院子里的古碑很多,有的石碑老鳖驮着,有的斜靠在墙上,给人一种很神秘的感觉。后来才知道,农校街小学的前身是河南府贡院,科举考试的地方,后来是省立农业桑蚕学校,是河南最早的农桑学校,后来并入到河南大学,再后来又分出去,是河南农大的前身。

　　由于刘淑芬老师的提携帮助,我当了班长。小学当班长,首先是要严格要求自己,别人做不到的自己要做到,同时接受锻炼的机会比较多,要组织班级活动,要全校领操,要协助各科老师督促同学们完成作业,还要做好事——到烈军属家里打扫卫生、送水送菜等。这个阶段,当"干部",让自己从小树立了服务思想,服务做好了,就领悟了社会的一半。

　　我们这一届因为历史的因素,把五年级和六年级合并成一个年级升入初中。当时按区域升学,升入洛阳市第一中学,简称"洛一中"。洛一中是洛阳解放后洛阳市人民政府在洛阳建立的第一所完中,既有初中又有高中。我们上学的洛一中有两个校区,东校区在敦志街的安国寺院内,西校区在营林街的"南大营"院内。升入初中,编入初二(3)班,班主任是熊先平老师。

在洛一中初中上学,熊先平老师是我的班主任及物理老师,对我学业及社会服务方面指导颇多。一方面我担任班长,在诸多方面为同学服务,锻炼了自己的能力。另一方面从熊老师身上学到了许多东西。熊老师当时大学毕业不久,知识扎实,治学严谨,办事公道,为人和蔼等对自己影响非常深刻。

我们入校时,熊老师是刚毕业不久的大学生,印象中他是北京工业大学毕业的,住在安国寺南边大殿隔出的房子里,条件不是太好,但熊老师总是乐呵呵的,很是阳光。熊老师业务水平高,所上的物理课很受学生欢迎。熊老师带我比较多,从他身上我学到正直、严谨及对知识锲而不舍的追求。后来熊老师到洛阳电大担任副校长,是公认的好老师、好领导。

在洛一中学业上对我影响比较大的是政治教师袁振鹏老师。袁老师是洛阳教育界的名师,政治特级教师,同时又是皖南事变中牺牲的政治部主任袁国平将军的侄子。他的课讲得非常精彩,把理论与实际结合得恰到好处,让听课的学生如沐春风,不知不觉中感受到了知识的力量。后来自己到河南大学历史系读书,本科的毕业论文写的就是《项英袁国平与皖南事变》,指导老师是靳德行校长,获得优秀毕业论文。

洛一中众多教师对自己的成长都给予了很大帮助,如校长宋长春老师、书记王盘根老师、政治老师梁锦瑞老师、数学老师贾挺甫老师、语文老师杨振邦老师、英语老师杨霞老师、体育老师马伟老师、李鲁生老师等。但对自己人生成长帮助最大的当数当时的团委书记赵丙戌老师。赵老师是武汉大学数学系的高才生,毕业后到洛一中任教。"人是要有社会责任的。"是赵老师教给我的至理名言。

赵丙戌老师是伊川人,当时他担任洛一中学生工作的负责人。在他的指导下,我从班长、团支书、校红卫会主任,再到后来学校团的负责人,出席了洛阳市第一届团代会。赵丙戌老师为人正直,对工作认真负责,从他身上我学到了许多宝贵的东西,如担当精神、知难而进精神、敢于负责精神、不知疲倦精神,以及不断学习、知识改变命运精神等。每当遇到困难,坚持不住的时候,就想到了赵老师的殷殷教诲,浑身就充满了力量!

赵丙戌老师是自己以后成为教师、成为干部的启蒙人、领路者。他言传身教、现身说法，使我在初中、高中阶段就树立了责任意识、服务意识、学习意识等。所谓责任，就是一个人不仅要管理好自己，也要管理好组织所赋予的人和事；所谓服务，就是要跳出自己的小我，真诚地为社会、为身边的人服务；所谓学习，就是永远要保持一颗上进的心，坚持学习，不断学习，知无涯、学无涯。

在洛一中上学时，还有一位老师对我影响很大，就是我高中时的班主任张希华老师。张老师是教英语的，她对工作很认真，书教得很好，关心班上的每一位同学，真诚地为学生分忧解难，在学生心目中有很好的口碑。后来张希华老师调到洛阳大学工作，我到洛大担任副校长时张老师已经退休。张老师是一位纯粹的老师，对自己影响至深的就是从事教育工作不能有其他想法，要捧着一颗心来，不带半根草去。

经历了插队落户，经历了工厂岁月，迎来了高考恢复，经过一番努力考到了河南大学历史系，大学的生活是紧张的，每天的日程安排得满满的，学专业、学外语，不是在教室就是在图书馆，深深体会到了学习机会的来之不易。在大学学习期间，对自己学习研究帮助比较大的是靳德行老师，靳老师当时是教我们中国现代史的，他是全国现代史方面的权威，印象中是中国现代史研究会的会长，后来担任河南大学的校长。

在撰写毕业论文过程中，同靳德行先生接触比较多。靳先生知识渊博，为人和蔼，思考深邃，所问到的问题都能给予比较圆满的答案。例如问到袁国平到云岭新四军总部后，在同项英的分歧问题上以及斗争性上，靳先生都客观实际地进行了分析解答，自己深感受益匪浅。在靳先生的指导下，自己史海钩沉，潜心收集资料，走访袁国平将军后人，走访信访老一辈革命家，把本科的毕业论文撰写得比较扎实，获得靳先生的褒奖，成为本届学生中为数不多的优秀毕业论文。

在河南大学读书期间，应该说名师如云，如教中国古代史的朱绍侯、陈昌远、赵世超、历史文选的郭人民、世界史的林嘉坤、赵克毅等，河大历史系当时在全国享有盛名可不是虚的，是有一批杰出优秀的教师在支撑着的。这些老师道德文章俱佳，是这一批人的精心"烩制"，才有了历史系一批又一批的优秀传人。当然，在培育人才的过程中，有"经师"，教人做学问的；也有"人师"，教人做事的。上述老师中更多是教学生做学问的，还有像贺陆才这样的老师，他后来是河大的副校长，更多的是教学生如何做事的、做事业的。

　　贺陆才老师是原洛阳地区汝州人,洛一高毕业考到河大,河大毕业分到部队,从部队又转业到河大。我们入校时是政治辅导员,后担任系领导、河大副校长。贺老师当时主管系学生工作,对学生入党、学生担任干部、学生毕业分配等非常用心,把每个同学的情况都掌握得清清楚楚并知人善任,培养出了省委副书记、省政协主席等一批省市县及高校领导。贺老师心系学子,受到众多学生的好评。从贺老师身上我们学到了大爱无私甘当人梯的精神。

　　本人在河大是两次读书学习。1997年的时候,已担任系主任多年,有感于本系师资队伍学历层次较低,就提出了教师队伍研究生化的建设目标,在鼓励大家积极报考研究生的同时,自己率先报考,当年考入河大母校,拜在张九洲老师名下,攻读中国近现代史研究生。张九洲老师知识渊博,根底扎实,对研究生要求很严,小论文、大论文都要过关。这样苦读三年,获得河南大学研究生学位。从张老师身上学到的是做学问要实,要靠证据说话。

　　我还有一位老师,印象深刻,他名讳陈崇武,是华东师范大学著名教授、我国法国史研究会会长。这是我在做高校访问学者时的老师。陈老师是世界近现代史方面的大专家、资深专家,在世界史领域影响很大。当时我在洛阳师范学院担任历史系主任,教授世界近代史课程,久闻陈崇武先生大名,慕名前去访问学者,学习时间一年有余,深深感受到陈先生大海般深厚的学养,在先生指导下,写出了《论罗伯斯庇尔与雅各宾俱乐部》《论圣茹斯特》《论拿破仑与大陆封锁政策》等数篇在学术界影响比较大的文章。陈先生是学术大师级的人物,他常给我说,做学问首先要拥有资料,然后才能抚四海于形内,挫万物于笔端!

　　读完大学本科,到又读硕士研究生,相隔了15年。从读完硕士到读博士只相隔了2年。这两年自己深深意识到知识方面与时俱进的必要,因此毫不犹豫地选择了报考。攻读博士过程中,我有幸选择了南开大学,被录取为南开大学的统招博士,拜在著名教授、美国外交史、拉丁美洲史、世界近现代史顶尖专家王晓德先生门下学习。

　　我的博士生导师王晓德先生是山西临汾人,师承我国美国史研究的开山大师杨生茂先生。王晓德先生是全国历史学科为数不多的"长江学者",是全国拉丁美洲学会的会长,国家人文社科重点研究基地拉丁美洲史基地、世界近现代史基地的主任。王老师为人低调,治学严谨,学术著作等身,其专著多次获得国家大奖;王老师对学生要求极严,非原始材料支撑的论文一概不予通过，每一个学生的论文他都多次修改，直到合格、无瑕疵为止。

关于论文选题，王先生可谓呕心沥血。自己先是考虑写有关拿破仑问题方面的，后又考虑写拉美方面的，王先生认为支撑材料不够扎实，都给否了。后帮助我理清思路，既要立足河南，又要放眼世界，就选了传教士方面的选题。一方面传教士研究当时比较热，另一方面河南基督新教传教问题几乎是空白，没人研究，同时传教士的书信、河南方志、档案资料等文献中关于基督教传教的记载还是比较多的，为论文的撰写提供了较好基础。

在王晓德老师的精心指导下，自己选定了博士论文的选题：《基督新教在河南的传播与发展研究（1883—1949）》，论文30余万字，顺利通过答辩后，由人民出版社出版发行，在学术界有很大的影响，填补了河南基督教研究的空白。从选题、到资料引用、到论证过程、到观点提出及深化等，王先生给予无微不至的指导指正，充分体现了大师之精湛水平。师者传道授业解惑也，在恩师身上体现得淋漓尽致，我为能遇到这样的好老师深感荣幸！

人的一辈子要接触很多老师，老师就是自己人生道路上的指路明灯。有了老师，特别是名师的指点，人生路上就有了许多精彩，甚至经典。正因如此，古人把老师与天地君亲并列，奉为至高无上。一日为师，终身为父！这句话可能就是对知识就是力量、知识改变命运的最好诠释，遗憾的是好多人不知道其中的真味，故也没遇到真正的老师。

在自己不断求学的路上，很庆幸遇到了一个又一个"德艺双馨"的老师，正因为有这些老师的教正，自己也一步一步成长为一个较为合格的高校老师及高等教育高层次的管理工作者，也培养出一批又一批学生，学生中也有很多优秀的人才，在不同的领域发挥着重要作用。在感恩老师的同时，自己也深深感到，为人师者，最重要的是人师经师同求，学问社会双修，公能创新俱达。唯此，方可称师也！

## 23. 岁月流淌　同门难忘

1978 年是非常难忘的一年,这一年有两次高考,这在中国现代高考史上可能是比较罕见的,一次是春季,一次是秋季。本人有幸参加了两次高考,而且两次都被录取了。第一次考前是知青,第二次考前是工人,第一次录取的是大专,豫西师范大专班,第二次是开封师院,即现在的河南大学。

接到录取通知书,到去河大上学,也是一波三折。当时自己工作的单位是洛阳棉纺织厂,简称"洛阳纱厂",是洛阳的十大厂矿之一。洛阳十大厂矿大都是国家"一五"期间工业建设布的点,这些厂基本上都是部属的,级别高、待遇好、地位重要,不好进也不好出。当时遇到的问题是自己在厂子弟中学教书,要去上学,自己所教的课谁来接,有关领导讲,找到了"接班"的,才能走,言外之意是很清楚的。

在分身乏术、万般无奈的时候,开封师院中文系的毕业生,洛阳纱厂出去上学的梁建国学兄学成归来,他古道热肠,非常帮忙,接住了我所教的课头,这样我才得以脱身,到开封报到上学。梁建国先生先在纱厂子弟中学教书,后调到厂部当处级干部,再后独立办学、创业等,是洛阳资深知名学者,他精通书法、演讲、写作,精研儒释道国学文化,我们是相识相知很久的朋友。

我是插过队、当过工人后到大学上学的,当时一门心思就是去学习,把过去被耽误的时间夺回来,因此平时主要待的地方是教室、阅览室和图书馆。印象中看文史哲书比较多,也比较痴迷文学,世界著名作家雨果、托尔斯泰,国内名家巴金、茅盾、老舍等的书读得比较多,有时候几乎是一两天一本,如饥似渴,像赶任务似的。

当时到河大去上学,我用木板钉了一个箱子,把被褥衣服等放进去,这个木条箱子虽然粗糙,但很实用,一直陪伴我在大学生活四年。一同去报到的还有纱厂的子弟,我的同届同学丁一平,他爸爸是纱厂的分厂领导,印象中是整理车间的主任,在厂里口碑很好,把应届高中毕业考上大学的儿子交代给我。丁一平同学虽然年龄小,但很聪明,运动上很擅长,毕业后先在洛阳警校工作,担任科研处长,后去读博士,毕业后作为人才,引进到河大,目前在河大马院当教授。

我们一个寝室中有来自孟津平乐的王钦虎同学,人称"王老虎",他是伞兵退伍的,显著标志是经常穿一双大底子的伞兵鞋,走路"噗噗"作响,很有军人泡。王老虎确实比较虎,因为他有丰富的阅历,令人刮目相看。大学毕业以后,他分到了三门峡党校工作,我曾去三门峡拜会过他,他曾在家设宴款待,相谈甚欢。后来联系少了,据说他到深圳工作了。人生无常,有时在某个点相会了,很快就分开了,按各自的方向流淌。

大学学习是个德智体全面发展的时机。体者,载知识之舟,寓道德之舍也。在大学时,自己是个体育运动积极分子,当时喜欢打篮球、每周都要运动几次;还有就是喜爱短跑,参加学校运动会的成绩是百米十二秒一,是连续四年全校运动会历史系4×100米接力比赛的主力队员之一,并连续四年在全校拿第一,还喜欢三级跳,在全校运动会中获过奖;大学毕业时,自己最引以为豪的是体育课的成绩各门均是优秀。回想起来,热爱运动让自己大学学习时及以后受益良多。

同寝室同学中,好多个性比较鲜明,有的外向,有的内向,有的坦诚,有的深沉,但都是高考冲杀出来的佼佼者。如项祥一同学,驻马店人,毕业被组织确定为定向培养干部,先在基层工作,后到驻马店地区组织部青干科工作,曾到洛阳来看我,我后来也曾带着洛阳师专的老师们去看他,当时他是泌阳县的县委副书记,隆重接待了我们一行,专程陪同我们到当地名山嵖岈山考察。后来,联系少了,听说他到确山县当了县长,地区水利局当了局长,以后就断了音信。

在上大学时,有一群心心相印的同学兄弟真好。当时我是组长,班团支部委员。寝室里有一位人称"吴大帅"的吴志彬(吴大哥),他个头大,一米八多,经历广,当过解放军,办事麻利有魄力,故人称"吴大帅",

以示他是同学中的"吴佩孚大帅"。他阅历丰富,对同学们关照颇多,我们也从他身上学了很多东西。吴大帅后来分配到郑州铁路局党校工作,很有成就。其实,上大学,每一位同学都是一本好书,教会自己很多。

同寝室同学中,印象比较深的还有顾新生同学,他家是新乡的,学习很用功,办事很有章法,大学毕业以后分配到了河南师范大学,后来选拔到了省委组织部,在干部调配处当处长,经常到各地考察干部,我所在的单位他也来过,工作上给我们这些业务出身的干部很多指导。

同学中联系比较多的当属王全乐同学,家是洛阳偃师府店参家店人。毕业后我们的联系一直没有中断,前不久他还专门到我办的洛阳古雏斋艺术博物馆参观指导。寝室中我俩的书桌对书桌,学习上切磋比较多。他同孟津平乐的王钦虎同学是上下铺。全乐同学非常善于学习,看问题很深刻,办事很果断。他是省委组织部定向培养的干部,从伊川上川乡副乡长一步一步干起来,做过乡镇长、组织部长、县长、县委书记,后来当到洛阳市副市长、常委、宣传部长,市人大党组书记、正市级领导干部,是我们这届同学中的佼佼者。

大学同学中切磋学问,探讨问题比较多的有来自平顶山鲁山县的潘民中同学。他在我们这一届中年龄稍微大一点,是民师考上的。民中同学治学严谨,在中国古代史、平顶山地方史等方面颇有建树。刚毕业那些年,他在平顶山技校供职,我们相互之间联系比较多,还一起在王全乐任县长的伊川县修改书稿,研讨课题。他是民盟平顶山的主委,后来担任平顶山政协副主席,是民主党派从政的典型。

在河大学习的时候,同学们思维都比较活跃,对专业学习非常下功夫,亦能结合专业知识分析探讨一些问题。当时,王全乐、潘民中和我,拟定了一个题目《中国历代咏史怀古诗卷》,用历史分析的眼光对历史上100多位著名诗人的咏史怀古诗进行梳理与解读,不知不觉,进行了三年,形成了三十余万字的书稿。书稿完成以后,特请中文系的任访秋教授指导,任访秋先生对此书评价甚高,欣然为本书撰写序言,后该书由中州古籍出版社出版,在学术界影响比较大。

大学期间,同学们的感情都是很真诚的。当时我们寝室有十多人,住的是老式的木质上下床,一人一个木桌子,便于学习,我的下铺是来自温县的闫天常,他小我几岁,人很聪明,学习很勤奋,干事很认真。前些年他在漯河市工作,担任市委组织部常务副部长、市人大常委会副主任。前几年花会期间还来过洛阳,我们之间后来虽不常联系,但彼此都很挂念。

河大学风淳厚,造就了一批管理、学术等方面的人才。我们这届同学中,有许多人走上领导岗位。付志方同学就是其中有代表性的一位。在校期间我们接触比较多,他为人低调,不事声张,做事踏实,给人印象很深。毕业后他先在团省委工作,后到卢氏县挂职,先当县委副书记,后当县长,在由卢氏返回郑州的家中时,路过洛阳,时常抽时间到我供职的洛阳师专与老同学们聚一聚。那时候,他非常辛苦,路途累了,就半躺在汽车的后座上打个盹,为了工作奔波于郑州、卢氏两地。后来他到灵宝当书记,我曾去看他,也曾为洛阳师专历史系的老师办福利,找他去灵宝寺河山购买苹果。再后来他到开封当市长、保定当市长、当省委常委组织部长、常务副省长、省委副书记、省政协主席等。志方同志严于律己,善于学习,能力过人,是我们这一届同学中的榜样。

当时在大学学习,大家都很刻苦勤奋,知道机会来之不易,都如饥似渴在补过去被耽误的青春岁月,不懂的问题随时向老师讨教。同学之间,尤其是一个寝室的同学,经常为一些学术问题探讨乃至争执,甚至上床以后仍要辩论,目的就有一个,疑义相与析,尽管有时候争得面红耳赤,甚至几天不说话,但细想想,这种"卧谈"有好处,培养了批判精神、探索精神,学会了用思辨的眼光、客观公正的态度看人看物看自己。

同寝室的同学,一个组的同学,一个班的同学,一届的同学比较多,除了上述提到的以外,我们三班的团支部书记刘长典同学,是我们的老大哥,他为人谦和,思维缜密,涉猎面比较广,尤其比较喜欢文学,我们毕业的时候,他考到南京师范大学,成为攻读古典文学的硕士研究生,毕业以后,他分到了河南省委宣传部,先后担任理论处处长,省社科联副主席,对同学们申报课题、社科研究给予了很多指导与帮助。

还有许多同学,如我们班的班长,历史系七八级的级长孟庆琦仁兄,他家是开封市的,出身于书香世家,对我们外地的同学给予很多照顾。他留校后担任河大的学生处长、组织部长、商丘师院副书记、河大校级干部,是我们这一届同学的"专职联络员",把同学们回河大要办的事情办得妥妥当当。还有程凯老兄,当年的帅哥,今天依然是帅哥,凡是同学们有事,一如既往地予以帮助。还有班长秦翰华同学、龚留柱同学,以及后来成为著名作家的秦俊同学,以及杜建辉同学、董予德同学、常开建同学、宋治国同学等,当然还有许多女同学,如李梅焕、郭超英、张媛、杨焕芬等,在自己的学习中、研究中、人生成长中给予了诸多支持帮助,回想起来,历历在目,难以忘怀。还有许多同学尽管联系不多,但同窗四年,同门学习,所结下的友谊,终生难忘,因为它已融进了我们的血液中。

同学感情,是最纯真的感情,没有索取,不要回报,有的是共同的进取;同学感情是最美好的感情,不掺杂任何其他因素,为的是共同成长;同学感情是最难忘的感情,它记录了人生成长中最美好的一段,最精彩的一段;这一段可能永远也回不去了,故显得弥足珍贵,刻骨铭心! 若下辈子有机会,我们还愿意成为同学,成为同一个师门、共同商榷学问、激扬文字、指点江山的同学!

# 24. 百年华诞  感怀师院

　　有幸参加了洛阳师范学院建校 100 周年纪念活动,世纪木铎,百年弦歌,广育桃李,声名远播。作为洛阳师院的一员,曾经在此工作了 18 个春秋,洛阳师范学院的经历已成为我生命中的一部分,弥足珍贵,刻骨铭心。"教书育人,为人师表"不仅是校训,更是自己工作的准则。昨日我辈曾为之奋斗,今朝将继续激励同仁前行。洛阳师院,百年华诞,栉风沐雨,辉煌无限!

　　洛阳师院的发展是河南高等教育发展的缩影。河南高校百年老校不多矣,河大是其一,庚子赔款建留欧美预备学堂,开启河南高教之先河;英国福公司,在焦作开办矿业学堂,乃河南工科教育之肇始;河洛师范学校,洛阳师院之前身,几经移址,薪火相传,弦歌不辍,为河南、为豫西地区培养了大批人才。洛阳师范学院,豫西人才摇篮,丰功伟业永存,河洛山川盛赞!

　　洛阳师范学院,百年发展历程,以建国为线分为两段,前段坎坷发展,后段风光无限,先中专,后大专,再本科,继硕研,一步一个脚印,开启历史新纪元。迁入伊滨新址,谋划学科专业更大发展,校园焕然一新,软件硬件甚是超前,时代的重托,历史的机遇,必将使百年老校屹立潮头,有更大担当,更好发展!

　　从洛阳师专到洛阳师院的发展不能不说叶鹏校长。叶校长是江南才子,复旦精英,因故到孟津担任小学教师、初中教师、高中教师,足迹踏遍孟津的山山水水,孟津是他的第二故乡,他是孟津走出来的文学大家、教育大家。主政师专期间,学校得到突飞猛进的发展,"三阳一许"洛阳领先。他的教育思想"现代文明从三尺讲台出发",不知影响了多少莘莘学子,完成了学校教育转型、升格发展的深厚积淀。

洛阳师院一路走来,要铭记一位好书记——郭恒坦先生。郭书记是一位好领导,担任过汝阳县县长、洛阳中医院党委书记,宽厚仁爱,政治经验丰富、政策水平高,在学校发展的关键时刻,担任学校书记,发挥了"定盘星"的作用,使洛阳师专大局稳定,专业建设、学科建设、干部队伍、师资水平、招生规模等有了长足的发展,迈入全省先进行列。

在洛阳师院百年校庆的日子里,历史学院和其他学院的学子肯定不会忘记我们的老校长、老主任杨作龙先生,他虽然已经过世,但他严谨的治学作风、诚恳的为人态度、无私的奉献精神,是洛阳师院、是历史学院宝贵的精神财富,我相信每一个历史学院的师生都不会忘记。历史系虽不是一个大系,但在学校发展的进程中曾轰轰烈烈。回过头才能发现历史的奥妙,每一个人都是历史的过客,也是历史的见证者。

洛阳师院历史系,即现在的历史文化学院应该说是人才济济,唐史研究大家郭绍林教授,先秦研究大家杨作龙教授,近代史大家赵启汉老师,现代史大家卫存晓老师,世界古代史大家文雄达老师……正是有了这些学术大家的支撑,洛阳师院历史学科才一步一个脚印走到了今天。现在的历史学院,博士、教授云集,学术底蕴深厚,历史学院的发展虽然面临着许多挑战,但学院的明天必将更加灿烂辉煌。

本人有幸在洛阳师范学院工作了18年,从担任助教,到担任教授;从担任科长,到担任历史系主任,见证了洛阳师院从专科到本科的发展,从小到大的发展。师院的工作经历终生难忘,师院对我的人生启迪有三:一是做人要真诚,人眼是"秤",不要糊弄;二是做学问要实在,不来虚的,要点滴积累;三是工作要干在前,谋事在人,成事在"天",关键在干,工作是干出来的,有点成绩也是干出来的,天上不会掉馅饼。这三条自认为能受益无穷。

参加了洛阳师院的百年校庆活动,一直在想,校庆是干什么的?我认为:一是为母校"庆生",贺母校百年华诞;二是看望老师,给老师问安;三是为同窗鼓劲,毕业一别,久未谋面,岗位殊异,意在鼓励同学有更好发展;四是给自己加油,回母校一次就是一次洗礼、净化、提升、充电;五是再过一把学生瘾,到原来的教室看看,"怀怀旧""发发幽",有这几点不知够不够，但也算是一些感悟，与曾经熟悉今又熟悉的同学们共勉。

洛阳师院百年华诞，从昨晚到今天一直沉浸在欢乐的海洋之中。各地的学生、校友来到洛阳、来到母校，问候、叙谈，共话百年老校的发展。校庆的机会也见到了久未谋面的老朋友、老同事，岁月的年轮虽已镌刻在早已不年轻的脸庞，但不变的是对教育事业孜孜以求的火热的心。共祝百年洛师，伴着新时代的节律提速远航！

# 25. 山顶上博物馆 碑拓书契文脉传

　　洛阳是十三朝古都,其北麓的孟津县区是历史文化积淀深厚的地方,河出图的故事、龙马谷堆的故事、杜康醉刘伶的故事、八百诸侯会孟津的故事、邙山没有卧牛地的故事、金谷园的故事、孟半朝的故事、神笔王铎的故事等就发生在此。在孟津麻屯飞机场工业园区,伴随着改革开放、创新发展、文化复兴的大潮,2012 年诞生了一家非国有综合性博物馆,也是孟津区第一家实体性博物馆——洛阳古雒斋艺术博物馆。

　　洛阳古雒斋艺术博物馆交通便利,地理位置优越,在新 310 国道、连霍高速北侧,坐东朝西,紧邻黄河小浪底专线。博物馆东有北宋名将石守信父子墓园,人称"石碑凹",有巨大的、叹为观止的"老鳖驮石碑"景观;博物馆西潺潺流水的金水河就是西晋著名的金谷园遗址;博物馆南是洛阳北大门,历史上有名的"麻叔谋"驻军地——麻屯;博物馆北是古时杜康醉刘伶地——酒流凹。

　　洛阳古雒斋艺术博物馆的创办人是当地人氏董延寿教授。董延寿祖籍孟津区麻屯镇董村,后考学成为高校教师、管理工作者,先后在洛阳师院、洛阳大学、洛阳理工学院任教任职,是洛阳文化圈有一定影响的知名专家。执行馆长是其舍弟董延平,他深谙传拓之道,是洛阳传拓界知名传拓高手,其传拓手艺早年受教于解放前在洛阳老城南大街开店铺的爷爷董相成。董相成先生与民国著名古董商,《洛阳出土石刻实地记》的作者、考古学家郭玉堂先生不仅是同乡,更是好朋友、同道者,相处之中掌握了高超传拓之技。后来爷爷把这项技艺传给了董家后人。

　　洛阳古雏斋艺术博物馆收藏的内容有四大项，即碑、拓、书、契；碑，就是古代碑刻、民间石雕石刻；拓，就是碑刻拓片、画像石拓片、画像砖拓片等；契，就是明清地契；书，就是地方志书。还有两个临时展项——酒瓶酒具展，洛阳书法名家作品展。此外，还有部分古典家具、民俗物件、奇石古玩等。洛阳古雏斋艺术博物馆陈展面积约 1000 平方米，是洛阳非国有博物馆中面积较大的博物馆之一。

　　洛阳古雏斋艺术博物馆馆名先后由知名书法家李进学老师、陈春思老师、王鸣老师鼎力书写。中国夏商周断代工程首席专家、著名考古专家、北大终身教授李伯谦先生亦多次为本馆题写馆名。中国书法家协会会员、中航书法家协会副主席何冀闽先生曾亲临本馆，专门为本馆题写馆名及家训条幅。诸多名家、大家的鼓励支持，是办好本馆的巨大动力。

　　洛阳古雏斋艺术博物馆展示的有洛阳出土的名人墓志铭拓片。如馆内藏有朱拓北宋名相富弼墓志。志石 1.4 米见方、厚 35 厘米，全文 7000 余字。这是中原地区迄今出土的一方尺寸最大、志文最多的墓志。此墓志的志盖"宋开府仪同三司守司徒致仕韩国公赠太尉谥文忠富公墓铭"为司马光篆书，极为罕见。

　　富弼墓志由于墓主是北宋名相，撰盖者是文史大家司马光，撰文者是北宋名臣韩维，韩维字持国，神宗熙宁二年翰林学士、开封知府，后因与王安石议论不合，出知襄州，《宋史》有传。书丹者孙永，历任开封知府、太原知府，工部尚书等职，《宋史》有传，孙永书法规矩沉凝，一丝不苟，名声甚高。富弼、司马光、韩维、孙永这四位人物身份显赫，地位高贵，学识明审，行政宜民，正史立传，为世所称。因此，可以说此方由名人为志主、名人撰文、名人书丹、名人篆盖的墓志，可谓名上加名，人称宋志"四绝碑"。

　　馆藏还有唐代宰相张说墓志，这方唐墓志最为突出的一是该碑为隶书，在唐隶中为佼佼者；二是墓主和撰文者是爷孙关系，孙子为爷爷撰写墓志铭；三是爷孙都是宰相，都是名宰相，张说、张九龄，爷孙宰相，后宰相为前宰相撰写墓志铭，名震寰宇，彪炳史册；四是刊碑者卫灵鹤是三川县令，九品县官，甘愿俯首，铁笔刻就，这是何等身段？张说墓志，魅力就在于此。

　　洛阳古雏斋艺术博物馆藏品中有一方武周时期比较特殊的墓志——魏王武承嗣墓志。该墓志由梁王武三思撰序、崔融撰铭，朝议大夫行雍州录事参军事长孙琬书，此志形制较大、规格较高，是已发现的唐王侯级墓志中最大者。武承嗣,并州文水人,武则天之侄。历官秘书监,袭周国公。长寿元年(692年)罢为特进,后郁郁而死。武周圣历三年(700年)陪葬顺陵,顺陵为武则天之母陵寝。

洛阳古雒斋艺术博物馆珍藏还有唐代窦牟墓志拓片。该墓志于2005年12月在洛阳附近出土,志题"唐故朝散大夫守国子司业上柱国扶风窦公墓志铭并序",著名文学家、政治家韩愈撰文,窦庠书丹。该志史料价值很大,补《昌黎先生集》之缺。窦牟,字贻周,其弟窦庠与韩愈都是中唐时期的著名诗人,全唐诗中保存有他们彼此唱和的精彩篇章。此志略见韩愈与窦氏兄弟之间交情深厚。

古雒斋博物馆藏有唐代宰相裴光庭夫妇鸳鸯墓志(并盖)拓片。裴光庭(675—733年),字连成,光禄大夫行侍中兼吏部尚书弘文馆学士上柱国,达平县开国君,赠太师。其夫人武氏为武三思之女,其子裴行俭亦后为宰相。裴光庭两《唐书》有传。他死后,玄宗命中书令张九龄为其撰写神道碑文,并亲为碑文书写一段批语,表彰他"尝为重任,能徇忠节"。目前国内宰相级夫妇的鸳鸯墓志极少,更显出该志之珍贵。

洛阳古雒斋艺术博物馆收藏的地契可谓比较大的一项,目前裱好展出的有300余幅,时间涵盖明朝末年到建国初期。地契是土地交易的凭证,有官方认可的官契,即加盖政府官方朱红大印的"红契",也有民间土地交易,没有官方印章但有"中间人"或"中人"认可签字画押的"白契"。不管"红契""白契",都是历史进程中土地交易的证据,因朝代更迭、时光流逝等,留存下来的已经不多了,其史学价值、社会学价值、经济学价值,甚至书法价值都很高,是学术研究的极好素材。

洛阳古雒斋艺术博物馆收藏的地契中,清代地契是大宗,主要有河南、山西、陕西、福建等地的地契。清代的地契官契居多,书写规整,书法大都很好,有些不失为书法精品;清代地契一般都很规范,契头、契尾、契约文本等要件齐全,有些还有朱批,非常难得,是珍贵的契约文书,堪称还原历史的第一手材料。地契大都用宣纸写成,古人把地契看得非常重,过去用专门的盒子存放,是家里财富的象征,是农民的命根子。

盛世修志。在洛阳新时期的修志工程中,洛阳市志是个典范、洛阳九县六区志也是个典范。有些医院志也是修得非常好的,如李冷文先生主持修订的洛阳市第一人民医院志,把洛阳第一座现代意义的医院——传教士医院从福音医院到洛阳解放后的第一座医院演变历史叙述得非常清楚,为后人留下了非常珍贵的第一手资料,也是传教士办医院的一个典型案例。

洛阳古雏斋艺术博物馆收藏有大量的民间石刻石雕,如汉代的画像石、汉代的龙首门、唐代的经幢、宋代的石狮子、元代的庙宇碑、明代的拴马桩、民国的灾荒碑等,不一而论,蔚为大观。该馆规整之中有轻松,除了碑拓书契外,还有一个"酒瓶酒具"展厅。收藏有现当代酒瓶酒具1000余件,其中比较典型的有两点:一是收藏的青花酒瓶比较多,有大有小,造型各异,国内国外均有,比较醒目;另一是收藏有一珍贵的汉代带铭文的酒坛一个,一下子把酒瓶酒具的历史拉到了遥远的过去。此外临展还有洛阳名人书画展,均系学界名人、洛阳名人惠赐墨宝,洋洋洒洒,甚是壮观。

洛阳古雏斋艺术博物馆在洛阳众多非国有博物馆中应该说有自己的特点:首先,体现了"洛阳纸贵"。古雏斋馆中的大部分展品是纸质的,如墓志铭拓片、如明清地契、如洛阳地方志书等。纸在洛阳发明,纸在洛阳称贵,纸是文明载体,纸是文明见证。古有左思三都赋,至纸价飙升,今有洛阳古雏斋艺术博物馆,传古都文明。

洛阳古雏斋艺术博物馆的"洛阳纸贵"主要体现在纸质藏品的价值上。墓志铭拓片是石刻的历史资料,在反映史实方面有着独特的作用;地契是历史上土地交易的凭证,见证土地产权变化;地方志书是我国史学系统的四大支柱:国有史,人有传,地有志,族有谱。正因为此,纸质文献的价值才是非常高的。

洛阳古雏斋艺术博物馆的第二个特点是"精美的石头会唱歌"。古雏斋艺术馆收藏有近百件石刻石雕藏品,虽大多为民间收集,出自民间工匠,但修造技法,构图已经实属上乘。石蕴天地气,文章千古流。石雕石刻尽管不会说话,但却能奏出美妙的乐章,令人寻味把玩。

古雏斋博物馆收藏有一硕大的清代碑头,是河洛董氏老坟的东西。碑头上有两条蟠龙,雕刻得栩栩如生,是清早期的东西。碑头正面刻有"皇清"两个大字,碑头阴面刻有"董氏"两个字。碑身和碑座已不知去向。河洛董氏是洛阳过去一个比较大的家族,历代名人比较多,如唐代宰相董晋、清代进士、监察御史董笃行等,目前在洛阳老城农校街还保存有四进院落的"董家大院"。

洛阳民营博物馆比较多,但大都是单一内容的,而洛阳古雏斋艺术博物馆则是为数不多的综合性的非国有博物馆,文化信息多,研究价值大,能较全面地反映古都洛阳的文化内涵,这也算是一个明显特点吧。

　　洛阳古雒斋艺术博物馆是个书斋式研究型的博物馆,可满足专业研究的需要。以拓片为例,该馆有许多尚未发表的珍贵墓志铭,如唐代唐履信墓志,是研究唐代经略西北地区的珍贵材料,在书法上是唐志中魏笔体的典型代表;再如宋代蔡修墓志,是研究蔡氏家族演变的重要资料,可补史书记载之阙,而其书法,更是宋楷的典型代表。诸如此类,不一而论,该馆为文史、石刻、书法、美术爱好者、研学者提供了很大的空间。

　　洛阳是十三朝古都,历史文化名城,洛阳北邙山更是古人眼中"生在苏杭,葬在北邙"的万吉之地。洛阳古雒斋艺术博物馆建在邙山之巅,满足了人们探古寻幽之雅趣,愿来过的朋友能留下深刻印象,从历史长河的积淀中汲取营养,为民族的发展、国家的振兴贡献力量。

# 26. 伟哉洛一中　难忘同学情

　　不忘初心，方得始终。洛阳市第一中学 1971 年入学，1975 年毕业的这一届初中、高中毕业的同学，大约 300 余人，相约在花甲之年，齐聚在桃花庄源，共叙同窗之谊、思念之情。洛水苍苍，白露茫茫，泮边一别，牵望何长？今天，我们回来了，激动的心情难以抑制，幸福的泪水流满脸庞……

　　洛一中！我们魂牵梦绕的地方；难忘您安国寺巍峨的大殿，那是我们读书的地方，尽管深知您的厚重与悠远，我们还是有幸在您的怀抱里汲取了无尽的营养和财富；难忘营林街的校园，那是历史上的军政重地，明清被称作"南大营"；近代中国，风雨如磐。

　　洛阳一度是抗战时期的"行都"，洛一中的校园曾是民国军事委员会所在地，承载了中华民族抗战的殷殷重托。洛阳失守后，洛阳城民众的抗日情绪高涨，多次采取行动打击日寇，洛一中的校园操场，也曾是抗日志士以身殉职的地方；洛一中校区，还是洛阳最早办师范的地方，学高为师，德高为范，永远值得我们铭记；作为曾经的学生，最难忘还是洛一中那一排排整齐的教室、灰色的图书馆楼、宽阔的运动场，那里留下了同学们多少如饥似渴学习的脸庞和矫健的身影。

　　更难忘那些可亲可敬的老师，他们学识渊博、和蔼可亲、循循善诱，把知识传授给每一个莘莘学子，让我们铭记他们响亮的名字吧：我们的老校长宋长春先生、政治特级教师袁振鹏先生、英语特级教师杨霞先生、音乐美术教师王天佑先生、政治历史教师梁锦瑞先生、英语教师张希华先生、生物老师杨保谦先生、物理老师熊先平先生、崔土平先生、数学教师赵丙戌先生、语文老师王杰俊先生……没有这些恩师，就没有我们学生今天的发展。在此，我们发自内心地道一声：感谢老师！谢谢母校！

我们这一代人，饱经历史的沧桑，本应在教室里静心学习的年代，过多地涉足了不该是那个年龄段应经历的事情，当然，现在细想起来也未必不好。学农，我们到农村、到农场、同贫下中农同吃同住同劳动，晒黑了皮肤，练就了红心；学工，我们到工厂生产线，到学校的实习车间，磨了两手老茧，掌握了操作技能；学军，我们到军营操练，背负行囊奔赴在拉练的路上，心中时刻装着"敌情"，随时在祖国最需要的时候冲锋上前；难得的短暂"回潮"让我们干涸的心田，些许得到了一些雨露的滋养……

那个时候我们很正统，毛主席的指示牢记心中，离不开的是红宝书，跳的也是忠字舞，有缺点先做自我批评；那时候时事学习很用功；那个时候很纯真，作业不多但做得很认真；同学之间相互帮助，相互理解，相互支持，共同度过了初中、高中美好难忘的生活。

后来，我们中的大部分人下乡了，农村的知青生活，让我们学会了很多。农活从不会到会，我们成了新时期的新农民；接受再教育，让我们感触颇多，苦难是最好的老师，我们倾注了鲜血与汗水，我们上好了这一课，过了这一关，历史证明，我们也是共和国的强者。青春无悔，知青无悔，我们难忘那苦并快乐着的蹉跎岁月！

我们这一代人，面对艰难困苦的生活，是敢于抗争的一代，不甘屈服的一代。广阔天地，大有作为，我们经受了锻炼，交上了人民满意的答卷；有相当一部分同学，在祖国最需要的时候，毅然选择了参军，为保卫祖国，贡献了自己的宝贵年华；更有一些同学，在对越自卫反击战中，服从祖国召唤，在法卡山、者阴山、老山前线浴血奋战，为祖国的安宁，洒下了青春的热血；他们是祖国的骄傲，更是同学们的骄傲！

我们这一代，也是时代的弄潮儿。高考制度恢复以后，有些同学不甘落后，争分夺秒，把过去被耽误的时间夺回来，抓住这难得的机遇，认真复习准备，参加高考，接受祖国的挑选。高考入选的同学，没有辜负时代的重托，珍惜来之不易的机会，刻苦学习，开拓进取，后来大都成为所在单位的骨干。洛阳一中，您的弟子没有辜负您的希望，用自己的努力，开创出了一方新天地。

　　我们这一代，后来更多的是工人和各行各业的工作者，有留城直接参加工作的，有下乡回来参加工作的，大家分别在不同的工作岗位，为国家的建设和发展贡献自己的聪明才智，改革开放，以经济建设为中心，社会经济的发展，有我们难以磨灭的贡献，面对逝去的青春，我们可以自豪地说，我们努力了，无愧于时代，无愧于青春年华！

　　同学关系为何珍贵？因为同学是没有血缘的兄弟姐妹。我们要把同学的这份真诚、这份朴实、这份童真、这份无私永远保留在心中。同学是一生的缘，同学是一生的念，同学是时光雕刻的花，同学是最美的笑，同学是喝不够的酒，同学是品不完的茶；同学是心灵深处最珍贵的东西、最难忘的牵挂，让我们好好珍惜同学感情，直到永远！这次活动，可能种种原因，一些同学没有能来参加，但他们永远是我们队伍中的一员，我们想念他们，祝福他们！亲爱的同学们，不常见面，常常思念；爱在心中，祝福恒远！

　　随着时间的推移，我们这一批同学相继退出了工作岗位，步入花甲之年。回顾过去的岁月，我们问心无愧；展望明天的时光，我们豪情满怀。六十岁，才是新的人生开始。尽管我们现在还在人生的节点上，有老有小，迎接的挑战还不少，但困扰我们的一些东西已逐渐去掉，我们可以轻松自在地安排自己的生活，规划新的人生目标。

　　岁月如歌过，彩霞正满天。我们可以享受天伦之乐，含饴弄孙；我们可以寄情山水，在大自然中放飞梦想；我们可以读书写字，在翰墨飘香中品鉴属于自己的生活；我们可以载歌载舞，在运动中寻找快乐；总之，我们可以力所能及地干自己想干的事，弥补以往生活的缺憾，成就一个全新的自我……

　　在老同学团聚的时刻，我们衷心祝愿母校弦歌不辍、薪火相传、桃李芬芳、闻名遐迩！

# 27. 洛阳老城　那座大院

　　洛阳有一句老话,"在大厂工作",是一句非常自豪的话,在涧西拖厂、矿山厂、轴承厂、铜加工厂等大厂工作,当然,那主要是过去的事儿。另外,还有一句话,娶媳妇不娶老城的闺女,住最好也不住老城,老城闺女"麻家",老城过去居住生活条件差,当然,那也是过去的事儿。20世纪六七十年代的时候,我家就住在老城,住在老城西南隅农校街的一个大院里,是个公房的大院,三进院落,住了十几户人家。

　　印象中这个大院当时是农校街 11 号院,东边是洛阳市卫生防疫站,著名书法家李振九题的名字。这个院子是洛阳"董老官"大院的一部分,或言之是小姐"绣楼"的一部分,因为院子后面有个青砖到顶的三层绣楼,下面还有高高的台阶,这在当时的洛阳城实属罕见。这个院子不同洛阳的老门老户,是一个单位,洛阳地区纺织品批发站原先办公的地方,后来改为纺织站的家属院,住的全是纺织站的职工及其家属。

　　我家住进大院大约是我小学二三年级的时候,住在一进院落靠北的厢房里,最初住了一间,有二十平方米左右,后来往后扩了一间,占了单位图书馆的地方。刚住进去的时候,有些科室还没有走,还留有职工食堂,就在我家北面,有时候父母工作上脱不开身的时候,给我几张饭票,让我到集体食堂自己买饭。印象比较深的是买包子、卤面吃,特别是卤面,肉比较多,油比较大,特别香,以至于很长时间,我认为天下最好吃的就是卤面。

　　这个大院住的人比较单一,基本是洛阳地区纺织站的人。在计划经

115

济的时代,各种商品实行统购统销,纺织产品是重要的民生物资,国家管控很严,这个单位除了在老城有批发部、办公机构外,在东花坛、道北等有许多仓库,是个正县级编制的单位。孟津县受毛主席接见过的县委书记卫乃如曾在这个单位当过党委书记。

大院里最热闹的时候是吃饭的时候,各家各样的饭大家都端到院中的天井来吃,还有小孩嫌自己的饭不好,哭闹着要吃别人家的饭。当然,那个时候是计划经济时代,各家的粮食都是按标准定量从粮店平价购买出来的,连吃的冬储菜也是凭票从菜农那里买,因此,各家的伙食大差不差,只是口味不同而已。

尽管当时实行的是供给制,按工种等分配食物,但具体到一些家庭,还是有些差别的。如我们家,当时弟弟妹妹相对多一点,粮食不大够吃,为此,父母亲也想了很多办法,如到粮店买一些碎挂面,两斤算一斤,再如当时老家离市里比较近,老爹时常回老家带些红薯、小米等补贴家用,度过了那个比较艰难的年代。

大院里有棵梧桐树,树下有全院吃水、洗衣的自来水,这个地方也是全院最热闹的地方,洗菜的、刷碗的、洗衣服的,还有一旁玩耍的孩子们,特别是到了夏天,孩子们都在这一块玩水,打水仗,热闹极了。再有,梧桐开花的时候,孩子们用小瓶子把梧桐花装起来,放点水,过一段时间就会变成粘粘的胶水,再有就是爬到树上,摘梧桐荚吃,尽管口味不怎么样,但仍吃得津津有味。

这棵梧桐树现在还在这个院子里,只不过大院的人气不旺了。闲暇的时候我去过这个大院,曾站在梧桐树下,静静地待一会,拍几张照片,也曾产生念头,出钱把这棵树买走,移到自己老家的博物馆去,后来还是罢了。这棵树是我们大院孩子成长的象征,儿时的玩伴,就让它静静地长在那里吧,也方便自己及其他的玩伴来这里寻梦。

大院里的孩子多,玩得很开心,打弹子、绷柿核、甩面包、踢毽子、斗鸡等,有时候一些大人也陪着我们玩,给我们讲故事,印象中潘贵法叔叔曾给我们讲他当兵时部队的事情,让我们从小对部队充满了向往;还有的叔叔,如程为军叔叔等带领我们捉迷藏,放学以后,这个院里充满了欢笑声;还有,小孩们之间也经常打架,家里弟兄多的往往"沾光",当然,前面打,后头就忘了,仍在一起玩耍。

大院里的孩子也是很淘气的,经常搞出一些动静来。我家后面是单位的图书室,一天捉迷藏的时候,我同赵庆五伯伯家的孩子赵智卓发现图书室窗户的玻璃没有了,小孩可以钻进去,于是乎就躲了进去,发现有很多图书,如《欧阳海之歌》《苦菜花》《家》《春》《秋》《悲惨世界》《战争与和平》等。

在农校街住的大院发现了图书室以后,我和赵智卓等玩伴经常钻到图书室里看书,同时也发现了一些更好的书,如古典名著《三国演义》《水浒传》《西游记》《老残游记》《歧路灯》等,这种情况持续了很长时间,几乎把图书室的书看得差不多了才罢休。这段经历非常难忘,让自己在不读书的年代有幸读到了许多书,而且是偷偷读到的。

因地区纺织站在当时是一个正县级的单位,单位大院里有一些比较神秘的人物。如新安县人李凡,论年龄我应叫他爷爷,当然也确实应叫他爷爷,他给人的感觉很特别,大家都说他是地下党,不知何故与组织断绝了联系。当时他是处于被"打倒"状态,一般也不跟人说话,别人也不大跟他说话。他在收发室,我经常去那玩,也帮老人干些事,后来就熟络了。

李凡老人为人很低调,虽然被"打倒"了,但精神与气势不倒。他告诉我,他是新安县狂口人,狂口有硫黄矿,他曾组织矿工罢工,也通过狂口渡口给八路军送信,后来奉命打入敌人内部,担任警察队队长,掩护革命者,为八路军提供情报等,后来,一同打入敌人内部的另一个同志牺牲了,他联系的上线也在一次同敌人的遭遇战中遇难了,其身份遭到了质疑。

李凡老人后来得到了平反,很多材料证明他是新安县比较早的共产党员,老地下工作者。在有的材料上把他写作李璠,还有他的弟弟,叫李玉,也是老革命,高干,曾担任过洛阳地区卫生局的局长,亦曾到大院看过他的哥哥。李凡老人曾给我讲,干啥事不要着急,只要认准目标,一步一步扎实走,就一定能有所收获。

李凡老师的儿子叫李勇,当时也住在大院里,是洛阳六中的教师,好像是教政教的,他经常在学业上给予我指导,教导我要有志向,要干成些事。那时候,我担任洛一中的"红卫会"主任,"社会"工作比较多,"服务"工作比较多,也比较累,有时候也有怨言,他告诉我,当学生干部要不怕吃苦,这种机会不是每个人都有的,吃苦受累也是一种磨炼,以后会受益的。

大院里的家长们都在忙工作,那时候地区纺织站业务量巨大,全洛阳地区,包括三门峡、临汝的纺织品都由纺织站经营,那时候买布是要

"布票"的,紧缺程度可想而知,各县的采购员们为了多批些布,有时候会带些土特产来"联络"工作人员,那时候父亲在地产科、母亲在财务科,应该算是有权部门。但父母亲从来不接别人送来的东西,也不允许我们子女接。

有一年春节前夕,一个县里的采购员在父母不在家的时候,送来了一小袋核桃,说是自己家树上结的。当时我带着弟弟妹妹在家,小弟弟说,这是啥呀,咋呼啦啦响,我说是核桃。小弟弟说没吃过,咱打开尝尝吧。禁不住弟弟央求,兄弟们几个就打开袋子尝了几个。父亲回来以后,把我们训了一顿,逼着我们弟兄几个把核桃送到北关采购员的住处,并放上了五块钱。

采购员看到这一幕,很是生气,说孩子们,这是我自家树上长的,尽管吃,没有事!并动手给我们砸了十几个,我们弟兄仨愣是一个也没敢吃,撒腿就跑了。这个采购员后来逢人就说,老董这个人,我算是服了……老爹在纺织站先后当过地产科长、物价科长等,他处事的原则就是公是公,私是私,拎得清,分得明。

农校街大院也是一个无形的学校,从家长身上,从同伴身上等学到了许多终身受益的东西。那个时候家长们的工作都是很忙的,上班地点分散,有的在东关仓库,有的在南大街批发部等,上班是早出晚归,但家长们的精神状态都是很好的,都是把组织上安排的事干得听听当当,没有挑肥拣瘦、勾心斗角、暗中使坏的事儿。

大院的孩子们很团结,同外面的孩子们惹矛盾了,大家一起上;作业不会了,相互帮助;谁在家受气了,大家一起安慰;有好吃的,大家一起分享;冬天购买冬储菜的时候,相互帮忙挑选、运输;到煤厂买蜂窝煤大家一起帮忙,那个时候的大院就是一个大家庭……

前几年,大院居住过的几家老人和孩子们曾在一起聚了聚。有鸿城百货的书记朱山涛一家、汝阳检察长赵宝红一家、中央百货装修公司经理吕伟及我家等,听老人们叙叙旧,同辈们一起聊聊情,大院的往事,泯灭不掉,不断撩拨着大家的心弦,久久难以释怀,并为之激动不已……

# 28.酸甜苦辣话红薯

忘不了过去常吃的红薯面饸饹,忘不了和过去生活息息相关的红薯。近期,老家的亲戚发来了做红薯面饸饹的照片,很亲切,仿佛回到了过去的年代。红薯曾是 20 世纪 50—80 年代生活中离不开的食物。民间讲,红薯饭、红薯馍,离了红薯不能活;一年红薯半年粮,全凭红薯度饥荒。那个年代,红薯的吃法很多:蒸红薯、烤红薯、煮红薯、红薯窝头、红薯饸饹、红薯面条等,花样繁多。红薯养活了一代人,红薯支撑了半个中国。

红薯面饸饹是当时的"高级"食品,需要专门的工具制作,可用蒜汁拌着吃,也可用大油炒着吃,红薯是那个时代的美味,令人刻骨难忘!红薯饸饹好吃,但做红薯饸饹的过程比较复杂。先要有饸饹床子,饸饹床子有木制的,也有铁制的。木制的要靠杠子压,有时要由好几个小伙子来干,很费劲;铁制的大概是从城市传到农村的,带螺旋装置,比较省力、比较好用。然后把蒸好的红薯面窝头放到带细孔的圆床框中进行挤压,这样细长的红薯饸饹就挤压出来了。压饸饹的过程充满欢乐,要放正、要压好、要接好……在手工制作的年代,自己动手,才能享受劳动成果。

作为吃新鲜,现在偶尔吃一下红薯面还感觉不错。最好吃的除了红薯面饸饹外,还有一种,就是把红薯面团用白面包住擀成的面,也叫"两叉面",黑白分明,下锅煮了以后,配以炒鸡蛋、黄瓜丝、芝麻酱,用蒜汁、米醋拌匀来吃,再少放点辣椒,夏天吃起来清爽可口,解暑降温,回味无穷。过去过苦日子，也能把简单的食材做得有滋有味，现在比较富足了，有时反而不知咋吃了。

红薯浑身是宝，叶子尤其不得了。有人认为红薯叶营养价值堪比人参，可能有点过，但红薯叶做得好，很受人们称赞。洛阳一带，红薯叶的吃法有随锅下面条、焯水后凉拌吃，最佳吃法是"踏菜馍"，其做法是先将红薯叶洗净滤水，然后用两张大小一样的薄饼夹住一些红薯叶，放在鏊子上两面烙八成熟，接下来把烙好的饼一张一张放上去，利用余热把菜"踏"熟、"踏"软。吃时一切四份，蘸着蒜汁吃，非常可口，清爽迷人，若配上小米粥，就酷呆了。

红薯最原始的吃法是蒸着吃，原汁原味。蒸着吃的红薯不宜太大，要比较整壮，皮色完整，最好是旱地红薯。揭开锅烫手的时候便去拿着吃，尤其在冬天，一边暖手，一边吹着吃，弥漫在烟气缭绕之中，相当香甜，堪比大餐。现在看来，这种吃法，最科学，营养不流失，味道最保真。有时候越简单，境界越高。

红薯的高级吃法是过年的时候，把蒸熟的红薯扒皮，揉在上好的白面里，蒸出筋道虚白的大蒸馍，点上红点；再有就是把扒皮的红薯揉面成条油炸成"松肉"，上笼蒸着吃，当热菜；也有把红薯泥炸成丸子吃的。红薯是宝，但过去实在太多了，让人有时想说爱它都难，当然，今天红薯是好东西，人们经常用它来调剂生活。

洛阳一带红薯最流行的吃法当属烧红薯。这么多年基本不变，就是用一个汽油桶，下面做一个小灶，中间安上一层或两层铁架子，上面盖个盖子，下面加个架子车"下盘"，这样，流动烧红薯车就成了，把红薯放在里面烤，一面烤，一面捏，俗话说，烤不熟捏熟。熟的放在外面，当招牌，诱得小孩涎水直流，闹着让家长买。红薯不贵，家长一般会满足孩子的要求。这个卖烧红薯的行当一般不错，利润可观，是洛阳过去和现在的一道风景。

街上有流动烧红薯车，家里怎么吃烧红薯？那个时代家家户户用蜂火炉子，蜂火炉子有种铸铁的，上面的面比较大，于是乎，在火不是太旺的时候，把小点的红薯放在炉子的周围，上面用蒸馍的铁笼盖或破了洞的洗脸盆盖上，稍加翻动几次以后，家庭版的烧红薯就喷香出炉了。特别是孩子多的家庭，吃烧红薯的时刻，也是家庭最幸福的时刻，每个人的脸上都洋溢着满足的微笑。

插队时在农村吃烧红薯比较粗犷，一般是烧一堆玉米秆，在玉米秆即将烧尽,形成"火朴胎"的时候,把红薯埋进去,火成灰烬的时候再把红薯"拨拉"出来。相对于城市的烧红薯,这种烧法浪费比较大,烧煳的皮比较厚,能吃的部分不是太多,有时就是吃个芯,但感觉不一样,有野趣、有情调、特好玩,特别是寒冬腊月,一边取着暖,一边吹着、吃着,手脸都是黑的,有意思极了……非常想念那个已经过去的岁月。

红薯可以整个烤着吃,也可以切成片在鏊子上烙着吃。小时候兄弟几个用三个半截砖把鏊子支起来,用些柴火一烧,把切好的红薯片放上去,不一会就烤熟了,两面焦焦的,非常好吃。那时候没吃过啥好东西,感觉烤红薯片是人世间最好吃的东西。红薯整个烤,容易煳,不好熟,切片烙,简单易行,也算是吃红薯的一种优选法。

红薯最洋气的吃法是油炸红薯。一般做法是把红薯切成菱形的片或粗条,油烧开以后,放到锅里炸,炸好的红薯,外焦里嫩,把红薯的清香、甘醇充分释放出来。油炸红薯要趁热吃,凉了就吃不出红薯独有的味道了。过去,油炸红薯不轻易吃,因食用油少,油凭票供应,一般家庭都舍不得为红薯费油,油主要是用来炒萝卜白菜的。现在"洋餐"中炸薯条比较风靡,实际是油炸红薯的变种。

过去吃红薯面有一种比较特殊的吃法,就是把红薯面窝窝头切成片或切成丝,配上辣椒、大蒜,用大油炒着吃。这种吃法是荤素搭配,粗粮细做,粗粮精做,同时避免了红薯刺激体内胃酸过多的情况,因大油能中和胃酸,改变食物味道、品质。这种做法体现了那个时期人们饮食方面的应变和智慧。

在洛阳的菜肴中至少有两道以红薯为主的菜:一道是拔丝红薯,是洛阳的地方菜,把红薯切成菱形,过油炸焦,趁热熬糖,把炸好的红薯放进去,稍事翻炒,立马上桌,食用时夹起红薯,拖出糖丝,晶莹透亮,十分诱人;另一道是汤羹类,山楂红薯汤,或曰山楂酪红薯汤,红薯丁炸好后,放入熬好的山楂水中,勾上红薯芡粉即可,汤汁红润,酸甜可口,具有开胃降脂之功效。这两道菜都是甜食,很受当地人及游客的欢迎。

晾干的生红薯干一是可以磨面,即红薯面,可以蒸窝窝头,做红薯面条;红薯干浸泡以后还可以煮稀饭吃,这样的红薯干稀饭,红薯筋道,有嚼头,有一种特殊的香味,与新鲜红薯稀饭相比更有品头。过去生活水平低,吃红薯的日子多,因此每个家庭变着法子把单一的食物做出不同的花样来,这在当时也算是一种生活中的创造吧。

红薯的标准做法还有熬红薯汤。熬红薯汤的标配有几种:一是大米稀饭红薯汤，大米稍熬一会放红薯，红芯红薯最好，香味扑鼻，汤汁透亮，色彩诱人；二是小米稀饭红薯汤，先熬小米，再放红薯，适合干面的白芯红薯，小米红薯汤，有一种醇香，百喝不厌，小米红薯是绝配；三是面类红薯汤，又分两种：白面红薯汤，黄面红薯汤，也有两种面一起拌匀搅汤的。面类红薯汤简单易做，清爽可口，上班族的家庭比较喜欢此种做法。当然，也有玉米糁熬红薯汤的，栾川、嵩县一带最佳。红薯汤是中华人民共和国成立前乃至 20 世纪五六十年代洛阳城乡一种最常见的吃法，红薯营养丰富，红薯汤很养人，故民间把脸比较胖的人，尤其是小孩，称之为"红薯脸"。

红薯蒸熟以后切块晾干也是一种吃法，尤其适合小孩吃。过去适合小孩的小食品不多，红薯干算是一种。红薯干、大枣、花生米、柿饼等也是农村待客的"茶点"，尤其是农闲的时候，亲戚朋友聚在一起，喝着大碗茶，品着自制的"茶点"，聊着一些感兴趣的话题，也不失为一种乐趣。

红薯还有一种另类的吃法，一般人不大知道。具体做法是把水汽比较大的、不太甜的红薯切成丝，拌面上笼蒸，蒸熟后晾凉，然后用蒜汁拌着吃，既有甜丝丝的味道，更有类似其他蒸菜，如蒸红萝卜丝的味道。洛阳人喜欢吃蒸菜是有名的，但凡能蒸着吃的菜都蒸着吃，比如枸朴穗、榆钱、槐花、包菜丝、芹菜叶等，蒸菜是健康食品，不过度加工，有益身体。

红薯凉粉也是红薯比较上乘的吃法了。尤其是洛阳孟津一带有传统习惯，就是大年初一早上喝凉粉汤，也叫"头脑汤"，是用高汤做的凉粉汤，很好喝，老辈人说喝了凉粉汤醒脑聪明，一年之始，一定要保持头脑清醒，直到现在老家里还保持着这一习惯，所以年三十晚上擦凉粉也是必做的功课。红薯凉粉另一著名吃法就是炒着吃，用平底铁锅炒，有预热区、速炒区、制成区，可同时满足好几个人的需求，配以辣椒、大蒜、五料面等，炒得碎碎的、粘粘的，热气腾腾，香味扑鼻，吃起来十分可口，油炒凉粉，是洛阳有名的地方小吃。

红薯凉粉是红薯最受欢迎的吃法之一。除了凉粉汤、炒凉粉以外，最脍炙人口的吃法是凉拌红薯凉粉，尤其是在夏天，擦好凉粉以后，或拉丝或切块，配上蒜汁、芥末、辣椒油、小磨油等，凉拌起来吃，清爽、滑溜、可口、开胃、美味无比，是消夏的最佳美食，深受人们的喜爱。

红薯没有扔的东西，整个红薯晒干可以磨面吃，还可提取精华"干粉"，余下的红薯渣可以喂猪、喂鸡鸭，红薯秧子可以喂牛羊。农耕生活要的是朴实、节俭,贵在巧妙安排,这些可以说在农村都做到了,该人吃的人吃,该牲畜吃的牲畜吃,精打细算,没有浪费,这就叫过日子。

红薯产量很高,在我国很多地方都有种植,洛阳附近孟津、伊川、新安、洛宁等丘陵地带的红薯质量尤佳。好红薯的标准是个大、含淀粉量高,吃起来干面、香甜。当然,红薯有很多品种,除了干面红薯外,还有水质比较多的"五三"红薯,红芯,适合生着吃。现在还有一种紫薯,可能是红薯家族,个头小,含铁量高,口感不如当地的"笨红薯",但"洋气",一些高档饭店有售。但总的来说,不如当地红薯受欢迎。

红薯的储存方法很特别,就是地下挖个地窖,大约五六米深,先直筒,后拐进,深约四五米,能储藏红薯几千斤,窖壁上有脚窝可踩着上下,因地下是恒温,红薯可以保存时间比较长而不坏。储存红薯的红薯窖应该说是中国农民的一项伟大发明,经济、实用、循环使用,解决了无数人的吃饭问题,好的红薯窖,储存的红薯能和新红薯见面,这实在太了不起了,堪称绝技。

储存红薯还有一种方法,就是切片晒干。收获红薯的季节,漫山遍野都是挖红薯的人、切红薯片的人,这边切,那边晾,一派繁忙,一点也不亚于"三夏"大忙季节,红薯不用洗,晾干以后,灰就掉了,白花花的很干净。切红薯的工具很特别,就是长板上挖个口,嵌上刀片,一推一退,连续擦片,效率比较高,危险性比较大的是,擦到最后的时候,要慢点,防止伤住手。红薯片晾干以后,就是红薯干,便于储存,想吃了就磨成面。从红薯到红薯面,看似简单,体现了人类生存的智慧。

红薯精加工的食品在过去属于"高大上"行列。如红薯粉加肉、加鸡蛋、加粉条制成的"脯肉"、红薯粉制成的假海参、焦炸丸、扁垛、凉粉;还有红薯干粉为媒介制成的小酥肉、肉片莲汤、山楂酪汤等。红薯是粗粮,但红薯淀粉是细粮,过去串门常带几斤干粉,也算是"厚礼",由此制成的粉条更是洛阳有名的土特产。低标准的年代,红薯及其制品功莫大焉,是当时维系国民生计的"国吃"。现在喝牛奶,健康一代人,那个时候,吃红薯养活一代人。

红薯加工中有一项,就是提取红薯淀粉。具体操作办法是把红薯洗干净,用粉碎机粉碎,再早是用擦子插,然后用清水过滤,过滤出来的红薯浆,经沉淀以后,就是红薯淀粉,再经过晾晒,干透了以后,就是老百姓俗称的"干粉"。"干粉"很细腻,是红薯的精华,营养成分很高,是加工粉条的原材料,也是烹饪不可缺少的中间体。提取"干粉"留下的红薯残留物被称作"红薯渣"，是喂猪和其他牲畜的好材料。红薯最随和，可单独吃、可拆开吃、可精细吃、可混着吃，不讲条件，一切以需要为转移。

脍不厌细，去粗存精在红薯加工中体现得比较充分，如提到的提取红薯淀粉，实际还有红薯粉条的加工。过去加工红薯粉条，要在"上冻"以后进行，先把红薯淀粉调和成稀糊状，支上一口大"杀猪锅"，用柴火把锅烧开，然后把糊状的淀粉放在漏斗形的葫芦勺或铁勺中，在晃动中均匀下到滚烫的大铁锅中，这就成了粉条，边上人快速用长长的竹筷子把粉条挑起，挂到细棍上。因气温比较低，挂到棍子上的粉条很快就冻住了，再经过冷冻、晾晒，连接的粉体分开、干燥，粉条就形成了，这就是全手工制作粉条的过程。现在是机械加工，相对单一；过去是全人工生产，做粉条时男女老少齐上阵，左邻右舍来帮忙，场面十分壮观，充满了忙碌、弥漫着欢乐、洋溢着收获的幸福。

我到农村插队的"第一课"就是到村子南边的坡地上翻红薯叶，确切说是翻红薯穰。红薯有个特性，要想让红薯长得大、长得多，就要抑制红薯叶蔓的疯长，红薯叶长多了，红薯就结少了。因此，长到一定时候要把红薯穰往长势相反的地方翻，目的是促进下面的红薯生长，这是农民在长时间的实践中总结出来的，红薯为什么会高产，这一招非常关键。由此想到事物都是辩证的观点，教育孩子不能一味地"顺着"他，关键时候要敢于说不，要会泼"冷水"。

下乡到农村当知青时，最难干的活之一就是栽红薯。因插队的地方属丘陵，比较干旱，种红薯时要往山坡地上挑水，挑水很费劲，距离比较远，男社员挑水，女社员挖坑栽苗，先在小坑里舀一些水，把红薯苗放进去，待水渗下去后，用土封住即可。因山上贫瘠缺水，红薯能否"缓苗"活下来，往往靠天。第一次种红薯，刚栽苗的那几天，天天去"扒瞧"，唯恐苗活不下来。实际上红薯是非常耐旱的，生命力顽强，有点水就存活，有点阳光就灿烂。

红薯实际还有一种种法，挖坑种小红薯，让小红薯生出更多的红薯，这种方法叫"下蛋红薯"。这种方法不使用温床让红薯发芽，而是自然让小红薯在大田里发芽长大，这种办法不是主流种法，但也有人使用，一般是土地少的人家这样做，这种方法有时有奇妙的作用，能长出特别大的红薯。大面积的生产还是要靠育苗，就像过去的私塾和现在的学校一样，方式有传统与先进之分。

收获红薯的季节，有个非常独特的现象，叫"遛红薯"。啥意思？因红薯长在地下,随便长,收获以后,在地里还有一些遗留,把遗留在土地里的没有收走的红薯,用铁锹、锄头等工具挖出来,就叫"遛红薯"。过去,洛阳附近的农村,红薯收获以后,往往有许多城市人因粮食不够吃,带着家人到收过的红薯地里去"拾财气"。那个时候,城市人在吃的方面不如农村宽绰,所以,见到来农村"遛红薯"的城里人,农民一般是睁一只眼合一只眼。那个年代为了生存,城乡还是比较和睦的,能帮衬尽量帮衬。

在物资匮乏的年代,红薯是救命的东西。一个洛阳孟津的朋友讲过一个笑话:在生活困难时期,一干部下乡问老农:"谁是救命恩人"?老农答:"红薯"!虽然答非所问,但说明了红薯在农民心中的地位。一年红薯半年粮,只要红薯丰收了,农民就高兴了,因为口粮有了保证。就像红军时期的红米饭南瓜汤,是红军生活上赖以生存的东西。在困难时期,中国北方甚至更广的地区,红薯就是人们的"救命恩人",这种说法一点也不过分,是历史的真正写照。感谢红薯!感谢救命恩人!

从红薯身上可以发现很多对今天有益的东西。红薯不讲条件,无论贫瘠、干旱、恶劣、富饶,你把它种到哪里,它就在哪里生长,安身立命,从不抱怨;红薯是低调的,它把自己深埋泥土里面四个月有余,从不张扬自己,在他人看不见的时候充实着自己,在压迫下茁壮成长,在见到天日之时,展现的是自己健硕的体魄;红薯是秀外慧中的,不管栽种的地方如何,红薯的叶、秧都是生机盎然,翠绿一片,更难能的是下面的工作堪称扎实,生产的果实号称"粮食之王"。

红薯是一个时代的印记,就像红军时代的南瓜、红米;凭票供应时期的萝卜、白菜。红薯是朴素的、朴素到人们有时会几乎忘记它;红薯是低调的、低调到人们似乎不知道它的存在,但它在我们这一代人心中永远存留着一段割舍不掉的情感。有一首称赞红薯的打油诗:往年果腹不愿谈,今日倒成席上餐。人情颠倒它不颠,自有真情在心间。羞为王侯桌上宴,乐充粗粮济民难。若是身价早些贵,今生不怨埋沙碱。让我们学习红薯的朴实精神,不讲条件,只讲奉献吧。

# 29. 岁月悠悠，忘不了过去生活上那口味

　　每一个家庭都有自己的生活方式，都有自己家庭的"拿手"饭菜。比如我们家，小时候父母是双职工，比较忙，没啥厨艺，家里子女比较多，改善生活了就是吃顿卤面。卤面做起来相对简单，炒点肉，放点黄豆芽或长豆角，汤汁多一些，把熟面条浸一下，放笼蒸透即可。卤面可能不是什么美味佳肴，但一家人围坐在一起，吃得津津有味，不亦乐乎。以至于很长时间，别人问我喜欢吃什么，我脱口而出，就是卤面。后来才知道，做卤面是有很多讲究的，要先卤肉，后卤汁等，小时候家里吃的卤面，充其量只能算简易卤面，但那独特的简易卤面，已经融进了自己的记忆里，无论如何也抹擦不掉。

　　当年，家里的"特色"饭菜还有一样，冬天常吃，就是萝卜焖馍，这道饭菜的主创是老爹。老爹在家是老小，参加工作前基本不会做饭，生活迫使他创作了这道饭和菜。尤其是早上，时间紧，大人要上班，小孩要上学，大冬天的又不想让吃凉馍，因此，在炒萝卜的时候多放点水，把馍头切片放上面，熬萝卜的同时，把馍头也馏热了，一举两得。尽管馍头馏得白涨，但比较热乎，也有些咸味，不失为冬天里的一道救急饭菜。回想起来，那个时候，国家干部也真的比较难，一头忙工作，一头忙家里，稀里糊涂过生活，人只要正常活着就是好生活。

　　小时候，家里人口多，粮食不大够吃。为此，老爹经常想办法从老家弄些红薯或买些红薯补贴家用。当时，红薯的吃法在我家比较特别，除熬汤吃以外，最典型的吃法是烤着吃，把红薯摆在炉子上，用蒸馍的铁

笼盖盖上，中间翻动一次，让红薯受热均匀，很快就烤熟了。这样烤出来的红薯，不焦不糊，香酥可口，胜过美味佳肴，尤其是老家孟津的红薯，是旱地红薯，烤熟以后，面甜面甜，是我们小孩儿的最爱。后来，生活条件好了，大家都说红薯吃烦了，一提红薯胃里就泛酸水，但我自己好像没这个感觉，更多的是美好香甜的回忆。

饸饹在有些地方是用白面做的，如河南郏县一带，有饸饹面，地方名吃。洛阳一带，称饸饹一般是红薯面的。小时候，家里经常吃饸饹，把红薯窝头蒸好以后，借来一个饸饹床子，几个兄弟一起压上去，"123"吆喝用力，长长的饸饹面就压出来了。红薯面饸饹最配的是蒜汁，浇多多的蒜汁，再放点辣椒油，吃起来香甜可口，是夏天里的一道美食，一道粗粮细做的美食。遗憾的是家里没人在工厂做机械加工的，饸饹床子一直是借别人家的，用起来感觉不是太方便。甚至有一段时间，自己有个理想，就是动手做一个饸饹床子，或者买一个也行，但当时真的没卖的。

过去，在洛阳一带，大家比较喜欢吃饼馍。现在洛邑古城北边民主街口还有专门卖饼馍的。做饼馍在我家也不例外，其做法是先把面粉用温水做成软硬适中的面团，用擀面杖擀成圆形，放在鏊子上烙熟即可。过去农村吃饼馍，用麦秸烧火，用大火，翻动一下即可。印象中我奶奶是烙饼高手，我的大娘、二娘两个人擀饼她一个人烙，烙出来的饼丝毫没有糊的痕迹。饼馍不放任何调料，散发着自然的麦香，其绝配是绿豆芽和鸡蛋，卷着吃格外有味，后来还演变出孜然羊肉卷饼、土豆丝卷饼等。

20世纪六七十年代的时候，小孩基本上没啥零食，但小孩们嘴馋，总想办法自己制造一些零食。那时候家里大都有农村的亲戚，农村亲戚来城总要带一些红薯粉条，即使没有农村亲戚，每个家里逢年过节总要买一些粉条，这就为小伙伴们创造了一些"吃嘴"机会。比如我们家，哥几个经常把粉条放在蜂火炉里烧一下，粉条立马膨胀起来，相当于现在的膨化食品，吃起来比较香脆过瘾，这也算是当时的小食品吧，不过是自己制造的。

在家庭饮食当中，实际上最难忘的还是自家的饺子。自家的饺子过去并不多吃，一般在春节、正月十五、元旦等节假日才吃上一顿。自家的饺子最初以半月形的为主，个头不大，细细捏出来。后来，吸取了其他人家的经验，以"聚"为主，馅相对多一些，包得也快一些，吃起来比较紧凑。馅基本上是大肉配芹菜或白菜、萝卜、豆角等，有时候也吃海鲜的，荤素搭配。家里吃饺子，主要是吃气氛、一般是家人团圆的时刻才做才吃,图的是人气、图的是欢乐,图的是大家参与,包得好不好不重要,重在一起度过这么一个温馨的过程。饺子家家吃,味道各不同;天涯共此时,欢乐在其中。这就是家的饺子、家的饺子味!

# 30. 新安浆面条　好吃有说头

有时候,越简单的东西,可能就是好东西。比如,近期在新安县做事的缘故,往县城跑得比较多,深刻感受到新安县的饮食很有特点。例如,新安县的烫面角,物美价廉,好吃不贵,一笼烫面角,一碗鸡蛋汤,十分惬意。再如,新安县火车站的浆面条,更是接地气,受欢迎,酸爽可口,食之曰爽,再配上几个土鸡蛋,那叫"绝"了！每当来到新安县,真的是心安,因为有那口穿越时空的眷恋。

实际上新安县火车站吃浆面条的地方是个百年老店,可能是数个百年老店,因为附近老店林立。当然,这是从陇海铁路开通,新安设站算起。实际上新安浆面条的历史可能更悠久一些。在洛阳师专当老师的时候曾带领实习的学生在此吃过浆面条,当时印象就很深刻,这里的浆面条与洛阳老城的还是有些区别的,一是汤汁上这里不那么黏稠,更清亮一些;二是浆的酸度似乎更高一些,比较开胃;三是吃浆面条的配头不一样,洛阳吃浆面条搭配油炸馍或小油条,这里主要是搭配清水煮鸡蛋或一些涮菜。

浆面条是河洛一带的著名小吃,在洛阳、汝阳、孟津、郑州等地很受欢迎,有很高的知名度。浆面条起源于哪里,有好几种说法,其中有一个观点就是起源在新安。相传,东汉时期,王莽撵刘秀且穷追不舍,刘秀日夜奔逃,好几天没吃饭。一天深夜,跑到洛阳附近的新安,见一户人家屋内亮着烛火,便上前讨要饭菜。可主人贫穷,只有几把干面条和一些已经放酸的绿豆磨的浆水,因救人饥渴要紧,就把这些东西凑合在一起做了顿饭。

被王莽追赶的刘秀，饥饿难耐也顾不了许多，说只要有吃的就行，主人就用酸浆，把面条、菜叶、杂豆下入锅内烧熟。刘秀狼吞虎咽，竟然觉得香气扑面而来，吃得津津有味。后来刘秀当了皇帝，虽然有山珍海味伺候，却依然对当年落难中的浆面条念念不忘，以至于御宴中除了山珍海味，还有这道难以忘怀的浆面条。浆面条传承千年，流传至今。目前，洛阳水席与洛阳牡丹和洛阳龙门石窟齐名，被称为"洛阳三绝"，在洛阳水席中就有浆面条这道面食。

实际上，在旅游发展中，饮食方面新安县需要挖掘的东西还是比较多的。除了浆面条外，小吃上还有新安县烫面角，也是新安县老城的著名小吃，目前已在新县城及洛阳市区及外地开发了许多门店，某种意义上讲烫面角比新安浆面条名气要大；还有北冶的卤肉、磁涧的卤肉等。民以食为天，留住了游客的胃，才能留住游客的人，进而让到新安来的人，自然心安。

浆面条在洛阳周边很受欢迎，名气很大，但洛阳的浆面条也是有几种流派的。洛阳市区的浆面条基本上是以绿豆浆为主，绿豆浆发酵做成浆面条，老百姓俗称"浆饭"。新安县的浆面条大致有两种做法，一种也是用豆子磨碎了发酵来做，但用的豆子不是绿豆，而是豌豆，与绿豆相比有异曲同工之妙；另一种做法是用面发酵了来做，亦有酸浆味，做起来更方便。这种面汁发酵做的浆面条，流传的地域更广，洛阳南部平顶山、南阳的一些县都在吃，有很大的名气。

近些年，洛阳的浆面条、酸浆饭也有一些改良的趋势，就是把南方蔬菜酸引入到洛阳，出现了混合型的酸浆面条、酸浆菜。表现比较明显的就是出现了酸浆菜馆。如解放路南头牡丹桥下，就有一家酸浆菜，而且是地道的洛阳人开的，把洛阳的绿豆浆、南方的蔬菜浆巧妙地融合在一起，形成了不一样的菜品，不一样的酸香味，十分新奇，十分诱人。

时代在发展，饮食在发展。保持饮食的独特性是十分必要的，但仍要面向大众，与时俱进。留住文化的根，保持其传承的同时，还要赋予其时代的活力，餐饮方面也应该如此。如洛阳的浆面条、新安的浆面条、洛阳的汤、洛阳的水席等，要想做强做大，一定要研究新形势下的科学发展，个性化发展、可持续发展。唯有此，洛阳的许多"好东西"，才能走出小圈子，融入大社会。

# 31.滴水贵如油　水窖解民忧

在水的利用上,人类有许多杰作,如新疆的"坎儿井"、四川的"都江堰"等。在北方,尤其在豫西地区、河洛一带,特别是洛阳的北邙山,土层深厚,沟壑纵横,但雨水稀少,气候干旱。于是人们发明了"水窖",把下雨的雨水留存下来,以备缺水时急需。"水窖"是劳动人民适应环境的一项伟大创造,遗憾的是现在很少有人提及。北方的水窖是一项堪与坎儿井媲美的水资源利用工程,使用的范围之广、惠及的民众之多、制作的巧妙独特、使用的简便易行等都是彪炳史册的。干旱的半干旱的地区,民众的活命生存,很大一部分取决于水窖,水是生命之源,水窖是生命之源的有效载体,从某种意义上讲,水窖承载了文明延续的重大作用。

农村水窖的制造,位置有讲究,一般在农村宅院的大门外,有进水口和沉淀池,水窖的造型大致有酒瓶型的和扣碗型的。水窖的大小和家里的人口多寡及养殖有一定关系,人口多的,使用量大的水窖就大一些,反之就小一些。有些人家有多个水窖,田地多的,在田间地头也修造一些水窖,便于种植庄稼。

洛阳北邙及其他地区过去修建水窖是十分不容易的,需要一定的人力财力物力。修建水窖,在农耕时期来讲是需要一大笔投入的,但为了生存,为了适应环境,为了从土地里抠出财富,这种投入也是憨厚精明的农业生产者必须做的,是适者生存法则在干旱少雨地区的有效运用。能利用河流的地方利用河流,能打水井的地方打水井,不能利用河流、不能打水井的地方只有打水窖，这是一种无奈且明智的选择。

水窖的建造比较复杂。先要选好位置，一般选择下雨时来水比较充裕的地方；然后像打井一样打好上细下粗水平状的窖体，瓶颈细的部分大致有两三米长、直径一米左右的样子，窖体长五六米甚至更长一些、直径三四米。水窖最重要的是要防渗漏，关键是对窖壁和窖底的处理，这是技术活，也是功夫活，更是出力活。

水窖防水渗漏主要是在窖壁和窖底上做文章。常用的方法叫"钉窖"，在水窖壁的周围及底部钻成约 30 厘米长的小孔，再把黄胶泥搓成条，稍干以后，像钉钉子一样打进去。窖壁和底部被黄胶泥挤得严严实实，形成了一个"壳"，这样流进去的就不容易渗出。这种方法是先民的一个创造，是源远流长的非物质文化遗产，在实际应用中具有极大的意义。

在洛阳北邙一带，对水窖壁防水的处理一般还采用白石灰加麻线的办法，基底用泥浆加麦秸抹好后，开始抹灰，一般灰的厚度 5 厘米左右，待抹好的窖壁干燥以后，还要用白矾水刷上几遍，一是起防水渗出作用，二是起消毒清洁作用。一个好的水窖造好以后，能用好多年，同时，水窖在干旱地区也是家里财富的象征，家里有小伙子，娶媳妇时会加分。

水窖在洛阳一带也叫"沌子""水沌"，意即存水的、口子小的池子。在孟津、偃师、新安等丘陵地带使用得比较多。随着大型水库的建设、饮水渡槽、提灌站、深水井等水利设施、水利工程的推广应用，好多地方的水窖已经废弃，在田地和村庄周围留下许多空洞。水窖看起来比较土、不起眼，但在过去的年代，在缺水的地区，非常管用，甚至起了救命的作用。

水窖存水效果不错，但有一个问题，时间长了，水窖容易生长浮游生物，甚至长青蛙、蛤蟆等，水质不是太好，民间的办法一般是撒一些石灰，主要是起净水消毒作用。过去，在各方面欠发达的情况下，能生存就不错了，老百姓过生活没有那么多的讲究。

水窖和水井是有很大区别的。水窖是贮存水的，本身不产生水，是把地表水收集起来，供需要时使用。水井是打在有水泉的地方，是有水源的，人们需要时只管去打就是了，它本身能产生水。水井的水是活水，水质好，一般不会变质，是人类生存的必备条件，故过去人口稠密的村子必有几口清澈甘洌的水井。

　　对于干旱地区的人来讲,能够打井,吃上井水,是一个遥远的梦想,因水位太低、因土层岩层太厚,想依靠人工打出水井几乎是不可能的。没有办法,只有靠上天的眷顾,下点雨,把雨水收集起来,慢慢享用。这就是干旱缺水地区的现实,打水窖图生存,是一种无奈的选择。

# 32.洛阳北郊机场名字论衡

　　每次从机场路过,看到"洛阳北郊机场"的字样,心里总有一丝丝不舒服。洛阳古之大都,名气甚大,人才众多,一个机场的名字让人感觉不是那个意思。北郊机场名字太没文化味了,与洛阳的文化与地位明显不符。洛阳机场有人感觉落"阳",不甚好听,但反映洛阳内涵,精彩动听,没有歧义的名字多了去了,为何不去考虑,如机场在金水河之东,金谷园附近,叫"洛阳金谷机场"亦是一个不错的选择,指代清楚,又有故事,影响颇大,何而不用?

　　洛阳机场还可考虑叫"洛阳王城机场",西周、东周都曾在洛阳建都,王城就是洛阳的别称,王城的名字就是专指洛阳城的,周公定鼎洛阳,洛阳留有王城遗址,即目前的洛阳王城公园一带,东周更不用说了,一直以洛阳为都,目前还有天子驾六遗址、成周遗址、东周广场等,叫洛阳王城机场没有异议,名副其实,无论从历史的角度还是现实角度,都容易被人接受。

　　洛阳机场,从中国最早的城的角度来讲,亦可叫"洛阳夏都机场"。中国夏商周文明探源工程在大量史料的基础上已基本认定洛阳是夏代最早的都城,即中国最早的都城。古人亦讲"昔三代之居,皆在河洛之间",二里头博物馆的开馆已把相关成果展现在世人面前,因此,洛阳机场名曰"洛阳夏都机场"亦无不妥。当然,这中间可能会有些小的争议,但总体上已形成较为统一的意见,夏都或夏都之一是不争的事实。

　　洛阳北郊机场的名字,除上述提到的名字外,可考虑叫"洛阳汉都机场"，西汉、东汉都曾在洛阳建都，西汉时间短暂，东汉终其全程，几乎都在洛阳，叫洛阳汉都机场既符合历史事实，彰显汉代文化，弘扬民族精神，又朗朗上口，高端大气，便于传记，尤其在打造河南省副中心城市，打造新型都市圈，国际人文交流中心城市等的大举措中，这个名字值得参考。

洛阳机场的名字亦可叫"洛阳东都机场"，唐代的时候，实行的是两京制，东都洛阳，西京长安，叫东都机场，既有历史记载、历史依据、历史盛名，更有现实意义，现实作用。洛阳的历史发展中，有两个高潮：汉代，包括东汉；唐代，包括武周时期。叫"东都机场"名至实归，认可度高。

洛阳机场可参考的名字比较多，很多朋友也都建议叫"洛阳神都机场"。神都，是唐高宗、女皇武则天都洛时给洛阳起的名字，反映了则天女皇对洛阳的喜爱，这个名字很独特，专指洛阳，叫"洛阳神都机场"很恰当，很传神，无可厚非。但"神"字的意思有点不唯物，太极致，有关部门在考虑用时会很慎重，故建议归建议。

洛阳机场亦有人建议叫"洛阳大曌机场"，这个名字很独特。"曌"字，是武则天当女皇时发明的为数不多的文字中的一个字，这个字很反潮流，寓意很清楚，日月当空，即男人能当皇帝，女人也能当皇帝，甚至当得更好。明白了字义，就会看到，这个名字有独到的地方，也有局限，故在选择的时候也会很慎重。

洛阳机场还有一种起名思考，以机场所在地来命名，洛阳机场位于洛阳孟津县，孟津历乃黄河之津，历史上八百诸侯会盟之地，孟津县是历史名县，知名度甚高，从县名来看体现了团结、和谐、智慧、奋斗、合力等，叫洛阳孟津机场也是一种不错的选择。其实，以所在地命名这种例子很多，如郑州新郑机场、广州白云机场、成都双流机场等。

洛阳北郊机场有朋友建议叫"洛阳河洛机场"，突出河洛文化，突出机场位于河洛之间的位置，此建议有新意，但叫起来感觉字面上有重复，另外河洛在地理上的界定范围一般比较广，西至潼关，东至郑州，北到焦作济源，南到平顶山等，叫"洛阳河洛机场"似有一些需要推敲的地方，但建议归建议，说明大家对洛阳机场的名字高度关注，这本身就是文化上的宣传与推广。

洛阳机场选择名字也要与时俱进，因此在取名时，有朋友建议说叫"洛阳黄河国际机场"。这个名字高端、大气、切合时代发展，有新意，紧跟时代，又能引领发展。洛阳机场在邙山之巅，北距黄河不过十几公里，飞机一升空，映入眼帘的就是雄伟母亲河黄河，叫"洛阳黄河国际机场"既符合实际，又切合国家发展大计，很妥当。

关于洛阳机场名字的问题，本来只是自己的一些感想，写着写着写多了，引出了比较多的话题，当然，这只是自己的一些想法，不一定正确，亦请朋友们指导。一个城市机场名字问题，应该是个大问题，涉及城市历史、城市形象、城市发展；不仅是感觉上的事，感受上的事，也是文化上的事，形象上的事，有个好的机场名字，也是生产力，也能为城市扬名，助推城市发展！

# 33. 洛阳大学城建设发微

　　上海是我国高等教育比较发达的城市。近期上海也在参照先进城市，对标本市高等教育的发展，尤其高水平大学的发展，这是一个可喜现象。上海高水平大学的发展落后于北京，也落后于世界其他地位相当的城市，这是不争的事实，如不奋起直追，可能会落后。对标实际就是在找差距，由此想到洛阳最近大学城的规划与建设，洛阳被确定为河南省副中心城市后，发展的机遇、发展的势头比较好，尤其洛阳高等教育的发展，外省不说，省内明显落后于郑州、开封，甚至新乡。洛阳的高等教育是该提质增速了。高等教育是社会经济发展的引擎，重视高等教育的发展，是一个大格局高品质城市应该做的。

　　洛阳的大学城，加上这次谋划的，应该有三个：一个在新区开元大道、学府街、学子街一带，有河南科技大学、洛阳理工学院、河南推拿职业学院等；第二个在伊滨区，有洛阳师范学院、洛阳职业技术学院等；第三个就是新规划在孟津的这个。大学城可谓不少，但规模太小，火力不集中，且类型分布，特色凝聚，层次部署等不是太明显，牵引力似乎不是太大。

　　洛阳是历史文化名城，我国古代高层次教育的首善之城，东汉的洛阳太学是当时世界上规模最大的高等学府，宋代洛阳的丽正书院是我国最早的研究型教育机构。进入近现代，洛阳地位衰落，洛阳的高等教育也落后了，大学的数量、质量、层次、影响力等都不是太强，加上简单的合并，洛阳的高等教育缺乏活力。从洛阳城市的历史渊源看，大力发展教育，尤其是高等教育，是非常有底蕴的。过去，种种原因，这方面落后了，如今，发奋崛起，在教育上发力，在高等教育上发力，正当其时且前景无限。

打造河南省副中心城市，打造洛阳新时代高等教育的新高地，是洛阳都市圈高质量发展的需要，同时也是经济高速发展的必然要求。洛阳GDP已突破5000亿大关，要想突破10000亿大关，站在一个新的制高点上，必须在人才尤其是理工人才、高端制造人才、高端研发团队培养培育上有巨大突破，这个突破的有效途径就是高等教育的超常规发展，高层次研发团队层出不穷、源源不断地涌现，抓住了这个关键因素，就破解了发展难题。

洛阳新的大学城将要引进10所左右的高校，用10到15年的时间进行培育，这对洛阳经济社会的发展无疑是个利好消息。洛阳曾经高校的数量是比较多的，尤其是洛阳的十大厂矿红火的时候，每个厂都有自己的职工大学、中专学校、技校等，后来随着这些厂矿的不景气，大部分下马了，好像只留下了拖厂技工学院一个高职性质的学校，这个资源的转化没能实现，应该是比较可惜的。

原来洛阳十大厂矿的职业大学、职业中专及技校，基本条件都是不错的，学校的师资大都是国家名牌大学的毕业生，所办专业也都是切合经济发展需要的应用性很强的专业，并且这些大厂都有国家部委的背景，如果当时转成大专层次的学校，洛阳高校的数量，应该是相当可观的，也奠定了后来发展基础。那个时候，我是洛阳市政协委员，曾提过这方面的提案，遗憾的是没采用。

再往前说，20世纪五六十年代的时候，洛阳有本科层次的洛阳正骨医学院、洛阳师范学院等，后来在院校调整中，正骨医学院停办了，洛阳师范学院降格了，后来到了2000年洛阳师院才又重新升格。新规划的大学城，客观地说，引进十数所高校还不是太容易的，名校到洛阳办分校、国外大学到洛阳办学等，政策渠道似乎不太通畅，就是省内学校来洛办分校，尤其是本科教育的分校，似乎也不是太容易。

目前洛阳建大学城，个人认为要有国际视野。近期河南科技大学同俄罗斯乌拉尔联邦大学"云签约"，中外合作办学就是一个非常振奋的消息，稍有点遗憾的是没建在洛阳。大学城建设，可以有很多模式，引进国内知名大学办研究生院及本科教育、国外合作办高水平应用型大学、鼓励知名民企办应用型职业学院、产业学院，甚至可以引进优质的民办大学到洛阳来发展等。总之,多策并举,一切皆利于洛阳高等教育的发展。

建大学城是培养人才,解决社会需要的有效措施,在考虑研究型教育的同时,亦应考虑应用型职业类的高等教育,这方面有些省份、城市做得比较好,如昆明、贵州、兰州等,都建有职业类大学的大学城,政府出地,以优惠政策吸引职教类的院校聚集发展、抱团发展、差异化发展等,这方面的效果是显而易见的。职业教育是国家教育的一个类型,这些年一直在强化,职业类的高等教育,可办中专、大专、本科,甚至可以办研究生教育,经济主战场实际上最需要的是这类人才。

洛阳大学城的建设与高等教育的发展还要考虑民办高等教育的发展。民办高等教育是公办高等教育的重要补充,目前全国高校近3000所,民办高校近800所,占高校总数的近四分之一,高等教育发展比较快的城市,民办高等教育必定比较发达,如广州、西安、郑州等城市,洛阳要借鉴它们的经验,培育一批能打洛阳牌的民办高校。

洛阳民办高等教育相对来说还是比较落后的,目前只有洛阳科技职业学院一所大专层次的民办高等院校,对于洛阳这个文化大市,文明古都,这是远远不够的,洛阳民办高等教育事业发展起来了,洛阳的高等教育才可能比较均衡,在省内外才有影响,才有话语权。因此,在下一步发展中,洛阳优先发展民办高等教育也是一个重要的选项。

洛阳大学城建设是一个既老又新的话题,大学城的建设曾带动了洛阳高等教育的长足进步与发展。今天重新谋划这个项目,意义巨大,影响深远,洛阳民众期待着新的大学城在引进、培育高水平大学的路径上更加清晰明确,对洛阳经济发展的支撑更加明显,对洛阳及河南学子求学有更多的承载。若是这样,洛阳的大学城就深深印在了洛阳民众心中,成为中原崛起洛阳绚丽篇章中的精彩部分。

# 34. 发展旅游要让历史人物活起来

## ——评史诗剧《武则天》

近日专程到洛阳市涧西区西马沟洛阳盛世唐园文化产业园观看了大型实景史诗剧《武则天》,该剧除序外有九场,反映了武则天从14岁入宫到登上权力巅峰的一些典型故事,把武则天与神都洛阳有机地联系在一起,还原了一个比较客观、真实、血肉丰满的女皇形象。观后很受感动,甚至有些震撼。该史诗剧是洛阳历史文化资源产业化运作的一个重大尝试和突破,尽管还有一些值得商榷的地方,但其开创作用、引领作用,不容小觑,彰显了洛阳文化的深厚魅力。

昨天的文化,今天的经济。史诗剧《武则天》的成功推出,是洛阳文化发展的一件盛事。历史上有巨大影响的女皇武则天,在众多洛阳元素,如卢舍那大佛、洛阳牡丹、洛阳方言等的衬托下,借助现代声光电、电控模型、电技术及精湛的舞美表演完美结合,给游客带来了一场视角上的盛宴。史料中的东西、典籍中的东西、文化中的东西如运化得当,就是今天的经济,而且是可持续发展的绿色经济。

洛阳是历史文化名城,洛阳历史上在中国的地位十分突出,一部洛阳古代史就是我国古代史的缩影。遗憾的是,洛阳历史上屡经兵燹,很多叹为观止的东西化为灰烬。因此,有人就说,洛阳是可读性强,可视性差;过去外地游客到洛阳来旅游,基本上是白天看庙,晚上睡觉。史诗剧《武则天》的成功推出,某种意义上讲,填补了这方面的缺憾,扩大了洛阳旅游的空间。

洛阳是千年帝都,在洛阳坐天下的帝王有一百多位,但真正能称得上彪炳史册的实绩并不多,东汉光武帝算一个,北魏孝文帝算一个,武则天更应该算一个。史诗剧《武则天》应该说在选材上就抓住了人们的眼球。中国的许多城市都在大型演艺上做文章,杭州、漓江、丽江等,洛阳尽管开展此种项目晚一些,但毕竟迈出了难得的一步,实在是可喜可贺!

武则天是我国历史上唯一的一位女皇,在男尊女卑充斥人们思想的古代中国社会,仅仅此举就是一个革命性的创举,没有非凡的才智和卓绝的魄力是难以做到的。史诗剧《武则天》选取了武则天一生中一些精彩典型的片段,经过艺术创作,把武则天的形象刻画得比较成功,尤其是把她的性格、追求权力、"牝鸡司晨"、主宰日月的鲜明个性淋漓尽致地表达出来。尽管有不同理解,但艺术上人物形象的塑造应该说是有独到之处的。

史诗剧《武则天》把武则天少女时的梦想、跌宕起伏的人生浓缩为九十分钟的场景,应该说难度比较大,既要考虑历史的真实性,又要考虑艺术的创造性。从整个演出的情况看,这两者的结合个人认为还是比较到位的。艺术作品要想有生命力,受欢迎,就要源于生活、高于生活。历史剧亦是如此,在尊重历史的前提下,进行艺术再创造。

史诗剧《武则天》实际上在设计中是有一个内在的魂,这个魂就是"卢舍那佛",即剧中说的光明佛。梵语"卢舍那佛"即光明普照、光辉普遍之意,是源自古代日神崇拜的太阳神信仰。在整个剧情推进中,卢舍那大佛是个主线,伴随着叮叮当当的雕凿声和"雕去肉即成佛"的画外音,大佛逐渐雕成了,武则天的事业也达到了顶点。佛和人的结合是该剧的一个大亮点,也是成功之处。

史诗剧《武则天》的设计中,使用了一些洛阳元素,如龙门卢舍那大佛、洛阳方言等。尤其洛阳方言的巧妙使用,为剧情的铺垫、主题的深化、气氛的渲染发挥了画龙点睛的作用。洛阳话源远流长,发音有特点,感染力强,曾是流传最久的"普通话",还是中国语言中的活化石,这一手法的运用,有四两拨千斤之玄妙,是艺术上的突破。

史诗剧《武则天》的编剧是旅游文化领域有名的专家梅帅元先生,他是中国山水实景演出的创始人物,著名导演,国家一级编剧,2012中国文化产业风云人物,2014中国旅游风云榜年度影响力人物,2014年荣获影响世界的中国文化旅游名人殊荣。其主要实景演出作品有:《印象·刘三姐》《禅宗少林·音乐大典》《中华泰山·封禅大典》;《大宋·东京梦华》等。洛阳史诗剧《武则天》由他担纲编写,从效果上看应该是实至名归。

史诗剧《武则天》的导演张仁胜是广西民族文化艺术研究院一级编剧。他担任编剧及导演的剧目多次获中国戏剧节奖、中国艺术节奖、中宣部"五个一工程"奖,曾获曹禺戏剧文学奖、全国现代戏导演优秀编剧奖、文华导演奖等;编剧方面的代表作有张家界山水实景音乐剧《天门狐仙·新刘海砍樵》等;导演代表作有音乐剧《桂林故事》、歌剧《壮锦》、实景演出《大宋·东京梦华》等,是戏剧编导方面的实力派人物。史诗剧《武则天》是他倾情奉献的一部力作。

说起来也巧,本人应邀观看史诗剧《武则天》的那天,应该是5月12日吧,在剧情演到高潮的时候,天公作美,一轮明月高挂天空,把演出的现场渲染得无比巧妙,演绎了一个敢作敢当的武则天,前无古人、后无来者的武则天。也不知是导演编剧的良苦用心,还是上苍的有意安排,让我们看到了一个十分难得的景象,朗月清风,昊天辉映,好一派月照大地之盛景。

史诗剧《武则天》的成功推出,是洛阳旅游发展中的一个大突破,尽管还有需要提高的地方,但毕竟迈出了非常可喜的一步。旅游是大象无形的东西,运作得当,便可起到四两拨千斤的作用。洛阳是文化大市、旅游大市,文化旅游大市就要有文化旅游大市的担当和作用。我们相信,在文化自信理念的引领下,古老而深厚的洛阳一定能迸发出无尽的能量,期待着更多、更好的文化精品能惠及民众,辉映神州。

# 35.洛阳发展管见

　　万安山顶公园景区是洛阳继洛浦公园建设之后的又一大手笔。洛阳要发展,要跳出"圈子"看洛阳,跳出洛阳看洛阳。洛阳之所以这些年发展得不够理想,是格局太小了。万安山的定位是洛阳的后花园,初听可以,细推敲仍需提升,万安山的定位应是洛阳的城市花园,或曰洛阳的"街心花园",这是一种什么样的气魄,把龙门风景区、伊滨新区、偃师市、伊川县、登封市等都拉进去。这样一来,既符合国家的郑洛新一体化战略,又做强做大了洛阳,这就是产业带动,这就是四两拨千斤,这就是格局!

　　龙门山与万安山联袂,作为洛阳的"街心花园",意味着城市框架的拉大,意味着发展空间的提升;如果进一步把洛阳市区的北界扩大到黄河岸边,把黄河当成洛阳的护城河,把西霞院水库当成洛阳的水上公园,洛阳将是一个山水相间,有山有水,错落有致,有容乃大的濒临母亲河的一个超越古代的一座现代名城,有这样的战略思维,能算得是大格局,洛阳才能称之为"永远不落的太阳"。

　　实际上在洛阳城市的建设发展历史中,每一次大的发展都是城市框架拉大的结果。现在正在规划建设的中华第一都——夏都博物馆,原来洛阳城市的原点在那里,后来又发展到商都尸乡沟,城市框架又被拉大,出现了洛阳的第二个古城遗址,偃师的商城博物馆简要记载了这段难以泯灭的历史。

　　洛阳城的建设在西周东周已得到长足发展,西周在王城,即现在王城公园一带，成周在孟津平乐一带；东周在西周城的基础上又有大的拓展；汉魏城在白马寺以东，北连成周城，形成一个比较大的区域，造就了一个民族大融合的北魏帝国和疆域巨大的东汉大帝国。城市的易地建设，是军事政治斗争、经济发展的需要，更是城市建设历史中的宝贵遗产，对我们今天的城市建设有着许多重要的启示。

洛阳城的建设在隋唐的时候又发生了一个重大转移，由东向西移动，即在现在隋唐遗址的位置。隋唐城跨过洛河发展，是洛阳城建的一个巨大突破。从北面邙山的上清宫、到山脚下的皇宫、天堂、明堂，到应天门、到南市北市、到洛南的里坊区、到定鼎门等，城市的宏伟构架一一展现出来，呈现出一派盛唐大景象。

宋以降，洛阳政治地位、经济地位逐渐衰退，洛阳城地方越来越小，金元至近代，洛阳就局限在现在的老城这样一个范围，有了城墙，有了护城河，很像"城"的样子。城的缩小，说明了影响力的式微，历史上的大洛阳不见了，过去的大都市，成了人们记忆中的东西。新中国成立，洛阳焕发新生，"一五"规划的七个重点建设项目，让一座新城矗立在涧河以西，洛阳步入了发展的快车道。

从中华人民共和国成立初期，一直到改革开放时期，洛河以北，从东花坛到涧西，就是洛阳城的城市框架，是一个东西长，南北窄的条状城市，是名副其实的"洛阳"，这种格局，限制了洛阳的发展，在实际竞争中，原来和洛阳不差上下的郑州把洛阳撇在了后面。新时期，跨过洛河发展，建设洛南新区，洛阳得到了浴火重生，城市框架拉大，为洛阳的发展奠定了坚实基础。

伊滨区的建设在洛阳发展史上有着巨大意义，昭示着洛阳的发展已越过伊河向南、向东及更大范围的发展，进一步拉大了洛阳城市的框架，丰富了洛阳城市的文化内涵，随着万安山顶公园的建设逐步推进，洛阳人民不仅多了一个休闲度假的去处，有了"后花园"，更重要的是衔接了少林寺、中岳庙等名胜景区，形成了规模效应、集聚效应。

洛阳的发展是伴随着城市框架的拉大逐步推进的，没有大框架，某种意义上就没有大洛阳，因为洛阳毕竟不是珠三角、长三角，不是京津沪渝，城市框架拉大是城市发展的基础。此种情况下，向北发展，充分利用黄河的优势、把黄河的文章做足，对洛阳来讲应该是有现实意义的。煌煌祖宗业，常怀河洛间。从洛阳走出去的河洛郎，梦寐以求的是河洛间辉煌的祖宗业。

洛阳在讲自己区位优势的时候,大多讲洛阳是伊洛瀍涧四水贯流,很少提黄河也是洛阳境内的大河,以致一位外地来洛担任领导的同志敏锐提到,洛阳是五水,要加上黄河。河南乃至全国邻近黄河的城市如兰州、开封、三门峡、郑州等都在黄河上做文章,尤其是郑州,已有显著成效。洛阳黄河段是黄河中下游的分界线,山峦起伏大,地形切割明显,景色优美,资源丰富,更有枢纽工程、反调节水库等,规划利用开发得当,效果绝非一般。

城市的发展是一个时空概念,地方小,发展不起来,地方太大,难于驾驭。洛南新区的建设,是洛阳城市建设的大手笔,是洛阳走出发展困局的精彩之举,随着城市框架的拉大,洛阳经济总量跃上了新的台阶,社会影响、美誉度陡然飙升。试想一下,如果固守"洛河之阳"之想法,洛阳今天会是一个什么样子。面临发展机遇,进则胜,不进则退。

洛阳拉大城市框架,向北发展,把黄河当成洛阳的护城河、穿城而过的河,是真正意义的发展洛阳、做强做大洛阳,这才是河洛间的大洛阳。当然,思想不能狭隘,过去该做的都是有道理的,对洛阳的发展建设都是有益的。放在大格局的背景下,洛阳要走出发展的窠臼,成为举足轻重的经济历史文化人文旅游名城,思想观念必须更新,要有至少未来一百年的战略思维。

围绕洛阳牡丹,逐渐形成一个国家级的节会——中国洛阳牡丹文化节,这在共和国的历史上为数不多,十分罕见,足见洛阳牡丹的魅力和影响。洛阳牡丹花会已入选国家非物质文化遗产名录,从1983年至今已经成功地举办了35届,已经由洛阳市的"以花为媒,广交朋友,宣传洛阳,扩大开放"扩展到"洛阳搭台,全省唱戏"这样一个集赏花观灯、旅游观光、经贸洽谈为一体的大型综合性经济文化活动,牡丹花会已成为洛阳、河南乃至全国的一张名片。洛阳牡丹以她的美丽、华贵、雍容、大度征服了中外游客。

在牡丹问题上洛阳要大度、开放、包容、创新。现在,洛阳搞牡丹花会、菏泽搞牡丹花会、常熟搞牡丹花会、铜陵搞牡丹花会是好事,说明国人对牡丹喜爱的深厚程度。但我认为还不够,应该更大一些、更多一些,安徽、陕西等地牡丹历史悠久、种植古已有名,都可以搞。在牡丹问题上洛阳要引领、要规划,而不是垄断,在已占先机的情况下要会动脑筋会发动,不怕事不成,就怕想不明。牡丹战略是洛阳的大战略,不能局限于"牡丹花城"四个字上。

　　洛阳宣传中有很响亮的三句话：千年帝都、牡丹花城、丝路起点，很不错，叫得比较响。我认为还应加上一句：天下之中。何也？千年帝都说的是历史；牡丹花城说的是特色；丝路起点说的是经济，而天下之中说的是位置；实际也是这样，洛阳地处天下之中，山河拱戴，形势甲于天下；洛阳八方辐辏，四方入贡道里均，"中国"一词最早指的就是洛阳。因此，要在此四字上下功夫，加大研究，加大宣传，使之成为洛阳战略性的、核心级的宣传用语。有这几句，洛阳城市形象跃然出俗，横空出世。

　　洛阳在中国城市中独树一帜，除千年帝都、牡丹花城、丝路起点、天下之中外，还要强调文明之源，这是洛阳这个华夏名城的根基，是其他地方所难以企及的。国家文明探源工程洛阳首当其冲，已确证许多悬而未决之问题，已有很多世所公认的成果，叫得很响，知名度甚高。河出图、洛出书，圣人则之；昔三代之居，皆在河洛之间；煌煌祖宗业，永怀河洛间；五千年文明史，洛阳是源头。洛阳要打文明源头这张牌，挖掘、研究、开发、创新等工作要跟上，要出系列成果，把论据搞扎实，把口号喊响亮，把成果搞突出，被世人所公认，让世界所瞩目。

# 36.洛阳过年随想
## ——洛阳老城发展浅见

　　小的时候,盼望着过年,因为过年有新衣服穿,有好东西吃,可以不干活,还可以尽兴地玩。我们这些出生在低标准年代的人实际上也没啥好穿的,家长扯几尺布,做件新衣裳;吃就是过年能割几斤肉,有点带鱼吃;玩就是到处转转,看看灯展什么的,更多的是小伙伴们一起玩耍,一起放鞭炮。

　　在一般的认知中,过年就是过初一,实际不然。过年实际是两天,或一个晚上,一个白天。晚上实际指的是除夕,白天指的是初一,过年中,这两个时间最重要。除夕,大年三十主要是对内的,要吃团圆饭,要熬夜守岁,熬得住夜,才能把"年"送走。还有就是初一,初一亲朋要相互拜年,对外的成分多一些,相互拜过年后,才聚家吃饭。当然,现在没恁多讲究了,放假七天,均为过年。

　　传统节日亦需与时俱进。历史上大年初二就是看望岳父、岳母的日子,如今也是。所不同的是,内容上有些变化,更具时代进步气息。女性地位高了,香车宝马,礼物丰厚,举手投足间,具有大家"闺范",后面跟着夫君、孩子,队伍浩浩然。民间有语,正月初二俗称"岳父节",此言不虚,建议立法列入,以慰泰山们的心。一个社会文明程度的高低,要看女性的社会地位,更要看女性的作为,期待世界的另一半真的与男性比肩,甚至作用更大。

过去地方有管文明教化的官，如学正、教谕、督学等，负责地方的文化教育。文化上去了，社会风气会明显好转，人们会有羞耻之心，会务本守正，安居乐业。多年以来，每到春节，洛阳老城老集乡范街都有一个活动，文化书市，从大年初二开始，到正月初六结束。洛阳老城的文化味还是比较浓的。正月初二，心生动意，随便走走，寻找儿时的梦，感受老洛阳的文化。

春节期间，洛阳老城的年味是比较浓的，老城从丽景门到十字街张灯结彩，热闹非凡，观景的、逛街的、购物的、品尝小吃的、品味文化的等，人流可谓络绎不绝。文化书市没有开，但全国十大美食一条街——十字街生意火爆，各种美味小吃、菜点、甜品、饮品等，无不散发着张力，诱导着食客的味蕾，使之驻足品尝。春节就是享受的节日，留住客人的胃，留住客人的眼，就抓住了经济文化发展的契机。

近几年，在老城开发上，洛阳有了一些起色，洛邑古城、丽景门、应天门、安喜门、西大街、十字街、北大街、贴廓巷等，亮丽迭出，使洛阳古都这张名片开始叫响起来，这是可喜的开始，如何挖掘洛阳古都文化的内涵及独特的表现形式，确实有许多文章要做，而且要大做、特做、往精细处做，做成全国前茅。

洛阳老城，是金代的金昌府原址，文化信息很多。老城区的改造、要尽可能地保留原生态，这方面成功的例子很多，足可借鉴，如平遥古城、苏州文化街区的改造等。目前，老城街区的改造，可能过于简单，缺乏顶层设计，虽然有了一些成果，也受到一些好评，但还是远远不够的，只是蜻蜓点了一下水。洛阳老城文化街区，目标应是全国顶尖级的，洛阳都市圈建设，这应是重点项目之一。

洛阳老城的开发有一些不成熟的建议。首先是要大气，老城过去有四关四区，即东关、西关、南关、北关，东南隅、西南隅、东北隅、西北隅，建议在开发中予以恢复，还原老城区的历史风貌，至于行政区划方面的问题，可以根据需要进行调整。这样在格局上就大了，就站住了，在开发上要总体设计，分步实施，成熟一块，开发一块，用若干年时间，达到总体目标。

老城的开发，第二点要注意的就是精准。所谓精准就是要知道在哪几个点上精准发力，把好钢用在刀刃上，打造核心竞争力。个人认为，要点面结合，精心打造几条核心大街、精心打造数十个核心景点，精心营造老城区的文化氛围，精心打造老城区的文旅业态，精心布置安排功能分区,发挥老城区整体效能。

老城区的开发,不要一味模仿,要突出洛阳老城的特点。这个突出特点就是古老,古老体现在老房子、老街道、老文化、老饮食、老庙宇、老祠堂、老住户、老物件、老行当等方面,新的东西可以搞一些,但不能喧宾夺主,要搭配得当,有机结合。当然,对古老的东西要善于用新颖的形式表达,精心讲好洛阳老城的故事,让古老有意义、耐咀嚼。

老城的开发中要善于讲故事,精心讲故事。如农校街董家大院的故事、仁义胡同的故事等,脍炙人口,流传甚广,且具有积极向上的进步意义,仅仁义胡同的故事,就可带动一个街区,甚至几个街区的提升及发展。类似的典型例子很多,董宣及董宣祠的故事、四眼井的故事、妥灵宫的故事、安国寺的故事、旧府门的故事及当代赵春娥的故事等,故事讲好了,开发亦就到位了,气场就出来了。

洛阳老城的开发要有比较大的价值体现,要能吸引住游客的心,要有大的经济社会效益及综合效应。开发不是为开发而开发,也不是为保存而开发,而要立足长远,立足弘扬文化,立足文脉传承。"若问天下兴废事,请君只看洛阳城",应是洛阳老城开发贯穿始终的主题,如何体现、如何深刻体现、如何通过实物实景活态体现,需要认真分析研究,精心谋划,经典性实施。

如在洛阳老城的开发中,西大街已初具规模,历史名街南大街、北大街、东大街如何开发,洛汭严关、水陆码头、贸易一条街、金融一条街、盐业一条街、布匹一条街等如何谋划布局,的确需要精心策划运作;再如,明清时期农校街的察院、马大帅祠堂,民国时期的农桑学校、民国战时政府旧址、营林街的军事委员会旧址等都在历史上有相当影响,如何客观真实体现,是有文章要做的,运筹得当,可起到事半功倍的作用。

本来是说过年,没想着说着说着说到其他地方去了。实际上,洛阳老城的开发是一个比较沉重的话题,抑或是一个比较重大的问题。政府的初衷是想替老百姓办好事,但调研不周可能还引发了一些不必要麻烦。事实上事情完全可以朝着人们所期待的方向发展,即利国利民利社会,其中的关键是谋划好、引导好、服务好。国务院原总理李克强曾说,洛阳洛阳,永远不落的太阳。期待着洛阳的伟大崛起!

# 37. 洛理牡丹园　缘来一段香

　　进入初春四月,洛阳的牡丹花次第开了。王城公园、国家牡丹园、国际牡丹园、街边花园自不待说,姹紫嫣红,千姿百态,洛阳是典型的牡丹花城,牡丹已浸透到洛阳的方方面面。在众多的牡丹观赏地中,有一个与众不同的观赏地,洛阳理工学院开元校区牡丹园。

　　洛阳理工学院牡丹园,位于开元校区东大门南侧,占地 30 余亩,应该是国内继西北农林科技大学之后国内大学比较有名的牡丹园。牡丹的品种有姚黄、赵粉、葛巾紫等名贵品种;有蓝田玉、紫兰魁、二乔、洛阳红、凤丹白等传统品种;还有日本的花王、岛锦、连鹤、花竞、芳纪、岛大臣等品种;更有美国的海黄、法国的金阁等。园子不算大,却很精致,与巍峨的图书馆楼,鳞次栉比的教学楼及孔子铜像等相映成趣。

　　洛阳理工学院牡丹园牡丹品种繁多,名贵品种当属"姚黄"。姚黄名气颇大,古人称它为"牡丹之王",是牡丹四大名品之首。姚黄,皇冠型,花蕾圆尖,端部开裂,花淡黄色。姚黄出现于北宋,欧阳修《洛阳牡丹记》载:"姚黄者,千叶黄花,出于民姚氏家。"此花光彩照人,亭亭玉立,古人以"花王"誉之。姚黄形如细雕,质若软玉,有诗赞曰:姚家育奇卉,绝品万花王。着意匀金粉,舒颜递异香。斜簪美人醉,尽绽一城狂。且倚春风里,遥思韵菊芳。

　　洛阳理工学院牡丹园中还有名贵的牡丹品种——赵粉。据《桑篱园牡丹谱》记载,赵粉由洛阳牡丹与曹州牡丹嫁接培育而成,出自清代赵家花园,因花为粉色出自赵家而得其名。赵粉花色艳丽,花型神奇,具有单瓣、半重瓣、重瓣三种花型，还有三种花型同生一树之艳状，植株生长势强，花量丰大，清香宜人。因其特色显著，美名不胫而走，叹为观止，有诗赞曰："窃得玉楼红一片，染成芳艳眼前春"。

洛阳理工牡丹园中种植比较多的品种是洛阳红。因为是以"洛阳"命名，且花朵鲜艳，故洛阳域内这种牡丹种植得比较多。洛阳红种植面之广、视觉冲击力之强、点击率之高，强于任何品种的牡丹。其实，洛阳红是一个唐代就有的古老品种，俗称"焦骨牡丹"，武则天当年贬的牡丹就是这个品种，花是红的，枝是枯的，株大、花硕、味香，体现了不畏权贵的傲骨和迎春怒放的芳姿。洛阳红是洛阳城市内在气质的象征，平实、倔强、卓尔不凡，艳而不俗。

洛阳理工学院牡丹园中还种植有传统名品葛巾紫。此花为重瓣、紫色、绣球形，顶端呈不规则的波状，色、姿、香、韵俱佳。葛巾紫取自文学名著《聊斋志异》，写的是"双美"——两个牡丹花妖。其中主要叙述的是葛巾与常大用的爱情故事，却又以另一女子玉版相衬托，从而把葛巾含而不露、温柔蕴藉的特点显现出来。葛巾紫是以传说故事为依托的牡丹精品，使得牡丹这一名花更拟人化，更有韵味，更出神。

洛阳理工牡丹园兼容并蓄，还种有美国改良品种——海黄牡丹。海黄牡丹，花蕾圆尖，花朵侧开，蔷薇型，黄色，浓香型，是晚开品种。海黄牡丹植株较高，是牡丹中的金牡丹，其珍贵之处在于其颜色是纯正的黄。花卉中能开出纯正黄色的花很少见，而牡丹中的纯黄色更是罕见。

洛阳理工学院牡丹园种植有日本牡丹品种——岛锦。岛锦花色鲜艳，一花双色，该品种成花率高，属于复色类牡丹品种，菊花型或蔷薇型，花蕾圆形不湛口。花瓣大，质润而硬，排列整齐，有纯红、半红半粉、红条粉条相间等颜色。岛锦牡丹风姿绰约，丰腴婀娜，堪称复色牡丹中精品。一片片繁花似锦的花海中，岛锦独艳枝头，在静谧的花园中释放一种强大的力量，使原本亮丽的花园更加熠熠生辉。

洛阳理工学院牡丹园牡丹品种繁多，有国内精品、国外品种，是中外牡丹特色之荟萃。更为难得是濒临牡丹园种植了成片的牡丹伴侣芍药。花界称牡丹是"花王"，芍药是"花相"，王离不开相，相离不开王，两者相得益彰。芍药是草本植物，其花开在牡丹之后，论色彩、论花型、论艳丽，芍药一点不逊色牡丹，但芍药甘当花相，屈居牡丹之后，牡丹开后她才开，为牡丹保驾护航，铺路守望，高风亮节可见一斑。"庭前芍药妖无格，池上芙蕖净少情。"此中道理深刻，令人深思；做人当如芍药，摆正自己位置,不同他人争锋,他人退场后,才悄然展现自己的美丽。

洛阳理工牡丹园是莘莘学子的雅乐之园。课余时间红衣少女、翩翩少年徜徉于此,流连忘返。这里是花的世界,卉的海洋,读书的艰辛,研创的枯燥,成长的烦恼等,践足于此,一切皆消。美丽的鲜花,精妙的大自然,让一切都变得无比美好! 洛阳理工学院牡丹园,被师生们亲切地称为——求知路上的加油站,陶冶身心的美容院!

洛阳理工学院牡丹园还是一个获取文学知识的乐园。牡丹园东侧有著名作家李准先生的铜像,李准先生是洛阳孟津人,生前曾任洛阳大学名誉校长。他的成名作是《不能走那条路》,深受毛泽东主席的称赞;他的代表作是《黄河东流去》,是近代河南的磅礴之作;他艺术创作的高峰是电影剧本创作,《李双双》《牧马人》《高山下的花环》《大河奔流》等,脍炙人口,经久不衰。

洛阳理工牡丹园还是学习中国传统思想文化的黉堂。牡丹园南边,有两面著名的文化墙,把中国儒学发展的脉络讲述得非常清楚。更为难得的是,园中还有四尊中国思想家的巍峨铜像,他们是孔子、董仲舒、程颐、程颢。伟人挺立,文脉绵长,潜移默化,浩浩汤汤。步入洛阳理工学院牡丹园,看到的是牡丹,看到的是鲜花,闻到的是花香,更让人沉醉的是源远流长、博大精深的中华优秀传统思想文化的力量。

洛阳是一座历史古城,洛阳理工学院是一所既悠久又年轻的大学,而其中的一个牡丹园,也不过是众多牡丹园中的一个。许多人对她并不陌生,多次从她身旁走过,多次看她花开花落。牡丹是高洁的,如果你心里有她,时时凝望她、品味她,就一定能发现她与众不同的地方,这就是牡丹,这就是洛阳理工学院的牡丹园!

# 38. 品味洛理　满目皆景

　　近日有两张洛阳理工学院秋景的照片在网上"疯传",被誉为最美的河南高校秋景。实际上洛阳理工学院校园的美景不胜枚举,美不胜收,仅就秋天银杏的景色来讲,就有两处较大的银杏林,一处在王城校区鼎元广场,一处在开元校区在绿园北门外,尤其是绿园北门外的一片银杏林,余日下,两行挺拔的银杏树,挂满金黄的叶子,一派娴静、一派沉稳,显示了大学校园有容乃大的深厚魅力。大学是传播知识的地方,十年树木,百年树人,不急不躁,静看春来秋去,花开花落。

　　洛阳理工学院开元校区南大门是古色古香的建筑,属汉代风格,端庄、大气,透露出一种古典的美、稳健的美。汉代国力强大,体现在建筑上各种建筑形式已经完备,有四阿、歇山、悬山、攒尖、平顶等,除此之外,屋面多直坡而下,很少反宇;檐口、脊多是直线,很少看到曲脊和起翘的例子。屋顶瓦当均为全圆瓦当,纹样很丰富。有动物纹,如四灵:青龙、白虎、玄武、朱雀及龙、凤等,还有一些描绘自然现象的云纹、火焰纹等纹样。高校是传播文化的地方,大门也是文化的重要标识。

　　洛阳理工学院王城校区东大门是一座现代气息颇为浓厚的大门,正对洛阳南北的主干道王城校区大道,一道带有弧度的门线横空而出,简约、大方、大气,充分体现了理工学院包容万物、格物致知的硕大胸怀。这道大门不仅是王城大道上的风景线,也是学校的标志性建筑,有人称此大门为"长虹卧波"。长虹卧波本是大禹治水时的一个典故,用在学校的东大门,使之更有一番意境。

洛阳理工学院开元校区文萃园矗立着四位历史名人的铜像，最早建的一尊是孔子铜像，是由香港孔子学院院长汤恩加先生捐赠的。汤恩加先生是孔子文化宣传的大家，他在国内著名大学，包括北京大学、中国人民大学等捐赠同规格的孔子铜像若干尊，洛阳大学据说是他在河南高校捐赠的第一尊，其目的是弘扬中华传统文化，勿忘中华文化的根。现在的文萃园，芳草萋萋，绿树成荫，无数的学子在此神交圣人，读书休憩，流连忘返。

洛阳理工学院文萃园中有一尊程颢的铜像，由香港孔子学院院长汤恩佳先生捐赠。汤恩佳是原洛阳大学的老朋友，多次来洛参加学术会议，指导工作。程颢是程颐的哥哥，北宋著名的哲学家、教育家、理学的奠基者，"洛学"的代表人物。在学术上提出了"天者理也"和"只心便是天，尽之便知性"的命题，认为"仁者浑然与物同体，义礼知信皆仁也"。程颢和其弟程颐学于周敦颐，世称"二程"，是中国学术史上的"高山"。

洛阳理工学院所立的第三尊铜像是程颐像，由洛阳民间人士筹资所建。程颐，洛阳伊川人，世称"伊川先生"，北宋理学家、教育家，程颢之胞弟。他的学说以"穷理"为主，认为"天下之物皆能穷，只是一理"，主张"涵养需用敬，进学在致知"的修养方法，目的在于"去人欲，存天理"。其著作有《周易程氏传》《遗书》《易传》《经说》等。程颐是中国超大师级人物，其学说与朱熹一起，并称"程朱理学"。

洛阳理工学院开元校区文萃园中的董仲舒铜像是河洛董氏文化研究会捐赠的。该铜像造型古朴、生动、睿智，表现了汉代大儒董仲舒"罢黜百家，独尊儒术"的气魄和风度。董仲舒是儒学发展历程中一个承先启后的大思想家，经他倡导，儒家学说被中央政府定为"大一统"的层面，成了上层建筑中必须遵从的至高无上的信条。董仲舒的学说，对于加强中央集权，统一人们思想，促进社会进步发挥了巨大的作用。儒家学说，提出在孔子，发扬在董子。

洛阳理工学院还有一尊现代名人雕像——李准铜像。李准先生是原洛阳大学名誉校长，他多次说过，百年以后要魂归故里，要在学子们朗朗的读书声中长眠。原洛阳大学满足了先生的愿望，请著名的雕塑艺术家胥建国设计制作了李准先生的铜像，在国家现代文学馆、家乡父老、孟津县委、洛阳大学师生的深情瞩目下举行了隆重的铜像安放仪式。这位邙洛走出去的汉子，又回到了生他养他的地方。山川常绿，绿水长流,李准,这棵"风中之树"永远挺立在历史的潮头!

洛阳理工学院开元校区有个著名的广场——"太学广场"。太学广场立有高仿的西晋咸宁四年的"大晋龙兴皇帝三临辟雍太子义再莅之德隆熙之颂碑。俗称"太学碑""辟雍碑"。"太学"这一称谓源于西汉大儒董仲舒语:"太学者,贤士之所关也,教化之本源也。"《说文》"太学"条云:"后世凡言大而以为形容未尽则作太。"所以,"太学"称谓本身就是对以往教育的革新。洛阳太学自西汉至北朝,历经数百年,是世界东方的第一所国立中央大学,尤其是东汉太学,人数最多时达三万人,是中国教育史上的奇葩。洛阳理工学院居先天之慧地、继太学之余续,弦歌不辍,华章永奏!

洛阳理工学院开元校区"太学"广场西边还有一排石刻,上书大致有三项内容:洛阳太学发展演变历史;东汉太学著名经师;三体石经等,前两项由洛阳书法家协会副主席、著名书法家、我校老师郭朝卿先生用汉隶倾情书写,结体紧凑,高古大气,气度凛然。三体石经是原太学门前石经,由古文、小篆、隶书书写而成,太学广场所立是摹本。三体石经、熹平石经是当时太学的官方统一教材,建成之时学习观摩者不绝于途,叹为观止,由此诞生了中国旅游接待业。辟雍碑、三体石经、太学经师等构成了太学广场深厚的文化内涵,是具有深邃内容的文化广场。

洛阳理工学院开元校区还有一个著名的广场——"九九"广场,广场不太大,半圆形结构,很聚气、很独特。九九广场因1999年12月建成,故名九九广场,寓意为洛阳高等教育历史悠久、新时期高等教育长长久久、薪火相传。九九广场见证了洛阳理工学院前身之一——洛阳大学的发展:开工典礼、竣工典礼、迎新、校庆、文艺演出等,尤其是1999年12月洛阳大学异地扩建取得成功,在新区正式开始上课,是洛阳高校中第一所在新区开始授课、运转的高校,被称为"新世纪的第一枝报春花"。九九广场是"青青子衿"放飞远大理想的地方。

洛阳理工学院开元校区有太学广场、九九广场,王城校区有个鼎元广场。"鼎"者,鼎立也;"元"者,开元也;合在一起,寓意着洛阳理工学院鼎立河洛大地,继承光辉灿烂的河洛文化,开创洛阳高等教育,尤其是应用技术型大学教育的新纪元。鼎元广场是学校最大的广场,文艺演出经常在此举行,鼎元广场绿植很有特色,所植的银杏、香樟鳞次栉比,郁郁葱葱,南面的背景——图书信息大楼巍峨壮观,让人深感办学底蕴的深厚与知识力量的支撑。鼎元广场是王城校区诸多建筑布局中的一段"留白"，昭示着学校转型发展的美好未来。

洛阳理工学院开元校区有一座标志性的建筑，半圆形图书馆，它与向北一字排开的四座教学楼用连廊连在了一起，象征着开启知识大门的钥匙。该图书馆曾经是河南高校比较大的图书馆，因造型独特，在社会上小有名气。该图书馆上方，有时任全国政协副主席张思卿先生题写的馆名。张思卿先生是洛阳七里河人，曾任湖北高院院长、省委政法委书记，国家副检察长、检察长，是洛阳走出去的副国级领导人，他情系河洛学子，欣然命笔，书写了馆名。

洛阳理工学院开园校区的国际学术交流中心，楼不算高，但因为有著名书法名家题写名字而声名大振。该楼的名字是由原河南省书协副主席、河南省政协常委、洛阳市书协主席李进学先生书丹，李先生是享誉海内的书坛大家，从小开始临摹魏碑，龙门二十品是他最钟爱的师傅，反复揣摩，娴烂于心。李先生冬练三九，夏练酷暑，深得魏碑真味，遂成名贯神州的魏碑大家。得知原洛阳大学建成国际学术交流中心，先生慷慨奉献墨宝，光大洛阳之高教事业。

洛阳理工学院以理工见长，但人文底蕴深厚，人文方面有河南高校独特的五个馆。第一个馆就是李准纪念馆，收藏有李准先生的手稿、藏书、墨宝、文房四宝、所有他自己作品及茅盾文学奖的奖章等珍贵藏品百十余件，这些珍贵的物件，是先生生前所挚爱，因为是同乡的关系，加之还是亲戚，先生逝世后，经过持之以恒地工作，先生夫人及家人郑重作出抉择，把这些东西捐给洛阳大学，建专馆以志纪念。馆名由时任河南省高工委副书记、教育厅副厅长著名书法家王际欣题写。

洛阳理工学院开元校区图书馆有一个全省高校闻名的精品墓志馆，该馆由洛阳书协副主席郭朝卿老师题写馆名，珍藏有唐宋墓志50余方，其中不乏精品。如以草书见长的唐代竹府君墓志、隶书见长的姚爱同墓志、楷书见长的王硕人墓志等；更有学术价值颇高的唐代李释子墓志、支谟墓志等；还有反映中韩历史交往的百济熊川人弥寔进墓志等。还藏有汉代黄肠石、带有名号的汉代空心砖、虎头篆顶墓志盖等珍贵文物，是学术研究、素质提升、传统文化教育的绝好实物教材。

洛阳理工学院还有一个名气很大的馆——李进学艺术馆。该馆是原河南省书协副主席、洛阳书协主席李进学先生慷慨捐献书画作品而建的。李进学先生，洛阳伊川人，曾是洛阳某国营大厂的工作人员，工作之余，挚爱书法，尤喜魏碑，几十年的勤学苦练，遂成国内外知名的书法大家。他高风亮节,气魄宏远,毅然把自己珍藏的名人字画,如齐白石的、石鲁的作品等,还有自己创作的绘画、书法精品总计 200 余幅,捐赠给洛阳理工学院永久收藏。洛阳理工学院深为敬仰,建专馆以志纪念。李进学艺术馆是洛阳理工学院的名片,无时无刻不在诉说着李进学先生崇高的境界及其背后的感人故事。

洛阳理工学院九都校区有一个独特的馆——艺术设计展馆,利用原来的图书馆改造而成,是一个 U 字形的展馆。该馆用途多样,每年艺术设计学院学生毕业作品展在这里举行,就业推介会在此举行,艺术学院教师的各种设计展、画展在此举行,同时,也经常举行外聘专家的室内设计展、画展、摄影展等。该馆是产教融合的一个平台,搭建的是学校同社会、同产业甚至同政府的桥梁。

洛阳理工学院王城校区图书信息大楼地下室有一个反映学校发展历史的校史馆。原来的校史馆在行政办公楼一楼,为了迎接教育部的本科合格评估,展现学校办学历程,尤其是展示 2007 年合并升本以来学校的目标定位、党建思政、人才培养、专业建设、学科发展、学生工作、人才建设、师资队伍、行政管理、基本建设、后勤保障等方面取得的成绩。校史馆由本院艺术设计学院设计施工,通过声光电等现代手段介绍学校的发展进步,是一个高水平的学校发展的缩影,具有可视性、可读性和震撼力。

洛阳理工学院王城校区人文积淀十分深厚。这个校区过去是原始人类生活的一个遗址——烁李遗址,属旧石器到新石器的遗址,是洛阳市的文物保护单位。学校所占的地有一部分是八里洼村的,在原八里洼村有一个著名的“关老爷庙”,祭祀关公的,过去香火比较旺盛,是附近十里八村的“保护神”,新区建设时,雕像被移走。洛阳理工学院新区两个校区底蕴深厚,是文脉传承的理想之地。

洛阳理工学院开元校区有两个历史名胜,一个是位于校区东北角的“刘阁老坟”,另一个是从校区穿校而过的“大明渠”。刘阁老,即明代内阁大学士刘健,学校所在地魏屯人氏,是明朝中期辅佐过数位皇帝的股肱之臣,史书上有很好的政声,刘阁老坟是洛阳市的文物保护单位。

大明渠是明朝时期开凿的人工渠,目的是灌溉洛河以南的百姓农田,是一项久而有之的富民工程。如今,物是人非,历史的积淀以独有的方式服务着后来的人们。

洛阳理工学院王城校区公共教学楼西门墙壁上镶嵌有周恩来总理

的亲笔字"为中华之崛起而读书"。这是周总理在少年时代立下的宏伟志向，表达了为国家和民族而奋斗终生的责任感和使命感。我们学校在教学楼醒目位置书写这 9 个大字，就是让每个学子学习周恩来总理的这种精神，博览群书，全面发展，求真务实，勇于创新，做一个有理想有道德有文化有纪律的高素质人才，为强国富民而奋斗！

近日校友总会成立暨学校 60 华诞，上海校友会给学校捐赠了一件独特的物品——"日晷"，摆放在王城校区鼎元广场北端，蓝天白云，亭亭玉立，量光测影，引人注目，是一件具有科学意义的纪念品。"日晷"，又称"日规"，是人类古代利用日影测得时刻的一种计时仪器，其原理就是利用太阳的投影方向来测定并划分时刻，通常由晷针（表）和晷面（带刻度的表座）组成。利用"日晷"计时的方法是人类在天文计时领域的重大发明，这项发明被人类沿用长达几千年。校友捐赠这件东西，寓意深刻，希望母校只争朝夕，有更大发展；希望后昆珍惜光阴，探物究理，有更多创造创新。

洛阳理工学院是省级园林化校园，校园绿树成荫，芳草成碧，文化石随处可见。王城校区公共教学楼前散落着几块奇石，其中一块较大的石头上刻写着"攀登"两个大字，非常随意，非常潇洒，非常飘逸，是著名历史小说家二月河亲笔所写。二月河，出生于山西昔阳，南阳作家群领军人物，代表作是著名的清朝帝王系列。"攀登"二字是他来原工业高专作学术报告时所写，意即激励学子不断攀登，取得素质学业诸方面的更大成绩。

洛阳理工学院王城校区行政办公楼前有个小喷泉，内置一块独特的奇石——太湖石，喷泉开启，水淋湖石，一片祥和，是一处江南园林式的玲珑景观。湖石，又称太湖石、窟窿石、假山石，是由石灰岩遭到长时间侵蚀后慢慢形成的，分有水石和干石两种。太湖石通灵剔透，最能体现"皱、漏、瘦、透"之美。行政楼前有这样一块奇石，一下子提高了人们的审美情趣，恍惚置身于"仙境"之中，工作起来不亦乐乎。

洛阳理工学院校园里有许多美化环境的文化石，有的是校友捐献的，有的是规划时有意放置的，或在大门口，或在大路旁，或在显要地，与环境相协调，起到了环境美化的"点睛"作用。如王城校区东大门的白色花岗岩奇石，是水泥工艺专业毕业三十年捐献给母校的，由著名书法家李进学先生书写"镌铭"两个大字，深深体现校友对母校的一片情意。石聚天地气，文蕴师生情；上天巧造化，方寸大乾坤。石头是大自然的造化,石头是有灵性的,石头摆在哪里,哪里就是一个景观,若与此地的相地条件吻合,就是一个完美的画卷。在现代园林造景中,各种奇石的运用如雨后春笋,如泰山石、黄河石、灵璧石、太湖石等,反映了社会的进步,审美情趣的提高和人们对生存环境高品位的追求。说到奇石,唐代李德裕有诗赞曰:"蕴玉抱清辉,闲庭日潇洒。块然天地间,自是孤生者。"每一块石头都是独特的,只要会欣赏,就会有与众不同的魅力。

洛阳理工学院校园中有一些传统建筑中的小品,如王城校区的静心亭,开园校区的望岳亭。亭子在中国传统建筑中是以小见大的东西,亭的最早意思是"停",长亭相送,即是此意,后延伸为小官吏,如"亭长",刘邦曾做过此职。但后世更多的意思是观景的小型建筑,一般建在风景比较好的地方,眺望秀色,放松心情。我校的亭子即有此意,莘莘学子,学习之余,静心屏息,欣赏风景,舒缓心情,动静结合中感悟生活,放飞理想。

洛阳理工学院王城校区东北角有一块绿地,绿地上有一大一小的膜结构建筑,是学校很有特色的建筑。膜结构又叫"张拉膜结构"(Tensioned Membrane structure),膜结构建筑是 21 世纪最具代表性与充满前途的建筑形式,打破了纯直线建筑风格的模式,以其独有的优美曲面造型,简洁、明快、刚与柔、力与美的完美组合,呈现给人耳目一新的感觉,是美丽理工的有机组成部分,更是莘莘学子读书休憩的好去处。

洛阳理工学院校区中小桥流水,景色宜人,是教书育人、环境育人的理想之地。洛阳理工学院的桥比较多,有拱桥,如冬韵;有直桥,如鼎元、明德;有曲桥,如春咏、鹤鸣等。造型独特,风情万千,桥上观景,桥上观鱼,桥上凭栏,给人带来遐思无限。桥是连接性的独特建筑,桥的构建体现了许多奇思妙想。洛阳理工学院的桥架起的是学生与知识,联通的是学校与社会,沟通的是人才与行业,通达的是理想的彼岸。转型发展,连接社会,是应用型大学的不懈追求。

洛阳理工学院开元校区图书馆西北边的湖,是有名的"大明湖",因是汇集的大明渠的水故而得名。原来仅是一条灌溉渠,因原洛阳大学在此地建新校区,在设计中就围绕中心建筑图书馆楼,规划了大明湖,并用人工的力量让大明渠改道,形成了今天环绕大半个图书馆的大明渠。大明湖长桥卧波,岸边杨柳垂丝,芳草萋萋,桃李芬芳,荷花飘香,是河南高校中一处享有美名的湖水景观。

洛阳理工学院王城校区有一个精致的湖泊——镜月湖。镜月湖面积不大，平静的湖面像镜面一样能照清人的面庞，十五的月亮也清晰地映照在水中央；湖边杨柳依依，碧波荡漾，莲荷飘香，不时惊起几只水鸟，划破寂静；湖上一曲弯桥卧波，行人或驻足观景，或漫步走过，留下无尽遐思；湖中有一喷泉，须晴日，仰天一喷，气象万千。学校有了水，才有了生气，正是这源头活水，滋润着莘莘学子，不断汲取知识的营养，成为国家的栋梁之才。

洛阳理工学院有一道亮丽的风景，就是运动场所多，王城校区两个标准化的塑胶运动场，一个风雨球场，数个标准化网球场、篮球场；开元校区两个标准化塑胶运动场，一个网球馆，一个小型室内运动馆，6块标准化网球场及一些标准化篮球场等；九都校区有一个运动场及篮球场、排球场等，至于三个校区的乒乓球台，也是随处可见。运动场地是满足体育教学和身体锻炼的必备条件，也是展现师生健康理念和矫健身姿的大平台。

洛阳理工学院的秋天是很美的，尤其是国庆节的时候，学生大都回家了，教师大都旅游了，校园一片静谧，这也是一种难得的现象，难得的沉静。漫步在校园，有一种特别的感觉。文武之道，一张一弛。这种"静"蓄存着动能，就像充电，充的时候是静的，但它是为"动"服务的。真正的、有活力、走得长远的单位和个人，都不是一直处于亢奋状态，停下来，"看看风景"，静下来"无为而思"，沉下来"八面观风"，也不失为一种美好的情景。

在秋日阳光的照耀下，开元校区文翠园的木瓜熟了，满树都是，在蓝天白云绿草地的映衬下分外美丽。文翠园的木瓜是十多年前美化校园时从南阳山里移植过来的，属蔷薇科植物木瓜，也叫北方木瓜、宣木瓜，多用来治病，不易鲜食。它特有的木瓜醇能清心润肺，还可以帮助消化、治胃病，具有抗肿瘤功效，还有较好的舒筋活络作用，为治风湿痹痛所常用，著名药方有木瓜煎。文翠园木瓜硕果累累，不正象征着我校升本以来的茁壮发展吗？

与此同时，王城校区鼎元广场的银杏熟了，像串串金珠挂满枝桠。银杏是现存种子植物中最古老的孑遗植物，专家常把银杏与恐龙相提并论，有"植物界的大熊猫"之称。其果子叫银杏果、子孙果、白果等，白果的价值主要体现在食用和药用上，其味甘、微苦、性温、有小毒，能温肺益气,定喘咳,止带滞,止泻益脾。能抗衰老、保护肝脏、降低血脂。串串银杏,昭示着洛阳理工前程似锦,硕果喜人!

洛阳理工学院的女贞也不甘落后,女贞果像颗颗碧绿的珍珠,披满树身,构成了学校一道亮丽的风景。学校绿化中用的女贞树比较多,女贞为木樨科女贞属常绿灌木或乔木。女贞为亚热带树种,枝叶繁茂,树形整齐,是近些年洛阳常用的绿化观赏树种。女贞的果实称女贞子,成熟时红黑色,具有滋养肝肾,强腰膝,乌须明目的功效,能降血糖,抗肝损伤等作用。遗憾的是女贞树太多了,如何综合利用尚无良方,让果实白白坠落,既然此物对健康如此重要,相信不久的将来,肯定会有人瞄准这里,发点"洋财"。

洛阳理工学院开元校区东运动场西侧有一排比较独特的树——杜仲树。杜仲树是我国特有的珍贵树种,属落叶乔木,其树皮为珍贵滋补药材。作为行道树,是校园一道亮丽的景观,为学校平添了许多魅力。杜仲是一种比较好的中药材,补肝肾,强筋骨,治高血压,腰脊酸痛,足膝痿弱等。校园绿化美化讲究多样性,既美化环境,也普及自然界许多知识,起到环境育人之作用。

洛阳理工学院种植有许多竹子,如开元校区国际学术中心东边,琇园门前、绿园六号楼前,行政办公楼南侧等。古人云,宁可食无肉,不可居无竹。松竹梅经冬不衰,因此被称作"岁寒三友"。竹子傲骨迎风,挺霜而立,精神可嘉,象征着君子之道。郑板桥有诗赞曰:"咬定青山不放松,立根源在破岩中;千磨万击还坚劲,任尔东西南北风。"高校要培养有学问有气节的人,一旦国之有需,立马驰骋向前。

洛阳理工学院是园林化校园,所植树木种类繁多,在王城校区环化楼前有两株十分独特的日本樱花树,是从洛阳工业高专老校区移植过来的,是正宗从日本"带"过来的品种。当时,洛阳市同日本的冈山结为友好城市,冈山赠送给洛阳市的珍贵树种就是这两棵樱花,是作为友好城市象征捐赠的,洛阳市政府又把此树专门种植在洛阳工业高专,象征两座城市的深厚友谊。日本樱花早春观赏树种,着花繁密,满树灿烂,花色粉红,绚丽多彩,象征着友谊,也象征着高等教育事业繁花似锦。

洛阳理工学院开元校区太学广场北侧和文翠园南侧有两个著名的紫藤长廊,是学子读书、休憩、交友、畅想的美好场所。紫藤,别名藤萝、朱藤等,一种落叶攀缘缠绕性大藤本植物,春季开花,花紫色或深紫色,十分美丽。过去洛阳民间缺吃少穿的时候,曾把紫藤花焯水凉拌,或者裹面油炸，制作"紫萝饼""紫萝糕"等风味面食，味道特别，令人长久回味。紫藤长廊的紫藤是新区校园建设时种植的，十多年前还是幼苗，如今根深、藤粗、叶茂、花繁，静坐此处，使人如沐春风，流连忘返。

洛阳理工学院开元校区还有河南高校有名的文萃牡丹园。文萃牡丹园牡丹品种比较多，有姚黄、赵粉、凤丹、洛阳红等传统品种，也有从日本、韩国引进的新品种，主要种植在孔子铜像附近。洛阳理工文翠牡丹园的牡丹，是大学生的最爱，每到牡丹花会，前来观花的各地学生比较多，看花不花钱，顺带"逛"校园，用"花如海，人如潮"来形容一点也不夸张，这就是大学校园的牡丹花，有胸襟，接地气，受欢迎，没有辜负青春好年华。

# 39.洛理博物馆　文化满校园

　　洛阳理工要搞"美在理工"征文活动,勾起对理工美的美好回忆。理工美,美在文化、美在底蕴、美在中国高校独有的四座资教育人的博物馆。这四座博物馆是李准纪念馆、洛阳精品石刻馆、李进学艺术馆、教育博物馆。

　　洛阳理工的四座博物馆,最先动议建的是精品石刻馆。精品石刻馆,实际上就是古代墓志铭馆。"生在苏杭,葬在北邙"是古人关于生死的两个至高选择,苏杭是江南水乡,物华天宝,经济富饶,是最佳人居之地。北邙是万吉之地,人称"卧牛",不光葬有百余名皇帝、王公大臣、名士达人等更不可胜数。正因为如此,邙山出土的名人墓志铭彪炳史册,填补历史空白。

　　洛阳理工精品石刻馆源于洛阳大学时期的收藏。2000年,自己奉调到洛阳大学担任副校长,此时开始,学校有计划地开展墓志铭的收藏工作。当时学校的主要领导很支持这项工作,洛阳市文物界的专家蔡运章、赵振华、朱亮等,洛阳收藏界、传拓界的名流李鑫毅、李凯、杨正民等多次光临学校指导,经过一段时间的努力,收藏了一批相当有影响的名人墓志。

　　洛阳理工学院精品石刻馆收藏石刻精品百十余件,有墓志铭、黄肠石、刻字筒箍砖等,价值比较高的当属唐宋名人墓志。如著名的百济熊川人祢寔进墓志,这是继韩国人扶余隆、黑齿长、高玄等之后的又一极具价值的墓志。墓主人是正一品的并番官,对研究中韩关系,学术意义巨大。韩国首尔电视台曾就此方墓志采访过洛阳大学，对墓志的发现者、研究者及本人给予很高评价，并邀请本人到韩国讲学。

洛阳理工学院精品石刻馆还收藏有唐代支谟墓志、李释之墓志、姚崇侄子姚爱同墓志、宋代王硕人墓志等，这些墓志学术价值极高，填补历史记载之阙如，在唐代边关少数民族关系研究中、中韩古代关系研究中、都城建设研究中等，具有非常重要的作用。墓志铭是石刻的历史资料、珍贵的实物资料，随着时间的推移、研究的深入，其学术价值是难以估料的。正可谓：石聚天地气，文载万古情，收纳精舍中，以待学人证。

李准先生是著名作家，也是我的姑父。他夫人董爽是我本家姑姑，李准先生写的小说《李双双小传》其原型就是董爽。我姑姑后来在姑父的指导下也写小说，笔名叫董冰，写的小说亦颇具影响。当年为建李准纪念馆，自己还是费了一番功夫的，当时自己在南开大学攻读博士，每到周末，就到北京虎坊桥看望姑姑，主要做姑姑的工作把东西捐给洛阳大学。功夫不负有心人，后来终于说通姑姑及表兄李克勤，把有关物品捐给学校，为建纪念馆奠定基础。

李准纪念馆最大特点是资料翔实，有手稿、有书法、有收藏、有朋友之间唱和等；另一特点是能反映李准跌宕起伏的人生，从《不能走那条路》，到《李双双小传》《牧马人》《黄河东流去》《高山下的花环》等，把作者的一生淋漓尽致表现出来。李准是时代的李准，李准是与时俱进的李准，当然，李准也是乡土的李准，所以他愿回归故土，伴随学子读书声长眠！

洛阳理工学院还有李进学艺术馆。李进学先生是著名的书法家、绘画家，曾任河南省书法家协会副主席、洛阳书法家协会主席。该馆是洛阳理工学院组建后成立的，占地700平方米，藏品300余件，主要有李进学先生的书法精品、绘画精品，还有李进学先生收藏的全国著名书法、绘画大师的名品及李先生收藏的文玩、摆件、匾额、拓片等，是国内高校为数不多的名人艺术馆。

李进学先生是洛阳书画界的领军人物，书画俱佳又潜心字画收藏。他捐给学校的名人佳作甚多。如齐白石的枇杷图、石鲁的画作、于右任的书法、郭沫若的书法、沈鹏的书法、张海的书法等，让人目不暇接，置身其中，恍若走进高水平的美术馆，书坛画坛一些代表性人物的作品闪现眼前。这些收藏是李先生多年积累的结果，为了高等教育事业发展，他无私地捐给了学校。

李进学艺术馆还有一大特色,就是集中展现了李进学老师书法、绘画艺术的独特风格与魅力。李老师善魏碑,把魏碑写到了出神入化的境地。魏碑起源于洛阳,龙门二十品就是其典型代表。李老师龙门南伊川人,受龙门碑学的深刻影响,在浸润中又有新的弘扬,形成了刚劲有力、稳健扩张的独特书风。李老师的绘画,更是独特,尤其梅花、牡丹、佛陀等,沧桑中透露出一种典雅的美。

李进学艺术馆在河南高校乃至全国高校影响很大,开创了艺术家同高校联袂共同培养人才的先例,如今,每到开学,新入学的学子总要到艺术馆观摩学习,领悟博大精深的绘画与书法,在艺术的海洋尽情徜徉,同时,该馆建在图书馆楼,亦极大丰富了图书馆的馆藏,成为学校一张亮丽的名片。

洛阳理工学院还创建了一个教育博物馆,是引进社会资源,采取学校同合作人一同联袂创建的。合作人晁会元先生是河南南阳人,长期在洛阳工作,著名古籍收藏专家,晁先生是我多年的朋友,也是洛阳、河南收藏界的大佬级人物,他收藏的洛阳近现代名人的典籍资料可谓空前绝后、蔚为大观。尤其他收藏的明代金陵本《本草纲目》,是国宝级著名的善本书,属凤毛麟角类的,十分珍贵。

教育博物馆是全国为数不多的专题性博物馆。用大量实物资料详细阐释了中国教育的发展历史,特别对科举制度、洛阳太学等有系统的展示、有诸子百家、有试卷、有模拟考场、有三体石经拓片等。想了解中国的教育发展演变,此馆是难得的殿堂级观览场所。一校四馆,个个熠熠生辉,为莘莘学子提供了独特的学习研修体验。

一个大学有精品石刻馆、李准纪念馆、李进学艺术馆、教育博物馆四座不同类型的馆舍,这是何等的文化现象?确实引起人们的深思。尤其是洛阳作为河南省的副中心城市,在文化创新中提出的目标是打造"东方博物馆之都",高校的这种文化自觉,恰恰契合了政府的发展方向,这不能不说是一种协同与配合。

洛阳理工是一个以工科为主的学校,但在人文类专业建设上没有松懈。特别是利用名人资源、当地资源建起的四座博物馆,或言博物馆综合体,是办学理念及内涵的一个突破。凡是有利于人才培养的、有利于教学目标实现的、有利于学生体验的就大胆去做,这个方向没有错,仅此就值得许多学校去学习借鉴。

作为一个文科的教授、学校当时的副校长,在创建诸个博物馆的过程中自己做了一些力所能及的工作，对此自己深感欣慰，且感慨良多：一个教授不仅要教书写论文，还要关心社会、了解社会，善于调动社会资源、文化资源为高等教育事业所用，在洛阳师范学院是这样，创建了历史系文物标本室；在洛阳大学、洛阳理工学院是这样，促进多个文化教育实体诞生。

每一所高校，都有自己的亮点，甚至亮点还不止一个。但这几个魅力四射、独具特色的博物馆可以说是洛阳理工的亮点、大亮点之一。提高了学校的知名度、美誉度；扩大了学校的教育资源、研究资源；更重要的是为我们的学生打开了广袤无垠的知识大门，勾起了学生无尽的生活遐想，当然更给师生留下了回眸中的凝望！

# 40.河南与红军长征

　　近日,举国上下在隆重举行红军长征胜利 80 周年纪念活动,意义深远重大,启示刻骨铭心。忘记过去意味着背叛,艰难困苦,玉汝于成。一个不忘过去艰苦岁月的民族,一个"不忘初心"的伟大政党及其成员,是我们继续前进的不竭动力。不忘初心,走好新的长征路,实现民族的伟大复兴!

　　过去以为红军长征同我们河南没有关系,殊不知河南也是红军长征的出发地,更是红军长征的先锋。这就是著名的红二十五军长征,1934 年 11 月 16 日,红二十五军 2900 人,奉中央指示,从河南省罗山县何家冲出发,向平汉线以西转移,开始长征,经过艰苦卓绝的斗争,粉碎敌人两次"围剿",于 1935 年的 9 月到达陕甘苏区,同西北红军会师。红二十五军长征历时 10 个月,途经 5 个省,行程 5000 多公里,人员增加 800 余人,为红军增加了新鲜血液。毛泽东曾称赞红 25 军的长征为中国革命立下了大功。

　　红二十五军的长征还途经洛阳的嵩县和栾川。据史料记载,红二十五军 1934 年 12 月初进入嵩县车村,然后进入栾川的十八盘、庙子镇等地,最后从栾川离开,在洛阳的行程有 400 多里,还同当地的反动武装"十大连"等有过数次交手,结果是红军连战皆捷。因为当时的任务是战略转移,向鄂陕甘挺进,故没有久留,清理战场后就很快离开了,但红军活动的踪迹,留下的故事,仍在民间传颂。

　　红二十五军长征走过的这一段路,尤其是豫鄂陕交界的这段路,十分凶险，易遭围歼，历史上曾有至少两支比较大的"武装"走过这条路，一支是"白朗起义"，一支是"老洋人"土匪，这两支队伍人数比较多，都达万余人，一开始气势都比较大，打得"官军"猝不及防，但最后还是没能打出去，被消灭在鲁山汝州一带，闹了个"昙花一现"，原因何在？他们是土匪武装，一盘散沙，不堪一击。红25军则不然，他们是党的队伍，是一个整体，有斗志，有目标，这就是有理想的队伍和乌合之众的区别。

红二十五军长征，十分艰难，打破敌人两次"围剿"，激战无数，付出了巨大牺牲。第一次反"围剿"，打退了国民党11个团的进攻；第二次反"围剿"，打退了30多个团的进攻，仅"袁家沟战斗"就歼敌1700多人。"独树镇战斗"是红二十五军生死攸关的一次血战，一个红军要对付几个敌人，激烈的血战使红军死地求生。沿途战斗中政委吴焕先牺牲，军长程子华左手被打断，副军长徐海东受重伤……这就是英勇善战的红二十五军，共和国的旗帜永远铭刻着他们的英名。

红二十五军长征是红军长征的开始，途经安徽、湖北、河南、陕西、甘肃5个省。它是在与中共中央长期失去联系的情况下，单独转移并先期到达陕北的一支红军。长征途中，抗击数倍于己敌人的围追堵截，不仅没有减员，队伍还有壮大。最可贵的是，在全国各地革命根据地大部分损失的情况下，在鄂豫陕边区播下红色种子，创建鄂豫陕革命根据地，组建红74师，为红军增添新生力量。

说到红二十五军，不能不说到吴焕先。毛泽东曾说："红二十五军远征，为中国革命立下大功，吴焕先功不可没！"吴焕先，河南新县人，1925年加入中国共产党，参加了黄麻起义，创建鄂豫皖苏区和红二十五军，长征时担任红二十五军政委，粉碎了国民党两次重兵"围剿"，创建了鄂豫陕根据地。尤为重要的是，洞察大局，毅然作出西进甘肃，迎接中央红军的决定。不幸在甘肃泾川战斗中牺牲，年仅28岁。

红二十五军长征有一个人起了核心作用，这就是中央特派员，长征时的军长程子华。他是山西运城人，1926年入党，毕业于黄埔军校武汉分校，参加了广州起义，曾任红五军师长，1934年6月受中央委派到鄂豫皖根据地工作，担任红二十五军军长，随着形势严峻，实施战略转移，到达陕南，开辟了鄂豫陕根据地，后担任鄂豫陕省委代理书记，红二十五军政委，1935年7月，西出甘肃，钳制敌军兵力，配合中央红军北上。从红二十五军整个长征过程看，虽然同中央失去联系，但"魂"没丢，"线"没断，这是胜利的关键。

　　红二十五军长征功勋卓著的还有一人,就是徐海东大将。他是湖北黄陂人,当过窑工,参加过北伐战争,参与了黄麻起义。先是红二十五军军长,开始长征时改任副军长,他是一员猛将,善于打硬仗,战斗中受重伤。吴焕先牺牲后,先任政委,后任军长,在创建鄂豫陕革命根据地,西出甘肃,配合中央红军北上等大事上立场坚定,旗帜鲜明,行动有力。邓小平评价他:"对党有一颗红心",毛泽东评价他:"对中国革命有大功的人""工人阶级一面旗帜"。

　　红二十五军原先是红四方面军的一部分,红四方面军主力是开展长征的最早一支红军部队。其分支红二十五军是最早到达陕北的长征红军,到达陕北后先是同陕北红军会合,后合并成立十五军团,再后编入红一方面军。红二十五军和红四方面军均源于鄂豫皖革命根据地。鄂豫皖根据地是首次革命战略转移的发源地,后中央红军开始战略转移,红二方面军也开始战略转移,正是有了这样的战略抉择,各根据地的红军才避免被"各个击破",经过艰苦卓绝斗争,杀出一条血路,而后,浴火重生。

　　红二十五军的长征具有典型意义。首先它和红军三大主力部队长征相提并论,是红军长征的重要组成部分;其次,这次长征比较灵活机智,在敌人的夹缝中寻隙发展,把发动人民群众、打游击战、建立根据地、反包围战等方略运用得十分熟稔;第三,避实就虚,抓大放小,艰难中发展,困顿中图强,创造了许多新鲜的经验,尤其是在重要的关头,策应主力部队,起到了打先锋的巨大作用,保证了整个长征的胜利。伟哉!红二十五军!

　　从河南出发的红二十五军长征是整个红军长征的重要部分。红军长征是一种精神。这种精神就是不怕困难的精神、不怕牺牲的精神、追求真理的精神、勇往直前的精神。二万五千里长征遇到多少困难?上有敌机,下有追兵,路有天险,缺少给养,连续作战,但我们的红军挺过来了;长征路上牺牲了多少红军官兵,上至师长军长,下至士兵,前仆后继,用血肉之躯铺就了一条成功之路;红军将士理想大如天,尽管不知道明天能否在人间,但一息尚存,仍要前进;红军战士是一股强大的"铁流","剑"指之处,所向披靡,没有任何东西能阻挡他们。这就是红军,这就是红军精神。

# 41.传承红色基因　共铸时代伟业

## ——洛阳的红色资源探析

　　洛阳是历史文化名城,文化方面的资源是非常多的,有古代的资源,也有近现代的资源,更有许多影响至深的红色资源。党的 100 年华诞快要到了,梳理一下洛阳的红色资源,缅怀我党在洛阳地区奋斗拼搏的历程,激励我们不忘初心,继续谱写新时代的绚丽篇章,具有重要的历史意义及现实意义。洛阳的红色资源,如中共洛阳组、洛阳八路军办事处、洛阳南部红军长征地、洛阳矿山厂焦裕禄事迹展览馆、洛耐习仲勋纪念馆等,应该说在洛阳、在河南,乃至在全国都是有一定影响的。

　　洛阳的红色资源,首先要提到的是位于现洛阳火车东站,原洛阳站里面机务段河南最早的中国共产党组织——中共洛阳组。我家从三门峡搬到洛阳,就住在火车站对面的洛阳纺织站号称"东坑"的家属院,小时候经常到火车站玩耍,冬天有时候还要到车站内的铁路线上捡煤渣来烧火。那个时候觉得机务段的这组小洋房比较特别,不知那组建筑就是中国共产党在河南、在洛阳的诞生地。当时就感觉那组建筑有些神秘,有些来头,有些不凡。

　　河南最早的党组织,中共洛阳组是在我党早期领袖李大钊、罗章龙领导下,在铁路工人中建立的第一个党组织,也是河南的第一个党组织,从党史的角度讲,中共洛阳组的成立具有开创意义,揭开了中国共产党在河南建党活动的序幕,也揭开了在产业工人中建党的序幕。中共洛阳组诞生地已被辟为纪念馆,纪念馆以其独特的历史及作用入选第一批河南省红色教育基地。也是我省最早的党史党建博物馆。这段历史对河南、洛阳、党史研究及全国工运研究具有很重要的意义。

李大钊是我党的重要创始人之一。李大钊同志是党成立后革命运动的重要领导者。中国共产党成立后,李大钊同志代表党中央指导北方地区党的工作,并担任中国劳动组合书记部北方区分部主任,在党的三大、四大上当选为中央委员。他领导宣传马克思主义,开展工人运动,建立党的组织,掀起北方地区轰轰烈烈的革命运动。洛阳党组就是在李大钊为领导的北方党组领导下,由陇海路的铁路工人在反对洋人工头的罢工运动高潮中诞生的,李大钊同志是洛阳党组诞生的直接领导者。

在洛阳党组成立的过程中,我党历史上另一个重要领袖罗章龙发挥了极大作用。罗章龙是中共早期领导人之一、早年就读于北京大学,曾参加"五四运动",1920 年参加马克思主义学说研究会,并和李大钊发起组织北京共产主义小组,是中共创建时的党员之一。在担任中共北方区委和中国劳动组合书记部负责人期间,先后组织领导了陇海铁路、长辛店铁路工人大罢工、开滦五矿工人大罢工及京汉铁路工人总罢工,是中共早期著名的工人运动领袖。中共洛阳党组的成立,就是罗章龙领导的陇海铁路工人罢工中的特殊成果。

中共洛阳组诞生地纪念馆的前身,是比利时、法国财团在 20 世纪初修筑汴洛铁路(陇海铁路一部分)时修建的机车厂(机务段)办公用房,为欧式建筑风格,占地面积 180 平方米,坐北朝南,面阔三间,前置东西走廊。走廊长约 10 米,宽约 2 米,三间正房每间东西宽均约 3.5 米,南北进深均约 6 米。正房房顶为对称式双坡瓦屋顶。后院为面积约 80 平方米的品字形院落。耳房三间,均为砖木结构,四面墙体皆为青砖砌筑。该建筑保存完整,风格如旧,具有重要的历史文化价值。

中共洛阳组成立的背景是陇海线铁路工人在党的领导下政治觉悟的不断提高。洛阳最早的马列主义传播者是游天洋、白眉珊。1920 年年底,游天洋在陇海铁路洛阳车站谋得一职。1921 年秋,中共北京区委在洛阳建立《工人周刊》发行站,游天洋被聘为发行员和特约通讯员。他利用自己的条件,向工人传阅进步书籍,并用通俗易懂的语言,深入浅出地向工人灌输马列主义思想。针对工人文化水平低,很多人不识字的情况,白眉珊等人开办了工人夜校。在游天洋、白眉珊等先进分子的教育和影响下,工人明确了自身使命,革命情绪十分高涨。

　　1921 年 11 月，陇海铁路工人大罢工爆发，时任中国劳动组合书记部北方分部主任罗章龙受李大钊委派到洛阳会见游天洋，指导铁路工人积极参与这次罢工。罢工以胜利告终，在这种情况下，李大钊、罗章龙介绍游天洋加入中国共产党，成为洛阳第一名共产党员。1921 年 12 月 24 日，面对党旗，游天洋高举右拳，率领斗争中成长起来的先进分子白眉珊、王顺福一起庄严宣誓："我志愿加入中国共产党……"至此，洛阳乃至全省第一个党组织"中共洛阳组"诞生，游天洋任组长。

　　中共洛阳党组成立的时候，条件还比较艰苦，没有党旗，游天洋自己动手用剪纸做成了镰刀斧头，贴在一块红布上，这才完成了宣誓。从此，游天洋等人在洛阳大力发展党员，成立党组织，推动工人运动。在"中共洛阳组"的影响下，郑州、开封、商丘等地纷纷掀起发展党员、设立党组织、成立工会的运动，共产主义的火种在中原大地上熊熊燃烧。中共洛阳党组的成立是工人运动发展的产物，也是李大钊、罗章龙党的先驱精心指导的产物，标志着党的事业同工人运动的结合，也是党指导工人运动的开篇之作。

　　1921 年 11 月的陇海铁路工人大罢工也波及洛阳西边的陕县观音堂火车站。在中共北方党组的领导下，陇海铁路工人大罢工最终取得胜利，推动了中国工人运动第一次罢工高潮的到来，在中国现代工运史上留下了光辉灿烂的一页。继洛阳之后，1922 年年初，在陇海铁路工人运动迅速发展的基础上，中共北方党组开始在陇海铁路各大火车站秘密发展党员，建立中共党组织。观音堂火车站的搬运工符敬宗和水湛寅被吸收为中共党员，这是洛阳地区陕县最早的两名共产党员，从此在豫西大地撒播了红色火种。

　　中共洛阳党组以外，洛阳突出的红色资源还有八路军驻洛办事处，简称"洛八办"。抗战时期，我党领导下的八路军在全国一些重要的地方都设有办事处，如西安八路军办事处、兰州八路军办事处、武汉八路军办事处、洛阳八路军办事处等，办事处是我党和八路军的派出机构，肩负统战、联络、物资采购、输送干部、传递情报等重要任务。"洛八办"地位重要，是红色根据地延安跨过黄河奔赴抗日前线及输送干部到重要岗位的重要桥头堡。"洛八办"把革命根据地延安同黄河以南、以东的广大地区抗战大业连接在一起。

　　对于长期居住在"洛八办"附近农校街的自己来讲，"洛八办"的名字并不陌生，有许多中小学同学居住在贴廓巷，小时候也经常到贴廓巷、马市街、南关一带玩耍,熟悉那里的每一个地方。八路军洛阳办事处旧址位于洛阳市老城区贴廓巷。旧址建于清道光十一年(1831年),至抗日战争前夕,一直由庄氏家族在居住,人称"庄家大院"。抗战爆发后庄氏家族举家搬走,1938年10月,八路军洛阳办事处机关租住此院,至1942年2月撤离,其间一直是我党我军在国统区洛阳设立的一个公开办事机构。

抗日战争爆发,国共两党合作,洛阳是国民党第一战区司令部的所在地,我党在洛阳设立八路军办事处,主要承担了与国民党第一战区的联系和抗战前线的联系,为抗日战争的胜利做出了贡献。刘少奇、朱德、彭德怀、徐海东、彭雪枫等领导同志曾多次到八路军洛阳办事处指导、部署、推进工作。据不完全统计,途经八路军洛阳办事处的我党、我军人员有70多批次,1400余人,转运武器弹药、药品无数,发挥了抗战中枢的作用。

"洛八办"是中共中央和八路军总部直接领导的办事机构,它与西安、武汉、重庆三个八路军办事处一样,具有重要作用。利用它可以开展对国民党军队上层的统战工作,动员广大人民起来抗日,是全国坚持时间较长的八路军办事处之一,被誉为"红色枢纽"。"洛八办"还与洛阳西边的八路军渑池兵站形成犄角之势,在工作策应、物资运输、干部输送、情报传递等方面发挥了独特的作用,有力地支持了前方抗战和政令传达的重要使命。

"洛八办"与革命伟人刘少奇有着很深的关系。"洛八办"成立后,留下十余人在洛阳工作,一部分同志前往渑池并在城东关建立了渑池兵站。如今那里还保留了刘少奇旧居、八路军兵站旧址和豫西特委会议窑洞旧址三部分。刘少奇旧居位于渑池县城海露大街93号,刘少奇在这间普通的民房里曾撰写了政治名著《论共产党员的修养》。后来,刘少奇同志来到"洛八办",在这里继续修改《论共产党员的修养》,并给"洛八办"的工作人员讲解此书的内容,对党员干部进行党性修养方面的教育。

刘少奇同志非常重视"洛八办"的工作,曾三次到"洛八办"指导工作。在洛八办主持召开了重要的豫西省委会议,传达了党的六届六中全会精神和毛主席的《反投降提纲》,指导豫西省委工作。"洛八办"在连接延安与华北、华中等根据地的交通,与一战区的联络、掩护、帮助地方党组织开展工作和情报工作等方面,做了大量而卓有成效的工作,为抗日战争的胜利做出了杰出贡献。

洛阳的红色资源还有重要的、很少有人知道的一项，就是洛阳南部山区也是红军长征的经过地。红军长征的三支大军之一的红二十五军长征经过了洛阳，洛阳的栾川、嵩县是红军的长征地，留下了红军的足迹，留下了红军战斗的故事。这在前面我们已经提及。有这么重要的红色基因，建议条件成熟时在嵩县、栾川红军长征过战斗过的地方设立纪念碑，铭记这段难得难忘的历史。

红二十五军在栾川叫河向卢氏朱阳关进发的过程中，遭到了国民党军队的围追堵截，正常的道路过不去，有重兵把守，危难之中，一个乡村的货郎自告奋勇给红军带路，专走人迹罕至的小路，避开敌人的封锁，顺利到达陕南，为红二十五军长征的胜利提供了至关重要的帮助。当时红二十五军的政委程子华就对他讲，你就是共产党的人啦！遗憾的是这位名叫陈廷贤的人，多次说这个事很少有人相信，尽管程子华也多次派人找，也没在他生前联系上。这就是中国共产党同人民群众血浓于水的关系，为什么要不忘初心，其深刻的原因就在于此！

在共产党打江山的路上，因为是在为人民谋福祉，让人民过上幸福生活，故所到之处都得到了人民的拥护。还拿红二十五军来说，他们在嵩县车村的时候，一方面同当地的反动势力做斗争，另一方面也得到了当地人民群众的支持，车村镇龙王村人齐贤救护红二十五军湖北籍小战士周大让，天桥沟张世珍救护红二十五军小战士雷长有，张世杰救护小战士孟长发等，与当地人民结下深厚感情，这样的故事至今仍在当地传颂。正是有了人民群众的支持，我们的队伍才能所向披靡，攻无不克！

洛阳大有影响的红色资源还有焦裕禄事迹展览馆，焦裕禄是从洛阳矿山机器厂走出去的，洛阳是焦裕禄精神的发源地，从剿匪、反霸、土改等农村工作，到进入国家"一五"规划矿山机器厂现代产业的大厂工作，孕育了焦裕禄精神，洛矿的这段经历，是焦裕禄精神形成极为重要的一段，正因为有了这一段经历，使焦裕禄同志的眼界、干劲、思想等有了质的飞跃，才有了后来兰考工作的突出成就。英雄是在党的培养下逐步成长起来的，洛阳是焦裕禄工作的地方，也是焦裕禄精神形成的重要地方，兰考是焦裕禄精神的集大成地，两地有机衔接，相辅相成，相得益彰。

焦裕禄事迹展览馆位于洛阳市涧西区中信重工园区焦裕禄大道西侧。于2014年6月建成开馆，面积约230平方米。以焦裕禄在洛阳矿山机器厂工作、生活9年的经历为主线,分8个版块,采用文献、实物与多媒体相结合的方式,真实再现焦裕禄在洛阳矿山机器厂的奋斗历程以及"亲民爱民、艰苦奋斗、科学求实、迎难而上、无私奉献"的优秀品格和崇高精神。目前,焦裕禄事迹展览馆已自发成为洛阳廉洁自律、执政为民教育的基地,影响熏陶着无数党员干部。

洛阳有影响的红色教育资源还有一处,就是洛阳耐火厂习仲勋纪念馆,尽管没有大规模对外开放,但自发前去进行党性教育的单位与个人还是比较多的。从1975年5月至1978年2月,习仲勋在我国"一五"期间兴建的国家大型一档企业——洛阳耐火材料厂(中钢集团耐火材料有限公司前身)工作生活了近3年,给洛耐人留下了难以忘怀的深刻印象,也给洛耐留下了一笔宝贵的精神财富——身处逆境,但他对党的忠诚不变,"党的利益放在第一位";遭受错误审查,但他襟怀坦荡豁达乐观,逆境未敢忘忧国,用心倾听群众呼声……如今,重温老革命家在洛耐的点滴往事,依然能感受到一种信念的力量和其人格的伟大。

细数下来,洛阳的红色资源是相当多的,除上述之外,还有中共豫西特委旧址、中共洛阳县委旧址、"红偃师"革命遗址及伟大事迹、解放军解放洛阳指挥部旧址及壮烈事迹、洛阳烈士陵园革命烈士事迹展览、孟津朝阳革命烈士纪念碑、老城区赵春娥事迹展览馆等,蔚为大观,令人感动,催人奋进,刻骨铭心!

洛阳的红色资源尽管没有类似井冈山、遵义、延安等顶尖级的,但在历史的进程中也是颇具特色及价值的。首先是时间上大都比较早,如中共洛阳组,是建党初期的;红二十五军长征,是红军时期的;洛八办是抗战时期的等。其次是影响相对比较大,涉及建党、建军、抗战等。第三是有独特的地方性,如中共洛阳组,涉及我党领导的工人运动,应当说是我党工人运动的开创性成果。第四是影响还是比较大的,如焦裕禄展览馆,涉及我党的宝贵财富,焦裕禄精神的发展与形成;还有解放洛阳战役,是当时解放的为数不多的大城市,为此毛泽东主席还专门发有电报,对解放后城市如何建设,提出了许多新观点,振聋发聩,影响深远。

在新时代,洛阳的红色资源如何发挥作用?个人认为首先是资政育人作用,一要组织更多的学生、政府工作人员、企事业单位人员及民众前去参观学习,在思想上接受洗礼;二是要加大开发力度,让洛阳的红色资源成为旅游资源,形成洛阳旅游的红色三篇及多篇,吸引更多的游客;三是加大研究力度,把中共洛阳组、红二十五军长征过洛阳、洛八办与中国抗战等题目研究深、研究透，出一批有分量的成果，打造学术精品、旅游精品、学术与旅游结合的精品；四是做好攻关，取得相关部门认可，在更高的平台推介宣传洛阳。

忘记过去就意味着背叛，在建党100周年到来之际，梳理缅怀洛阳党建中可歌可泣的英雄事迹、重大事件，无疑会为洛阳跨越性的发展注入澎湃动力！唯有儿女多壮志，才教日月换新天！在新时代的新征程中，唯有不忘初心，继续努力奋斗，才能谱写中原更加出彩的洛阳绚丽篇章中更加宏伟壮丽的一页！

# 42. 昔日沟脑今光明　邙岭纵横它为峰

一个阳光灿烂、春风轻拂的日子,我有幸来到偃师市山化镇光明村学习考察,就该村传统村落保护发展同来自河南工业大学的戚世军教授、霍清廉教授、张明众先生等专家进行了广泛而深刻的探讨。光明村原名"沟脑村",是邙岭众沟的收口地,众沟之"脑"。该村地理位置重要,历史悠久,人杰地灵,文化积淀深厚,目前已被列为河南省传统村落,发展前景广阔。

光明村七八道岭黄土坡,一条深沟穿村过。过去的村民大都居住在深沟两边,颇为有名的就是王家大院、戚家窑院等,人口比较稠密,传统的农业生产比较发达。该村地理位置重要,位于偃师市东北邙山岭上,北临黄河,南瞰伊洛,东接巩义,西望洛京,历史上也是兵家常争之地。

光明村文化底蕴深厚,人才辈出;地理位置独特,地处山化镇北,是偃师、巩义的交界处;此处交通便利,人口众多,物流丰富,商贾云集,店铺林立,因而被称为"光明镇";"镇",大村子也。因光明村位于赵沟、井沟、马屿沟的沟脑处,故旧称"沟脑",据该村王氏族谱记载:"沟脑,沟指沟壑;脑者,首、头,即沟之里头也。"该村诸姓先民来到此地后,用原始的方法,在沟之南北,依山打洞而居,后来有了房屋,有了集镇,有了王家大院,有了戚家窑院等。因沟脑谐音"狗脑",听起来不雅,1930年沟脑村改名为光明镇、光明村。后因往南种地有诸多不便,1976年又分出了新明村。

光明村现在保存比较完整的清代民居有十多处,据建房时房梁上记载的年代来看，分别有嘉庆七年、嘉庆九年、咸丰八年等字样。但遗憾的是，由于年久失修、房屋易主、保护不力等诸多因素，光明村现存的清代建筑正在逐渐损毁，残垣断壁，斑驳陆离，轮廓犹存，状况堪忧。目前呈现在人们眼中的是老房子和新建筑杂陈的不协调景象。

光明村作为传统村落，其影响最大的是王家大院。民间有说法：明清两朝带民国，王家大院沟南坐。王家大院是传统的豫西殷实富户宅院，距今已有几百年的历史，据说王家先祖是做生意起家，发达以后盖起了闻名遐迩的豪宅，据当地人讲，王家大院不论规模、范围、豪华程度都堪比附近的康百万庄园。王家大院分沟上沟下两层建筑，尽管有些破败，但仍能看出当年雄伟不凡的样子。

光明村的王家大院位于门前沟的南坡。街口西边有一大门，是王家总门，或曰大门，原来修得富丽堂皇，是进大院的必经之处。距总门不远处有一小广场，广场上盖有王家祠堂，后被拆掉，祠堂内筑有岗楼一座，当年有护卫把守，再往里走，坐南朝北有一接待来宾的会客房，目前保留完好，是一座出前檐的硬山式建筑，很是气派。

光明村王家大院分沟上街道和沟下街道，沟上街道大致有 8 处宅院，一字排开，向西延伸，房子设计独具匠心，加上后面砖箍窑应该是三进院落，三开间的门面房高大、威风，进户门和过道又宽窄适度，不失严谨，这一点采取了洛阳城内达官贵人豪宅的设计方法。建筑用材讲究，体现了王家的实力和审美情趣。因为当时是以农耕为主，在西边还建有饲养牛马的牲口院数处。

光明村王家大院是标志性建筑，能建得起这些气派院落的人在当时也是很有名气及实力的。从王氏家谱的记载来看，清末到民初，王家人才辈出，如王清水，清盐运司知事；王清芝，守御所千总；王允吉，封丘县丞；王允协，奉政大夫、直隶州同；王式通，禹县、上蔡、偃师等县县长；王式典，北大毕业，方城、鲁山等县县长，行政督察专员等；王式渠，河南大学教务主任，陆军十四集团军上校秘书。正是有了这些"名人"，才造就了王家这样的大户。

光明村沟北从沟底到沟上的窑洞鳞次栉比，因住户姓戚的较多，也称"戚家窑洞"。这种窑洞，相对于地扎的四合窑洞，叫出水窑洞，豫西地区比较普遍。这种窑洞依坡而建，充分利用自然，冬暖夏凉，是豫西先民在生活中的一种伟大创造。当年的戚家不如王家显赫，但出过一位佛教界有名的法师。有关资料记载：临济正宗派法师，俗名戚金锐，法名永贯,字良卿。良卿法师幼年家贫,20 岁在宜阳灵山寺出家,先后在灵山寺、白马寺担任住持、监院等,后又到镇江金山寺、浙江普陀山、陕西终南山等地挂单修行,20 世纪 50 年代,受邀到陕西法门寺担任住持。1966 至 1976 年间法门寺受冲击,为了保护寺内佛宝免遭毁坏,良卿法师劝阻不成后自焚……

据光明村戚氏家族记载,戚姓始祖晋人也,得姓在河北怀、卫之境,蔓延于巩。戚姓先后从巩义的焦湾镇迁到沟脑镇等地,戚姓家族勤劳吃苦,善于经营,在当地享有很好的名声,也涌现出许多名人。改革开放以后,影响颇大的当属河南工业大学党委书记、博士生导师、教授戚世军先生。他考学出去之前在家乡当过民办教师,事业有成以后,不忘乡梓,关心故乡发展,对家乡有着难以割舍的挚爱情怀。

光明村张姓也是大姓,人口比较多。根据张氏长门家谱正卷记载,张氏始祖居温县张庄,后渡河南巩县,居邙山东麓,伊洛河湾,后又迁到沟脑。张氏家族皆能遵循祖训,勇于进取,勤劳创业,忠敬宽仁,人才辈出。明初年间张纲曾任县令;张红任参将,镇守辽阳关口,被张家后人刻木像奉祀。张姓现代名人很多,如曾在光明担任过民师的张明众先生,后考入河南大学,毕业后在洛阳市局委工作,在文化研究等方面颇多建树。

光明村还有一个比较大的姓——彭姓。据彭氏家谱记载,彭氏先祖是明代洪武年间由山西洪洞县广庆寺大槐树下迁徙而来,来到偃师北邙,"因见沟底泉旺水清,便于饮用,岭上土质肥沃,能够植物养人,且岭脉绵延,沟壑纵横,北临黄河,可避战乱,便择沟东坡嘴定居"。该姓居住之地,后与沟脑合并,成为光明村的组成部分。从彭氏家谱的记载也可看出,光明村优越的地理位置和生存条件,也是以后该地繁盛衍发的基础。

在光明村还看到了赵氏家谱。相传赵家也是洪武迁民而来,居于偃邑北邙,地名彭嘴。由此可见,和彭氏先民是同居一地的。赵氏家谱由清道光九年邑庠生赵成文撰序,对赵氏的渊源考察得比较详细。光明村是一个多姓氏居住的大村庄,王、戚、张、彭、赵等诸姓和睦相处,其乐融融,勤奋开拓,殖产兴业,后来逐渐发展成为洛东名镇。

光明村蕴藏了丰富的历史信息和文化景观,是中原农耕文明的难得遗产。其南边毗连的游殿村,也是同时获批的传统村落,同属于一个文化体系,有许多东西和光明村相似,但也有许多自己的东西。该村有独特的地坑窑院、奇特的山峰峭壁、一批明清古建筑等，历史悠久，文化底蕴深厚，景色宜人，如诗如画。光明村、新明村、游殿村历史背景有一致的地方，在下一步的开发中立意要高，要统一规划，协同发展，形成规模效应，共生共荣，这样才能形成大的格局，有大的作为。

光明村要打传统村落的"牌"，要把自己做强做大，为此，要善于利用当地的有利条件，形成规模效应。光明村所在的山化镇，文化底蕴深厚。中国书法史上三颗耀眼的巨星，汉魏楷书鼻祖钟繇、开一代书风的唐颜真卿、明清时代"笔神"王铎均长眠于此，是文化圣地。北宋会圣宫遗址位于山化镇寺沟村，存碑一通，高9.2米，号称"中州宋代第一碑"，村内还有一通北魏寺沟造像碑。此外，王窑、寺沟村的仰韶龙山文化遗址、蔺窑村的商汤陵等都是重要的文化景观。光明村在其后的发展中要善于借力，在政府的统筹下，亮出特色，做成"名片"，为优秀传统文化的弘扬做出了贡献。

# 43.黄河南麓李家岭 绝技竹马美名扬

　　近期有幸到孟津县小浪底镇李家岭村参加了一个独特的传统庙会。庙会上卖小孩玩具、特色小吃,还搭台唱戏,祭祀清代兽医李神仙,非常热闹。其中最引人入胜的就是耍竹马。竹马表演在李家岭村已有一百多年的历史了。竹马,顾名思义,就是用竹子编的马,由踩着高跷的演员穿着演出行头,骑着马,表演一些古代的节目、传统的段子,有浓郁的乡土气息。

　　别处的庙会一般是正月十五、十六,李家岭的庙会是正月十八,重头戏之一是耍竹马。竹马表演的是一些传统节目,比如:三英战吕布,就是有四个人踩在高跷上,各骑一匹马,手拿刀枪剑戟,扮演着不同的角色,上下飞舞,打得天昏地暗,不可开交,演员精彩惊险的表演,令观众瞠目结舌。还有张公背张婆等项目,这一整套节目,加上打旗的,敲锣鼓铜镲的等,得有近百人的阵容,这个项目的表演,目前在全国也为数不多。

　　李家岭的竹马是把踩高跷和武打戏结合起来的一种表演,技术难度、艺术水准、身体条件等要求比较高,一百多年来,代代相传,是典型的非物质文化遗产。目前真正有绝活的老艺人已经不多了,加之村里的年轻人外出务工的比较多,此项绝技面临着后继乏人之忧。令人欣喜的是该村支部书记李建庄先生独具慧眼,正在倾力恢复这项被誉为民间艺术活化石的辉煌事业,而且还得到了镇党委政府的大力支持。

　　李家岭庙会的另一个重头戏是祭祀李神仙。李家岭村北濒黄河,山峦起伏,耕地全靠大牲口,清代的时候出了一个远近闻名的兽医名曰李春松（1778—1849年），他少年家贫，攻习兽医，善于诊断治疗大家畜疾病，疑难重症手到病除，人称"李神仙"。民众在小浪底镇李家岭建有"李神仙庙"，至今香火旺盛。李春松著有《世济牛马经》，李春松服务百姓，为医出诊不收谢礼，不吃酒肉。其高风亮节和人格魅力百余年来在孟津传为佳话。

李家岭的庙会是真正有底蕴、有内涵的庙会。究其原因和该地淳厚的民风有关，也和该地独特的历史条件有关。历史上李家岭北面的"窄口"是过了黄河通往洛阳的重要关隘，一夫当关万夫莫开，李家的先祖是镇守关口的大将。历史上过年的时候，洛都大邑沉浸在节日气氛之中，守关军人严阵以待，丝毫不敢松懈，过了十五，才敢让将士们轻松一下，这或许是李家岭庙会放在正月十八、"竹马"雄健刚强的内在原因吧。

实际上，李家岭村更有一宝，就是该村的历史风貌。该村人杰地灵，传统村落村貌保存得比较好，有老寨门、老戏楼、老祠堂、老窑洞、老门楼、老楼盘、老皂角树、老碾盘……在这里，什么是家乡、什么是乡愁、什么是青山绿水、什么是故乡回望等都可以找到明确答案。

李家岭的传统民居，相对于孟津乔庄、孟津石碑洼，孟津卫坡有相同的地方，也有不一样的地方，都是明清民居，都有自己的祠堂、宗庙，都依山傍水，错落有致等，但李家岭独有的是自己的戏楼，有近百年历史，有明确的祭祀对象——李神仙庙，有近二百年历史，有得天独厚的地理条件，黄河岸边的关隘，更有竹马表演，且容量大，有纵深，保护、利用、开发得当会有意想不到的效果。

在建设美丽乡村活动中，李家岭村是大有文章可做的。留得住乡愁是一个令人难忘的主题，有乡也有愁，乡尽管有些破旧了，但文脉犹在；愁是愁过去，更是愁现在，过去的苦日子不能忘，现在的愁况不能延续、愁绪不能延续，要留得住乡愁，更能以有效措施改变乡愁。

# 44. 由陇海铁路所想到的

    过去,一个地方有铁路是进步的表现及标志,现在亦然,不过更多地讲的是高铁。洛科院新校园北依邙山,半山腰就有著名的陇海铁路,每天无数趟列车从这里双向驰过,很有动感,激人奋进!

    陇海铁路始建于1904年,是我国境内一条连接甘肃省兰州与江苏省连云港的国字头重量级客货共线铁路。陇指的是甘肃兰州,海指的是海边的海城,即后来的连云港,简称陇海铁路。这条铁路是我国交通运输的大动脉,全长1800公里,呈东西走向,串联中国西北、华中和华东地区,不光在近代交通中重要,现当代更是如此。

    陇海铁路的修建源于盛宣怀的提议。光绪二十五年(1899年)11月,清朝督办铁路大臣盛宣怀以"预筹干路还款、保全支路"为由,呈请清政府将汴洛铁路作为卢汉铁路支线统归铁路总公司筹款建造。比利时国家铁路公司请求承办,得到清政府的应允。光绪二十九年(1903年)11月,中比双方由盛宣怀与比利时国家铁路公司代表卢法尔在上海签订《汴洛铁路借款合同》和《汴洛铁路行车合同》。汴洛铁路建设由此提上日程,原本只是一小段,以后的发展超出了预料。

    汴洛铁路的修建,是有许多变化的。光绪三十年(1904年)3月,汴洛铁路开始勘探。光绪三十一年(1905年)10月,汴洛铁路以郑州为起点,分别向东、西两个方向开始修建。光绪三十三年(1907年),清政府批准修筑洛潼铁路,由民众集股筹建成立河南铁路公司。光绪三十六年(1910年),河南铁路公司更名为洛潼铁路公司。宣统元年(1909年)12

月，汴洛铁路全线竣工。宣统二年（1910年）七月五日洛潼铁路开工。宣统三年（1911年）10月，辛亥革命爆发，洛潼铁路修至铁门段停工。这里可以看出，修铁路是政府行为，并且在筹资方式上采用入股方式，集资建设，比较新颖。

辛亥革命后，1912年9月，北洋政府与比利时签订《陇秦豫海铁路借款合同》，商定以汴洛铁路为基础向东西方向修筑陇海铁路。1913年5月，陇海铁路开封至徐州段、洛阳至潼关段工程同时开工。1935年6月，陇海铁路海州至连云港段竣工，东线完成。1945年12月，陇海铁路宝鸡至天水段竣工，然后停了下来，直到1953年7月，陇海铁路天水至兰州段竣工。至此，陇海铁路全线建成通车。陇海线修建了近40年，经历了三个时代，克服了种种困难，也是我国铁路建设史上一段难忘的痛史，这段历史告诉我们，国家近现代化的历程是多么的艰难，没有强大的祖国就没有我们的主权、路权及发展。如今我们国家强大了，我们的铁路、我们的高铁在世界上处于领先地位，今昔对比，豪迈之情油然而生。

明清以降，洛阳衰落，但修建汴洛铁路，洛阳在近代的地位有所提升。洛阳最早的火车站在瀍河的老城，即现在的洛阳东站，当时叫洛阳火车站，后来洛阳火车站挪到了西工，洛阳火车站遂叫洛阳东站，西工的洛阳西站叫洛阳站。洛阳东站、洛阳站是陇海线上一等站，地位很高。小时候家住东车站附近，在东新安街小学上学，印象中洛阳东站十分繁华，饭馆、旅馆、商店到处都是，是人文商贾荟萃之处。

陇海铁路全线贯通以后，沿线车站很多，开封站、郑州站、洛阳站等是大站，来往乘客很多，十分繁忙。

洛阳科技职业学院地处新安磁涧，涧河北岸两边还有两个小站，都是四级站，一个是磁涧站，在学校西北角，现在仍有站台，但可能不用了，紧接站台的有国家粮食仓库、部队弹药库等，均是战略物资储备场所，在备战备荒年代十分重要；学校东北边，有个村叫白湾，最初叫白湾车站，后来改为洛阳西站，现在好像也不用了，当年从洛阳东站回孟津老家麻屯，曾在此处下车，然后步行回去，尽管离老家还比较远，但能乘火车回去，也是比较兴奋的。

由汴洛铁路、到陇海铁路还引申出河南最早的党组织，陇海铁路大罢工党组织。由于陇海铁路的修建，由于京广铁路与汴洛铁路的连通，洛阳成了铁道线上的大城，物流丰盛，信息畅通，革命力量活跃。1921

年 11 月 17 日，洛阳铁路工人率先罢工，20 日，以洛阳为斗争中心，陇海铁路全线罢工。李大钊同志指派罗章龙赴洛指导工人罢工，1921 年 11月 26 日罢工取得胜利。12 月，游天洋、白眉珊、王福顺组成中共洛阳组，这是河南省全省第一个党组织，也是陇海铁路全线第一个地方党组织。

铁路线修建以后，影响很大，改变了人们生活，影响了人们认知。陇海线从洛阳过，洛阳有了两条新街道，道北路、道南路，围绕铁道，经济风生水起，计划经济年代，搞到车皮，可谓神通大矣。上高三的时候，我家从老城农校街搬到道北路洛阳地区纺织站家属院，一住就是几十年，听惯了火车的汽笛声、火车的哐当声，闲暇时间曾到铁道线附近捡煤渣，曾到折返段浴池蹭洗澡，也曾在储运仓库间搞搬运，还曾押火车挣小钱，甚至还有押车的伙伴为此丢了性命，有的落下终身残疾……

陇海铁路的修建，尤其是同京广线的连通，使洛阳在当时的政治军事地位再次显现，由此引出"吴大帅"据洛练兵事件，影响不亚于袁世凯小站练兵。洛阳的西工就是大军营，飞机场、航空学校、阅兵台、校阅场比比皆是，东西下池北面的谷壁上，都是山洞，是学兵营的窑洞宿舍，据说许世友将军当年曾在此当过一阵学生兵。吴佩孚据洛期间，洛阳政治地位很高，影响颇大，军政界要员、外国政要记者、文化大腕，如康有为等频繁出入洛阳，此时的洛阳有人戏称：洛阳打个喷嚏，北京就要感冒！

陇海铁路的修建，打通了中原向西的通道，伴随着这一交通上的重大变革，在河南一带，尤其是洛阳一带，出现了一个人口迁徙的现象，即"走西邦"。洛阳把到西边叫西邦，东边叫东邦，南北皆是这样。"走西邦"就是洛潼铁路修成后，河南人到陕西、甘肃谋生的一种现象。我的三爷爷就是这个时期到西安照相，后在西安定居了，诸如干木工、打铁、弹花、银匠等活计的人到西邦的多了，这就是"走西邦"，类似山东的"闯关东"。"走西邦"的原因，是近代河南一带连年灾荒、刀客土匪横行、兵荒马乱，人们生存困难，难以糊口，因此，到相对闭塞安定的"西邦""淘金"去了。

陇海铁路的修建，开封、洛阳是中心，尤其是洛阳一带，是在邙山以南、洛河以北的"阳地"上兴建，这样就引起了考古上一个巨大的发现，"唐三彩"面世了。因邙山是风水宝地，没有卧牛之隙，开挖路基挖出很多唐三彩陪葬品，最初人们嫌其晦气，往往把它砸碎埋掉，后有人把它带到北京上海，被文物贩子、文化大亨发现，故一鸣惊人，成为收藏新宠，价格一跃腾天，这样唐三彩才由此发轫，进入世人视野，并一路走红。

本来只是想写一下洛阳科技职业学院周边的环境，没想到由校园北边的陇海铁道线联想到这么多，实出自己意外，可能也出了各位看官的意外。世界上的事就是这样，你在说"它"，可能说着说着就顾了"左右"，比较"拉杂"，诸位见谅了。实际上陇海铁路是一个很大的话题，事关交通、事关军事、事关政治、事关文化，更事关百姓生活，待有时间再细细聊来吧。

# 45.洛阳名镇曰麻屯 人杰地灵誉古今

麻屯镇属洛阳市孟津区,是洛阳北边的门户,是河南百强镇,更是历史名镇。麻屯的得名大致有二:一是得名于隋,为截断睢阳之王气,隋炀帝下诏让征北大总管麻叔谋为开河都护。麻叔谋是西北边疆少数民族人,外貌凶狠,生性残暴,时人称麻叔谋为"麻阎王"。麻叔谋所开凿的河道就是隋炀帝开凿大运河的前身。麻叔谋开河于孟津,驻军于麻屯,后人把麻叔谋的驻军地方称为"麻屯"。隋炀帝开凿通济渠在隋大业五年(609年)。据此,麻屯得名至今已1400余年历史。

麻屯来历的第二种说法是,麻屯得名于明代洪武初年(约1372年),至今已有600余年历史。中国自汉代就实行屯田制,政府鼓励军队、农民、商人,开垦土地,征取粮食收成为军饷。屯田是以耕养战、耕战结合的有效政策。麻屯的得名与屯田有关。麻屯附近的霍屯、任屯、上屯、下屯、聂屯、马屯等都与屯田有关,是耕战结合,藏兵于民的一个历史见证,也反映此地的军事战略地位之重要。

在麻屯有关村落的采访中,年岁大的人告诉我,麻屯的得名还有一种说法,就是和当地历史上广种汉麻有关。麻屯是丘陵地带,适合汉麻种植,当地人以种植为业,为民间、为军队提供汉麻制品,满足民众生活和军队战事的需要。同时麻也是和丝绸齐名的纤维织物,是人类最早用于织物的天然纤维,有"国纺源头,万年衣祖"美誉,故此得名为"麻屯"。

汉麻在洛阳一带叫"魁麻",早在2000多年前的西汉,我国麻纺织技术就已成熟。马王堆汉墓出土的"素色禅衣"等大量麻纺精品,已成为麻纺工艺发展史的里程碑。西汉时期,麻纺精品与丝织精品沿着"丝绸之路"进入中东、地中海、欧洲,继而走向世界。麻织品运用到官吏和宗教的服饰上,被赋予一种神圣祥瑞的力量,为世人膜拜。麻屯作为汉麻的种植地在历史上享有盛名。

麻制品的开发和利用还是大有文章可做的。由麻制成的服装衣饰具有吸湿、透气、舒爽、散热、防霉、抑菌、抗辐射、防紫外线、吸音等多种功能,麻制品及提取物在军事上也有极大用途。汉麻的种植,可有效缓解中国纤维紧缺的现状,为农民致富提出一条新路。汉麻还有望改变当今世界纺织品结构;将来还可能成为石油、煤等矿物替代品,减少能源消耗造成的环境污染。

麻屯在民国的时候改称"金溪乡"。民国十九年(1930 年),原洛阳县北设金溪、翠峰、瀍东、金桥、清风等个乡,麻屯改称"金溪乡"。民国二十七年(1937 年),中共洛阳县委在麻屯组建洛阳县瀍北区委会。民国政府在洛阳县下设区,麻屯属洛阳县一区,一区下辖 13 个联保,麻屯称"集贤联保"。民国三十(1941 年),麻屯与霍村联保合并为金溪乡。民国三十一年(1942 年),麻屯与常袋村、明达村合并,仍称金溪乡。

中共洛阳地方抗日政权最早在麻屯建立。民国三十四年(1945 年)7 月 5 日,洛阳县抗日民主政府组织洛阳独立团王其吾部和第三大队常子荣部,一举摧毁了日伪麻屯政权。1945 年 8 月 15 日,日寇投降。中共洛阳县工作委员会、洛阳县民主政府在麻屯镇薄姬岭村成立,魏维良任书记兼县长。同时成立革命武装"洛阳独立团"。

麻屯是解放洛阳的指挥中心。1947 年 8 月 26 日,中原野战军 9 纵 25 旅消灭麻屯国民党军守敌,洛阳县人民民主政府在麻屯成立。1947 年 10 月 12 日,中原野战军首克孟津县城。民国三十七年(1948 年)3 月 11 日,中原野战军 3 纵 8 师进驻麻屯。13 日夜,中原野战军首克洛阳,俘获国民党军中将师长邱行湘和洛阳专员兼少将保安司令刘焕东。

麻屯是再克洛阳的政治中心。1948 年 4 月 5 日,陈赓部队再克洛阳,洛阳县人民民主政府在麻屯成立。4 月下旬,洛阳县改称"洛北县",政府机关驻麻屯。1949 年 11 月,洛阳市与洛阳县分置。洛阳县下设九个区,一区设在麻屯。1955 年 11 月 7 日,麻屯划归孟津县为麻屯区。1958 年 8 月,麻屯乡改为人民公社。1984 年 1 月,麻屯恢复为乡级建制,1996 年,麻屯乡"撤乡建镇"。

麻屯的产业结构合理、富有特色。农业中可以看到"白""红""绿"

相拥簇的奇观。"白"是奶业,有龙头企业洛阳阿新奶业,每天生产的鲜奶源源不断地供应洛阳和周边等地;红"是牡丹产业,丰泉牡丹园艺等农业园区,培育催花牡丹,元旦春节及人们需要的时候精彩上市;"绿"是林果业,在丘陵地区有万余亩生态林、经济林,改善了生态环境、促使农民致富。

麻屯镇毗邻洛阳市区和洛阳民航机场,同时紧傍连霍高速公路、310国道,具有明显的区位优势。通过优化"软""硬"环境,开展招商引资,大力发展非公有制经济,使以"洛阳市飞机场工业园区"为主的工业经济取得了长足发展,小城镇建设日新月异,民营经济突飞猛进,不仅综合经济实力居孟津县第一,而且荣膺"中州名镇"称号。

麻屯镇以打造先进制造业基地为目标,以工业园区建设为龙头,全力扶持骨干企业做大做强,加快科技创新步伐,走新型工业化道路。先后建成了一拖(洛阳)路通工程机械、河南杭萧钢构、隆华制冷等一批市场前景好、具有影响力的企业,形成了化工、建材、有色金属加工、机械制造四大工业体系。因定位准确,发展迅速,成绩突出,被授予"河南省经济百强镇"等荣誉称号,在省内享有盛名。

麻屯镇历史名村比较多。薄姬岭村因汉初刘邦妃薄姬居住而得名,村旁有薄姬庙,还有薄姬岭新石器时代文化遗址;水泉村又名盘龙寨,村西北有牤牛泉、有明清官仓常平仓遗址。村中的圣王庙原名汤王庙,是孟津县重点文物保护单位;前楼、后楼、卢村等村均得名于唐代,出土的唐代墓志中多有记载。

麻屯镇的韩庄村原名韩家堡,村南的龙兴寺历史悠久,唐高宗李治时重修命名,明嘉靖五年(1526年),龙兴寺中创建关公殿。龙兴寺是孟津区重点文物保护单位。李营村原名李家营,建村于明初。李姓族人为蒙古族,是元蒙木华黎后代。柏树沟村邻近金谷涧,建村历史悠久,得名与晋代石崇金谷园有关,清乾隆、同治《重修洛阳县志》《河南府志》,王铎《金谷赋》等均有记载。

麻屯镇的霍村地处金水河左岸,古称金溪,有"霍村八景",是洛阳、孟津、新安三地交界处的商品农贸繁华集市。庙后村地处凤凰山麓,因明建道观活杨宫而得名。今活杨宫中保存有明清重修碑十数通,光绪十五年(1889年)所立《车马驿草章程碑记》尤为珍贵,是孟津县重点文物保护单位。下河村有唐代军事遗址秦王城,是唐初秦王李世民收复东都洛阳时的驻军地,遗址附近流传有许多李世民的传奇故事。

麻屯镇是丝绸之路名镇。汉代时的麻屯地处洛阳西皋门外，"皋门"是京城洛阳的外廓城城门，这里是汉唐丝绸之路商人们离开洛阳前集中出发的最后一个驿站。晋代潘岳（247—300年）《西征赋》："尔乃越平乐，过街邮；秣马皋门，税驾西周。"由于丝绸之路商旅文化的长期浸润，培养出麻屯人敢想敢干敢拼敢闯的坚强性格，隆华集团、路通集团等就是典型代表。

麻屯人过去在洛阳等地经商的生意人比较多，洛阳的石家大院，就是麻屯庙后石家在洛阳经商发财后留下的宅院。麻屯董村的董相成先生民国时期在洛阳老城南大街益晋银号当掌柜，益晋银号旧址在现在南大街76号，是一所中西合璧的三进院落。益晋银号生意好的时候，上海、汉口、山西等地开有分号，还办有铸银厂、棉花厂、火柴厂等实业，在洛阳及河南工商界影响比较大。

麻屯镇人才辈出，现代文坛著名的小说家、电影剧作家李准先生家是麻屯下屯人，麻屯这片热土是他创作的源泉，《不能走哪条路》《李双双》等就是以麻屯的合作社为背景写的，这些作品体现了作者深刻的洞察力和卓越的语言表达能力，他的作品反映了时代的呼声，顺应了历史的发展潮流，得到了党和国家领导人的高度赞扬，在中国文坛上享有很高的地位。

麻屯原来叫金溪乡，这一带在洛阳民国时期的政坛上出了不少能干的人，仅洛阳县的县长就出了至少三人，抗战前及抗战中，半坡人郭子彬先任伊阳（今汝阳）县县长，后任洛阳县县长；日伪时期，贾式平任洛阳县县长；抗战后，郭仙舫任洛阳县县长，一个地方，先后有三人比较密集地任洛阳县县长，说明此地在政治上的影响力。

麻屯在叫"金溪乡"时，不光政治、实业上出人才，在军界也不乏大影响者，斯时，当地出了一个有名的留学日本、参加过北伐战争、抗日战争的将军，姚宓人氏姚北辰。姚北辰炮兵出身，北伐名将、抗日名将，国民十五军中将副军长，解放战争中依然投诚，先在"四野"工作、后担任武汉军事干部学校校长，其生平事迹得到李先念等国家领导人高度称赞。

麻屯在还是民国金溪乡的时候，教育在洛阳乃至河南都是领先的。教育领先得益于金溪乡明达村的著名教育家杨柏峰先生。民国时期，明达村周边所有村庄均归孟津管辖，唯独明达村，直接归洛阳金溪乡管辖。为何出现此种情况？因为明达村有个"望椿轩"，而其主人，就是杨柏峰先生。杨柏峰培养的学生有洛阳有名的进士林东郊、国学大师许鼎臣、周维新、高佑等。

　　明达村虽穷乡僻壤,但因杨柏峰而闻名。杨柏峰本名熙春,笔名柏峰。在明达村西头创办著名的私塾学堂——"望椿轩"。杨柏峰原是清朝贡生,学识渊博,热心教育,择英才而育之,他在"望椿轩"授徒颇众,迄今在杨家还存有"望椿轩同学谱",详细记载了他所培养的学生。杨家虽非名门望族,但杨柏峰先生终生从事教育,传承中华文化,培育民族英才,贡献斐然。

　　杨柏峰培养的学生有成就的很多,如孟津县小浪底镇老龙嘴村的许鼎臣,自幼家贫,无钱上学,因与明达邻村,时常到"望椿轩"旁听杨柏峰先生教书,杨先生看他勤学聪慧,读书过目不忘,十分喜欢,遂到许家说服其家人让许鼎臣来"望椿轩"读书,然许家拒之,说"没钱上学,家里还得让他拾柴蒸馍呢"。没过几天,杨柏峰给许家送去一车煤,说孩子别拾柴了,叫他上学吧,费用我全包了。这样,许鼎臣住进杨家,开始学习,后来成为一代大家。

　　杨伯峰弟子中名气最大的当数林东郊。林东郊(1868—1937年),字荠原,又字霁园,洛阳老城人。清光绪戊戌科进士,宣统三年(1911年),记名以道府用,并加二品衔,补授广西桂林府知府。人称"洛阳翰林""大学士"。林东郊一生著书两部,一为古体诗《爱日草庐诗集》;二是研究《易经》的独到见解《易易》一书。林东郊书法宗于欧、褚,参以王铎等,并在其基础上自成一格,功力深厚。在近代洛阳,林东郊是文章魁首、士林班头,影响颇大。

　　杨柏峰桃李满天下,弟子皆贤人。洛阳名士周维新是他的弟子。周维新,字景文,号连塘,洛阳城北周寨人,清光绪丁酉科举人。周维新出身贫寒,但学有所成,名重乡里。周维新治学严谨,有真知灼见,著有《宣讲管窥》《管窥胜稿懿形讲钞》及《四书韵语》等著作。周维新的书法笔力厚重,楷书、行书、草书莫不精通,而楷书最有成就。

　　周维新去世前的数月,他为自己撰写了 500 字的墓志铭。铭文中再次明确自己的人生追求,"嚼得菜根之味,行不背乎古先。"因同周维新家是通家世好的关系,曾听我的姑父、周维新的外孙、已故著名语文教师李天顺先生讲,其外爷周维新是民国时期名重洛阳的书法家,其书法造诣相当高,年轻时书法就已闻名乡里,他临帖时,很注重其独特的继承性。他学王铎,临颜柳,对"入帖"和"出帖"把握得非常得体。很快就形成了自己的风格。周维新写的《训家庸言》刻于四块石碑之上,此家训内容丰富,书写工整,颜柳之风扑面而来,柳体硬劲之风中带上文人的清爽气质,不失为其代表作品。

杨柏峰培养出的学生还有民国书坛"三驾马车"之一的高祐(高福堂),少时也因家贫无力上学,被杨柏峰用相同于许鼎臣的方式收入门下。杨柏峰一生教授许多学子,其中有四人后来中了举人,分别是许鼎臣、高祐、周维新、林东郊。林东郊以后又中了进士。杨柏峰的夫人病故安葬之时,四个头戴红顶子的举人扶棺送殡,情同孝子,场面蔚为壮观,在当时传为美谈。

高祐,洛阳崛山(今偃师庞村)人,字福堂,号崛山子、竹逸居士、大懒山人,高祐自幼颖悟,受业于洛阳明达岁贡生杨伯峰。高祐醉心古文,尤其心仪韩柳文章,对司马迁的《史记》更是熟读成诵。同时,他对理学、易学也颇有研究。高祐晚年曾对自己有一总结,自认一生所重:人格第一,古文次之,书第三,诗第四。民国时期,高祐声名远播,刘镇华等军政要员曾多次邀请他出山,他潜心学术,无意仕途,就婉拒了刘振华等的盛请。

麻屯镇是洛阳近畿的人文首善之区。庙后村有著名的道家庙宇——祖师庙,原名玄帝庙,庙宇开阔,俊巧有致,气势恢宏。前有涧水映波,后有金水环歌,左埠右峦衬托着崇邙巍庙的肃穆与庄严。庙后村即因处于该庙之后而得名。玄帝庙始建于盛唐时期,祭武帝真君,即北极星神,至今已有上千年历史,后更名为"活杨宫"。麻屯庙后村玄帝庙又叫"活杨宫"。据说和吕洞宾有关。相传,在庙里修行了六十载的智纯道长,接待一个衣褴破旧、浑身污渍的老者,并引他在一个用枯死的杨树锯成的圆木墩上坐下,吃喝完毕后,老者扬长而去。而后道长突然发现那个被老者坐过的杨木墩发出了绿油油的枝叶,木墩已扎地生根难以动移。他这才恍然大悟,原来那老者是前来度化他进入仙境的吕洞宾。这就是"活杨宫"的来历。

庙后村的祖师庙,即"活杨宫",通过清代康熙四十五年所立的"修祖师庙山门碑"记载可看出,祖师庙位于"河南府洛阳县西北距城三十里许","踞金水之上,列凤山之阳,位坎面离,洵洛境也",当时,麻屯属洛阳县所辖,碑文记述了祖师庙又名"活杨宫"的缘由,系"丹点枯杨生稀,卒之,留题以去,因又名活杨宫"。同时代嘉庆年间的一块碑上则记载,麻屯镇在嘉庆年间被称为金溪乡。

"活杨宫"历经千年,几度兴衰,不时加以修缮。每次修缮都会留下一些石刻碑文,记载当时的历史背景。这些碑刻已成为庙中的珍贵文化遗产。据村中老人介绍,建国初期存留在"活杨宫"中的历代碑刻多达百余通,遗憾的是,基于历史的原因,大部分石碑受毁。近年来,经过不断搜寻,有十余通古碑矗立于庙内,在无声地诉说着历史的沧桑。

麻屯有著名的佛教寺院龙兴寺,龙兴寺又名菩萨寺,位于麻屯韩庄村金水河之滨的菩提原上。该寺初建于东汉灵帝时期,是有史可考的中国第二个官办佛教寺院。这座汉唐时期的皇家寺院,在中国佛教史上占有重要地位,与白马寺共为中国佛教祖庭。龙兴寺是佛教早期传入中国的历史名寺,发生过许多名载史册的大事。麻屯镇地界宗教寺庙比较多。董村同半坡西北的后沟里有著名的"龙泉寺",也叫"龙泉庵",始建于唐代,因沟下有"龙泉"而得名,香火曾十分旺盛。现在所存的建筑是明清建筑,里面供奉的有佛教的、道教的、民间的诸神灵,虽然知道的人不是太多,但在当地还是有一定的影响,反映了民间朴素的宗教信仰,有相当的代表性,也有很高的研究价值。

麻屯镇的董村曾有一个著名的远近闻名的庙宇——奶奶庙,在村西路北的地方。里面供奉的是"送子奶奶",建于何时不可考,现在仍有善男信女前来烧香膜拜。相传董村的"送子奶奶"是非常灵验的,有不孕不育上香如愿的,有多少代单传实现心愿的,也有要男要女满足要求的。遗憾的是前些年土地还耕的时候奶奶庙受到影响。过去中国乡村十里八里都有庙宇,是农耕文化的有机组成部分。

麻屯镇区位优越,人杰地灵,经济在孟津乃至洛阳县区乡镇中遥遥领先,文化渊源非常深厚,文化名家层出不穷。同时,在发展旅游方面已初见成效,龙兴寺、活杨宫、郁金香花园、牡丹观赏等在洛阳周边亦小有名气。近几年,麻屯镇董村在市政府大力发展民营博物馆政策的影响下,新建了一个独具特色的博物馆——洛阳古雒斋琐语艺术博物馆,由董村人氏,洛阳理工学院教授董延寿及其兄弟创建,以珍藏墓志拓片、明清地契、地方志书、石雕石刻而闻名。

洛阳古雒斋艺术博物馆位于董村小浪底专线路东,展馆面积约1000平方米,分为三层:一层、二层主要为墓志拓片展室,展出武三思撰文的魏王武承嗣墓志拓片、狄仁杰撰文的袁公瑜墓志拓片、韩愈撰文的窦牟墓志拓片等300余张;三层为明、清及民国地契展室,展出320余张珍贵地契;博物馆二层还专门开辟了地方志书展室,展出洛阳地方志书1000多册。纸是中国古代的发明,纸也是文明的载体,"洛阳纸贵",

于斯为盛。

麻屯镇还有著名的郁金香花园，该花园是洛阳著名旅游景点之一，也是河南省唯一一座以郁金香为主题的花园，填补了我省特种球茎花卉种植的空白。郁金香花园占地面积 300 余亩，园内分东、南、西、北、中五个景区，由郁金香、牡丹、特种苗木、欧式大型喷泉雕塑、荷兰风车村等景观构成。可谓区区有经典、步步有胜景，是人们感悟异国风情，观光旅游的好去处。

麻屯镇还建有著名的龙熙薰衣草庄园。该庄园位于孟津县麻屯镇霍村、韩庄、薄姬岭三村交界处，现已建成面积达 2300 亩、集薰衣草观赏、珍禽养殖、特色种植于一体的综合性休闲庄园。园内种植有 800 亩薰衣草、200 亩猫薄荷、60 亩柳叶马鞭草。阳春时节，花卉竞相开放，浅紫色的花穗摇曳多姿，将"唯美、浪漫、闲适"的普罗旺斯情调尽情呈现出来。还有依势修建的阶梯式竹楼、水面景观、农家窑洞、汉白玉长廊等，形成了观景与地貌的巧妙融合。

麻屯镇还是西晋著名的园囿金谷园所在地。历史上的金谷园究竟在哪里，众说纷纭，有的说孟津平乐金村，有的说在孟津宋庄凤凰台一带，有的说在洛阳火车站的金谷园村，有关资料显示，真正的金谷园和金水即金溪水有关，据此，麻屯的金水河一带霍村、韩庄、单寨、林沟等就是历史名苑金谷园的大致位置，这种观点正逐渐被学界所认可。

# 46.杨山十兄弟　豫西"刀客"头

　　洛阳嵩县的杨山号称是"刀客"名山。"中州大侠"王天纵就是在此落草为寇,聚众拉杆,打富济贫。王天纵,洛阳伊川鸣皋人,他大事上有远见,武昌起义爆发后积极响应,攻打洛阳、灵宝、函谷关、南阳等地,立有战功,后进入北京,授陆军中将衔。孙中山委任他为靖国豫军总司令,讨伐张勋,讨伐袁世凯,民国8年病死虁州,临死前还在谋划北上援陕革命之事。王天纵是"刀客"出生的革命家,起点不高,终点很高,是时代造就的英雄,是与时俱进的一个榜样,是豫西"刀客"中为数不多的修成正果、彪炳史册的杰出人物。

　　杨山是豫西的"水泊梁山",王天纵"拉杆"的时候,为增强凝聚力,扩大影响,效仿历史上的刘关张桃园结义的做法,歃血为盟,义结金兰,共有10个兄弟:老大孙绲,1868年生,嵩县潭头镇大王庙村人(今属栾川);老二马老三,1870年生,嵩县潭头镇人;老三张屏,1871年生,嵩县桥北乡戴村人;老四孙炳,1875年生,嵩县潭头镇古城村人;老五陶福荣,1878年生,嵩县德亭乡后湾人;老六王天纵,1879年生,嵩县鸣皋镇曾湾人(今属伊川);老七张治公,1881年生,洛阳县彭婆乡南衙人(今属伊川);老八柴云升,1882年生,嵩县潭头镇党村人;老九关金钟,1882年生,嵩县大章乡大章街人;老十憨玉琨,1888年生,嵩县德亭乡上蛮峪村人。按年龄排序王天纵排行老六,但威信最高,被推为首领。有了这样一个"桃园结义",杨山就非一般的山寨所比,有组织、有规矩、讲义气,加之后来融入辛亥革命,就有了方向,逐步走向正途。但在以后的发展中,杨山十兄弟,因个人的人生目标和轨迹不同,就有了大相径庭的结局。

杨山结义兄弟老大孙瑄,出身于书香门第,受康、梁变法的影响,深感清政府的腐败,官绅的敲诈,无奈之下,联络数名青年拉起了杆子,后投奔到柴云升杆下,当了个"小杆首"。杨山结义时,年龄原因排行老大。武昌起义后,他随杨山兄弟返嵩县攻打洛阳。辛亥年十月,柴云升率部赴潼关时,路过其家门,他借故告辞。后与潭头东山村一胡姓妇女有私情,被人暗枪打死。杨山兄弟属他有花花肠子,也是死得最窝囊的一个。

杨山排行老二的叫马老三,字超远。他拉杆的时候已年满三十,投靠到柴云升手下,后随柴云升上杨山。杨山结义后,任东征军第二标柴云升部下营长。因在华阴御敌有功,被东征军副都督张钫表彰并提职。后来,居功自傲,带兵不严,军纪松弛,打骂百姓,调戏妇女,驻地百姓怨声载道。张钫利用校阅机会,当场缉拿马老三,马声称下属犯罪,自己情愿顶罪,激怒张钫,被张钫就地斩首,以儆效尤。事后,友人将其灵柩运回故土,葬于潭头马氏祖茔。立碑曰"秦军第二标统领马公超远墓志碑",有匾书:"恩同往极"。

杨山十兄弟排名第三的是张屏,字玉山,20岁时拉杆当土匪,孙殿英曾投其门下,算是其徒弟,后随王天纵参加辛亥革命,镇嵩军成立,他任第二标营长,回豫西剿匪,击毙栾川土匪头子任天赦。后看上任的小老婆高玉兰,宁肯不当镇嵩军的团长也要娶高玉兰,于是辞职下野,携高玉兰回归故里,过平民百姓生活。后来张钫敬重张屏,委任他为陆军二十军顾问,张钫下野后,他亦被免职,仍回原籍居住,苦寒度日终老乡野,享年75岁。爱美人不爱江山,这也是杨山兄弟的另一种归宿,相对于打打杀杀也算清静。

杨山十大结义兄弟中排名第四的是孙炳,生于1875年,卒于1926年,先是拉杆为匪,是杨山聚义时十四支杆首之一,结义时按年龄排第四,后随王天纵参加反清起义,加入镇嵩军,担任团长。其后的事迹记载不多,是嵩县籍的镇嵩军90多名营以上官员中一个资历比较深的人物。事迹虽然平平,但身在结义之中,可能殒命疆场,也可能解甲归田,其壮举在青史上留有名声。

陶福荣在杨山好汉中排行老五,人称"杀人妖精",实际事例记载不多。他和王天纵关系密切,亲如手足,是王天纵的心腹。武昌起义后,追随王天纵在洛阳、陕潼等地转战,后参加秦陇豫东征军,随王天纵转战南阳,后到北平稽查处任职。1917 年秋,王天纵任靖国豫军总司令,陶受命到南阳和豫西一带招兵。1919 年任靖国豫军第一师师长,在豫、鄂、川三省边界与北洋军阀作战中牺牲,灵枢运回故乡,与其妻合葬于陶庄,一代骁将,修成正果,魂归故里。

杨山好汉排名第六的是王天纵,实际是老大,是杨山好汉中的核心人物,他精明能干,颇有心计,在当时的乱世是一个杀富济贫、敢作敢为的人物。尤其是后来,受同盟会的影响,揭竿而起,奏响了时代的最强音,被称作"中州大侠",其侠胆义行得到孙中山先生的肯定。

排行第七的是张治公,人称"白面书生",杨山排名老七,此人性情强悍,精明能干,生于乱世,行霹雳手段,干越货之事,他抓住机会,迅速崛起,最后成为"镇嵩军"高级将领,常常统领万人纵横豫、陕两省。他曾率领"镇嵩军"攻打西安,围城 8 个月,饿死军民数万人,在西安留下不好的名声。

豫西土匪转而为镇嵩军高官的还有柴云升,他在杨山结义中排行老八。初在潭头拉杆,被推为杆首,杨山结盟后参加推翻满清、建立民国之壮举,镇嵩军组建时任第一标标统,曾回嵩县剿匪,大义灭亲,杀死了自己过去的"二架杆"李永魁。后任陕西陆军第一师师长、镇嵩军第一军军长、张宗昌部军长,1931 年下野,赋闲天津,1936 年病故于天津,后归葬潭头。在杨山兄弟中他还是有个正经归宿的风云人物。

排行第九的叫关金钟,人称"有仁有义"关金钟。拉杆子出身,为人比较仗义、慷慨,经常接济穷人,绑票讲人情,要够自己的,多余的返回,常为地方解决纠纷,常为杨山根据地解决给养等外围方面的事情。后有人挑唆,王天纵生疑,派张治公把关金钟杀死在大章关金钟的家里。此事正好被在关金钟家后院停留的憨玉琨、柴云升看了个正着,也埋下了内部不和的种子,促成了以后杨山兄弟的分道扬镳。

豫西土匪出身的一个名头很大的人物——憨玉琨,杨山好汉中排名第十,后来干到北洋陆军上将、"肇威将军"、镇嵩军前方总司令,中央陆军第三十五师师长等职。胡憨大战中统帅 10 万余人,后兵败,率残部逃回嵩县,服鸦片自杀于大章,时年 37 岁。憨玉琨死后,为怕对手胡景翼进剿掘尸,亲戚把他坟地周围的七八亩耕地全部犁耙一遍,不留任何明显痕迹。憨玉琨死后三年,才起葬于德亭蛮峪故土。

杨山十兄弟,人称杨山好汉,曾是豫西山区的绿林好汉,是清末民初呼啸山林的江洋大盗,也是人们闻之色变的"架杆""刀客",在当时的社会背景下确实干了一些坏事；受进步力量影响，策应辛亥革命，推翻封建政权，是立下了赫赫战功的，应该被高度肯定；收编为"镇嵩军"以后，游走于军阀之间，被当作倾轧的工具，应该说有进步的作用和一定的负面影响。"杨山永雄"是一个历史现象，其中有许多值得总结和回味的东西。但愿历史上的苦难不要重现，而对我们今天苦难后的辉煌尤其应该倍加珍惜。

# 47.话说近代豫西的"打孽"

　　民国时期豫西民间有一种野蛮的私杀风气,就是"打孽",也有人说成"打业"。所谓"打孽",就是"私仇私报",或者叫"血亲寻仇"。"打孽"者为了争夺田产房屋,为了争夺女人,为了争乡长、保长等职位,为了报世仇,甚至为了解决一般纠纷,都会拿起刀枪杀掉对方,一般不经官方调解,被杀者的妻子、儿女、亲戚则用同样的方法杀掉对方,于是出现了"打孽"这种现象,催生了"打孽手",即职业杀手,专门替人消灭仇家。彼此间打打杀杀,刀枪相见,以灭门为快,极其残忍。

　　民国初年,嵩县黄兑村的郭绍绪,是出了名的"打孽手"。他的爷爷有钱有势,是村中的霸主,因得罪同族另一位地主,被对方雇请打孽手将其全家杀光,当时年仅12岁的郭绍绪因到舅舅家走亲戚才躲过这一劫。郭绍绪闻听凶信,连夜投奔镇嵩军,当了一名小勤务兵。七年后,身强力壮的他带兵回到黄兑村,二话不说,把仇人一家全部杀光,一个不留。

　　豫西地区民国的时候"打孽"现象相当严重,尤其在伊川、嵩县一带,比较普遍。洛阳一位国家美协会员、著名的书法家,已经80多岁了,他很小的时候父亲被"打孽手"给打死了。他告诉我,其父亲生前是县上的一个有权有势的官,回家骑着高头大马,跟着护兵,到家不久,被人盯上了,几个枪手冲进来,乱枪扫射,人被当场打死。为躲避仇家,母亲带着他东躲西藏。正因为此,他从小哪里也不敢去,躲在屋里练字,成就了书法上的高水平。现在想想,兵荒马乱的年代,平民百姓实在是难以生存的。

"打孽"不光在民间，在镇嵩军中也有，张治公的部下营长杨有才因嫉恨而杀死了憨玉琨的手下副团长张世臣，因张治公的庇护没得到处理，张世臣的弟弟张世英咽不下这口气，寻机在潼关渡口持枪杀掉了已是旅长的杨有才，并扬言："四年前他杀死我哥张世臣，今日之事是为兄报仇，谁敢拦我？"说罢持枪而去，无人阻拦。可见，当时私仇私报已成定俗，无人深究。但此事影响颇大，"杨山兄弟"憨玉琨、张治公因此结下怨恨，"胡憨大战"中张治公关键时刻见死不救，导致憨玉琨兵败事萎，致使其无颜见江东父老，吞烟自尽。

近代豫西落草为寇者，虽然都是土匪，但原因不尽相同。有一类是被逼无奈，为报仇或曰为"打孽"而当土匪。如洛宁下峪村的董世武，就是因为其父去赶集，被土匪冯老七所杀，连尸体也没找到。董世武一怒之下，投奔孙金贵匪帮，成为"架杆"，发誓要为父亲报仇。一日，洛宁匪首聚会，董世武抓住机会，逮住冯老七，在下峪集市手刃杀父仇人，并吸吮其血，品咂有声，众人大骇，董世武又砍下冯老七的人头，带众匪扬长而去。豫西民风彪悍，蔑视怯弱，民间有仇，盛行私报，当时此举被赞赏，官方一般也不予追究，有仇必报是好汉，冤冤相报久而久之就形成了特有的风气。

民国时期洛阳的土匪中有一位巾帼土匪张寡妇。张寡妇乃洛宁人氏，本名张贺贞，她落草为寇源于家贫，实际上也是由"孽"引起。张寡妇受本家大伯子哥欺负，先是大儿子被生活所迫上山为匪，后寻机报仇不成，被大伯勾结土匪杀害，张寡妇一怒之下，带着小儿子拉起了"架杆"，并成为"杆首"，她杀了仇家，打富济贫，绑票索财，是洛宁一带有名的女土匪，相传她能左右开弓使用双枪。张寡妇的土匪生涯颇有传奇色彩，有人将其生平写成小说，流传甚广。

"镇嵩军"将领憨玉琨当土匪也是被逼无奈，某种意义上讲也是"打孽"的产物。本村富豪郭八仙东西丢失，诬陷为玉琨大哥所盗，后屈打成招，判坐木笼以死。其兄临死嘱他说："我实有屈，日后定报此仇！"辛亥革命前，王天纵、关金钟在杨山揭竿起事，声震豫西，憨玉琨前去投奔，被拒。关金钟激憨玉琨："必杀一仇人方能入伙。"憨玉琨趁蛮峪三月庙会人多之际，持利斧砍死富豪郭八仙，为兄报仇，取得了"入门"资格，星夜上杨山，后与王天纵、张治公、柴云升等结拜为"杨山十大弟兄"。

源于"打孽"，绿林出身，参加镇嵩军，后跟随共产党的亦有一人，此人就是范龙章。范龙章，河南伊阳（今汝阳）人，家住蔡店乡郭村，幼年家贫,十二岁就会犁地、干各种农活,受王天纵影响,对草莽人物有景慕之情。他先投奔镇嵩军当兵,后因其弟弟被本村局子头目赵宝德看上其家土地诬陷打死,离伍返里,结识当地土匪姜明玉,并结为盟兄弟,拉杆上山,活动在伊阳、临汝一带,后返村打死赵宝德兄弟四人及赵宝德的儿子,报了杀弟之仇。范龙章后来走上革命道路,是当时那个时代为数不多的进步典型。

清末民初豫西地区"打孽"之风盛行,究其原因,其一是国家动乱,地方军阀割据严重,政府控制能力下降,甚至无法控制;其二是"血亲复仇"遗风的影响,自己有事自己解决,一命抵一命,与他人无关;其三受当时土匪思想、土匪行为的影响,不去讲理,也无处讲理,转而用刀枪解决问题;其四是文化氛围异化,是非标准没有建立起来,即使有也不被民众所接受,或言被"强权"破坏;其五是社会政治生态恶化,随之引起的道德、法制、舆论等方面弱化、退化,长期得不到有效的修复,因而,形成恶性循环。"打孽"是一种复杂的社会现象,是诸多因素综合造成的。随着新政权的建立、社会的进步、政治秩序的固化,这种现象退出了历史舞台。

# 48.话说"刀客绑票"

　　过去,豫西人对土匪比较包涵,一般不称"土匪",而称"刀客"或"趟将"。"刀客"一词很有意思,"客"不是贬义词,甚至还有点"尊"的意思,当地人经常说"来客""这客""那客"等,把"刀"和"客"连在一起,反映了民众"怕"和"敬"的复杂心理。"趟将"更是微妙,"趟"是蹚河的意思,即提着裤腿过河,认为土匪也是不得已而为之,颇有一些理解;"将"即将领、干将,蹚水过河的将领,基本无贬义。由称呼可看出豫西民间对土匪的态度:说爱,爱不起来;说恨,也恨不起来,有时候还要"利用"土匪,某种意义上讲这也是民国时期豫西地区土匪屡禁不止的"温床"。

　　是土匪就要生存,要生存就要生路,而土匪的生路大都是干"绑票"的勾当。"票"原意为钱票,后作为标志,特指被绑架后用来换赎金的人质,这些人统称为"肉票"。"肉票"又细分为"洋票"(外国人)、"彩票"(富人)、"土票"(穷人)、"花票"(女人)、"快票"(不过夜就要赎金的姑娘)等。刀客绑票,如果票主迟迟不来赎人,刀客就会"撕票",就是把人质杀掉。"绑票"是刀客的主要"业务",也是刀客的生存之道。

　　刀客生存的法宝就是"绑票"。"票"就是富人或一些身份特殊的人、特定的人。近代洛阳知名学者许鼎臣因主张"剿匪"曾被刀客"绑票",后经陕西省政府主席刘镇华出手相救才被放回。过去有钱人的房子为什么修得比较好、比较坚固,重要原因是防范刀客,但有时候,刀客多了也防不胜防。刀客"绑票",一般要先"踩点"或有内应,大多情况下"盗亦有道",拿钱放人,特殊情况下,迫不得已,也有拿钱"撕票"的。

过去刀客"绑票",大都有眼线提供信息。眼线,在刀客术语中叫"底马",一般来讲,被绑的"肉票",都有人提供信息,这是刀客经济产业链上重要一环。义晋银号掌柜董相成的岳父曾是洛阳县常袋镇石碑凹村的殷实富户,因同村的"底马"出卖,被刀客绑了票,后来"底马"在取钱时被隐藏在一旁的人认了出来,从此以后"底马"消失,"肉票"也消失了。后来相传这件事的"底马"因漏了"底",在当地无法生存,就"走西邦"到了陕西铜川,以后就杳无音信。在土匪刀客横行的年代,人命不值钱,有钱了,也害怕人算计,好端端的人,一旦被刀客盯上,就可能倾家荡产。

刀客绑票不是盲目的,要事先侦察摸底,物色好对象,准备好"功课"。一般绑架的对象是:家里的独子,为了血脉的延续,家人肯定愿意出赎金;待嫁的新娘,勒令当天来赎,不然过一夜就危险了,这种"快票",娘家不赎,婆家也会来赎,要不就是两家凑钱合赎;如果当家的是个大孝子,就绑架他的长辈,他必尽力来赎;还有经商的掌柜,有钱、是家里的顶梁柱、生意上靠他,也是非赎不可。由此看来,当刀客不光用的是蛮力,也需要一定的"智慧"和技巧。

洛宁张寡妇为首的女刀客,有两个特点,一是喜欢绑"快票","快票"就是未婚的年轻妇女,匪首是女的,"快票"在她那里安全,张寡妇的"快票"生意最好,落有"好名声";另一是建无形"兵站",她把自己的儿子及男"杆众",定期送到"吴大帅"及其他军阀的军营,换些"经费",周旋于军营和山林之间,做着无本买卖,虽然是刀客中"巾帼",亦看出她"长袖善舞"的本事。

豫西土匪刀客绑票最为炽热的事件就是绑洋票。闹得最大的就是老洋人张庆绑外国传教士的事件,他阴险狡诈,下手狠毒,先后两次在阜阳和枣阳绑架外国传教士,甚至在和官军的对垒中把洋人推在前头,利用官军怕洋人的心理,勒索大量钱财,同政府讨价还价,以达到自己的目的。当然,这种行径,最终还是雕虫小技,影响不了事情的最终结局,自己也落了个身首异处,功败垂成。

刀客绑票有关的事情还有"望水",侦察绑架对象;"架票",实施对人质的绑架;"穿帖",又叫"飞票",传送勒索通知;"叫票",讲票价;"看票",拘押肉票;"养票",安排肉票吃喝;"滤叶子",审问和拷打肉票;"领票",赎回肉票;"撕票",杀掉肉票。刀客一般不撕票,除非是万不得已，如多次催促不交赎金、害怕事情败露等，才撕票，撕票是刀客之道的下策。

刀客为什么要绑票，究其原因，主要是生存需要。近代豫西匪患比较严重，刀客人数之多，闹事之凶，全国闻名。豫西是河南、湖北、陕西三省交界地区，山高林密，属于"三不管"地区，政府的控制力薄弱，加之经济落后，天灾人祸不断，生活在贫困线下的农民生活无着，就把干土匪、当刀客当成一种"生路"，农忙时是农民，农闲时是"刀客"，杆子大了，为了生存，就要搞钱，搞钱最快的办法就是"绑票"，人一绑，事主就会乖乖地把钱送来，久而久之，"绑票"就成了刀客主要的捞钱手段。

自古以来，绑票就是土匪刀客的标志性职业。土匪刀客也干动静大的活，攻打村寨，杀人越货，甚至攻打州县，烧杀抢掠，如老洋人张庆攻打阜阳、枣阳等。但刀客更多地藏匿于险要隐蔽之处，选准目标以后，以杀死人质相威胁，勒索钱财。这种举动，目标性强，相对于打打杀杀，不显山不露水，更容易得逞。而被勒索的对象，只要人质不死，也愿意破财免灾，这就造成绑票之风禁而不止，成为一种社会公害。

绑票是近代社会一种独特的社会现象，或曰丑恶的社会现象，在近代豫西地区曾一度比较猖獗。这种陋习现在虽然已经基本绝迹，但仍有个别不法分子为利益驱使铤而走险，这种遗风，应该说还是根深蒂固的。在依法治国的今天，绑架罪已被列为重罪，震慑了图谋不轨的人。今天我们反思这种现象，目的是认识太平社会来之不易，珍惜人类社会的文明进步，弘扬人性中善良的东西，让人类社会在真善美的氛围下健康发展。

# 49.河南匪患惊中外　炽烈莫若"老洋人"

　　近代豫西土匪多,大多是小股土匪,但也有大股土匪,人数多达万余人、弄出大动静的,如有名的"老洋人"张庆匪乱,不光抢劫大户人家、官宦人士,转战十几个县,甚至还打出了省,把外国的传教士掳为人质,此事惊动了外国领事馆和北洋政府,要求限期缉拿。为此,吴佩孚动用正规军队,把飞机大炮都用上了,费了好大的劲才弹压下去。近代河南类似这样的匪患,也曾是轰动国际的事件。

　　"老洋人"本名张庆,河南汝州人,因他长得身材高大、深目高鼻黄发,颇似洋人,人们给他起个绰号"老洋人"。他是豫西土匪中的巨匪,1922 年至 1924 年间活动在豫、陕、皖、鄂诸省。他在乱世中成长,略懂战略战术,擅长游击战,又心狠手辣、杀人如麻,是名震中外的匪首,由他造成的匪患世所罕见。

　　"老洋人"张庆家庭贫寒,父母双亡,跟着哥哥张林艰苦度日,后参加"白朗起义"、到河南督军赵倜之弟赵杰率领的宏威军中当兵,后当上连长。第一次直奉战争失败后,率散兵 300 余人拉竿起事,到达豫西陕州时,人数已达数千,陕州守备丁保成是故交,率兵加入了"老洋人"的趟将阵营,被委任为参谋长,从此,"老洋人"得一得力助手。不久,"老洋人"的队伍又先后加入了张得胜、李明胜等大小 30 余杆土匪,达到七八千人,匪势大炽。

　　"老洋人"的活动,使直鲁豫巡阅副使吴佩孚、河南督军冯玉祥极为不安,制定了三路合剿的计划,企图在豫西将"老洋人"一举歼灭。但"老洋人"撕开重围，向东逃窜，10天内，横贯河南，从豫西一直打到皖西，一路上高举"河南建国军"的大旗，呼喊着"打富济贫""替天行道"的口号，打得靳云鹗的陆军第十四师和沿途驻军措手不及，丢城失地。

"老洋人"此次流动作战还攻下了皖西重镇阜阳。阜阳是皖系军阀、原安徽省省长倪嗣中的老家，驻有安武军的一个团，另有一个地方保安团，军力雄厚，但不经一打。老洋人事先派卧底入城，内外结合，一举拿下阜阳城，掠走银圆、烟土无数，缴获倪嗣冲藏匿的数量极大的步枪、机枪、子弹、大炮，临行前还绑架了县官、天主教神父意大利人马福波及一批男女肉票，放火焚烧了阜阳城。

"老洋人"放火烧了阜阳城，又返回河南境内，先克息县，绑走基督教牧师、美国人巴牧林父子，再陷正阳县，架走基督教伦敦会牧师、英国人贺尔门，继而掘断京汉铁路明港至信阳的一段铁轨，然后沿京汉铁路北上，相继攻下遂平、郾城等县，遇到官军围剿时，就将抓来的真洋人推向第一线，迫使官军不敢开枪，眼看着匪徒呼啸而去。

三个帝国主义国家传教士被绑架，引起列强的强烈抗议。北京政府诚惶诚恐，曹锟发出命令，命靳云鹗、张福来、吴佩孚、萧耀南四路大军围剿"老洋人"；"老洋人"陷入重围，采取化整为零，分三路突围的策略，打破了政府军的合围计划。为保证外国人质的安全，官匪双方达成"协议"，"老洋人"释放所有"洋票"，其部属改编为官军的两个游击支队，共12个营，由老洋人、张得胜分任支队长，仍驻守宝丰、郏县一带，暂时相安无事。

"老洋人"问题再起，缘于吴佩孚想彻底解决后顾之忧，除掉心腹之患，为此派五省军队围攻已"换防"豫东的老洋人部，结果被"老洋人"看破企图，遂火烧鹿邑，重新拉杆起事，冲破京汉线，杀回豫西，在宝丰、鲁山至南阳一带的伏牛山中恃险顽抗。在此期间，豫、鄂两省大小杆匪纷纷前来合杆，"老洋人"势力大增，人数达万余人。

面对来势凶猛的官军，"老洋人"决定避免与官军正面交锋，取道湖北进入四川，利用四川军阀混战的形势，打出一个局面来。故而出母猪峡，沿豫鄂边界向西，其中血洗了淅川李官桥镇、攻打了郧阳县城、郧西县城，杀人、奸淫无数，给所经之地造成了极大伤害。

"老洋人"在湖北官军的驱逐下，进入陕西境内，在商洛山中同官军周旋了大半个月后，突然挥师东南，返回湖北，沿郧西、郧阳、丹江、老河口，直逼樊城，然后又攻陷枣阳城，绑架了美籍女传教士吉伦，击伤美国传教士贺福夫妇,这对夫妇两天前在鸡公山刚举行了婚礼,未久,贺福教士不治而死,此事又成了影响较大的国际事件。

"老洋人"打完枣阳后,向北进入桐柏山区,带着"洋肉票"和其他人质,艰难前行,同时,等待着"说票",期望发一大笔财,终因差距太大,一时难以说成。在同官军周旋越来越不利的情况下,"老洋人"率众跌跌撞撞,东突西奔,得以返回"根据地"豫西山区,但此时已成强弩之末,所到之处,商民畏之如虎,坚壁清野,逃亡一空。匪徒人心已散,怨声渐起,到1924年1月上旬,"老洋人"杆匪被围困在郏县西北山中的老爷顶,穷困日蹙,陷入末途。

1924年1月12日,"老洋人"召集众杆首议事,怒斥一个同官军私通的杆首李二黑,扬言要杀掉此人,以儆效尤。其参谋长丁保成劝阻不成,提出干脆散伙,"老洋人"勃然大怒,刚要拔出手枪,被另一主张招安的匪首,抢先击发,当场将"老洋人"打死。当下丁保成对众匪首说,要向官军投降,愿意的一道,不愿意的不勉强。"老洋人"已死,群龙无首,部分匪首带领本杆人径自逃窜,部分反抗的被官军消灭,被绑架的吉伦女传教士等也被救出。一代枭雄死于内讧,"老洋人"匪患暂告平息。

"老洋人"死后,该股土匪势力远未肃清,豫、鄂两省老洋人余部仍打着"老洋人"的旗号活动在城乡,一时,两省似有百十个"老洋人"同时为祸。其中,"老洋人"的副杆首张得胜收容了残部,与姜明玉合杆,继续在豫西打家劫舍,焚掠绑架,后来人数发展到近万人,他们仍号称"河南自治军",横行于洛阳以南的嵩山山脉中,打出了豫西"趟将"的威风,附近的官军闻风丧胆,竟不敢进剿。

"老洋人"事件轰轰烈烈,震惊国内外。此事何以做大,本人认为主要是政府的政策造成的,北洋政府奉行的是"剿抚"并用的政策、拥兵自重政策,"剿"不想彻底地剿,还想留为其用,这样就埋下了种子,留下了隐患;"抚"是有条件的抚,一旦越过了"底线",头上长有"反骨",甚至敢于绑架外国人,就杀无赦。由"洋大人"操纵的政府,说穿了,是仰人鼻息、看人脸色、没有独立意志的,幸而是经过艰苦卓绝的奋战,这一页掀过去了。

"老洋人"事件,或言伏牛山"民变",政府的"绥靖"政策是一方面。另一个角度看,"老洋人"有他的"过人"之处:一是他当过兵,是连长出身,有一定的军事经验、军事谋略,不同于一般的"草寇",因此,在运动战、游击战上胜于一般土匪;同时,也有一般土匪的特点,接地气,熟悉地情，了解民意，敢打敢拼，有血性，讲义气等，有这两条，在当时就远远高出一般土匪。

"老洋人"匪患是民国时期为害最烈的匪事之一，其人数之众，时间之长、范围之广、杀人之多、动荡之大，令人咋舌。若不是两次绑架了洋人，有可能受直、皖军阀及其他军阀的利用，曹锟、吴佩孚和豫、鄂、陕省当局也未必会如此认真追剿，正因为触动了"核心"利益，才导致当政者必欲除之而后快。由此想到任何事情都是有分寸的，超过了一定"界限"，便招来杀身之祸，万劫不复。

"老洋人"崛起于山林，混迹于军阀队伍，对当时的国情还是有一定了解的，他三番五次地绑架"洋票"，说明他在勒索问题上知道"奇货可居"，挑战了当时洋人神圣不可侵犯的底线，这在当时是十分不易的，因为一般的官员也不敢触碰这根底线。土匪以利益最大化为原则，不管"洋票""肉票""快票"等，哪个来钱多、哪个来钱快，就来哪个，这也是土匪本性的真实写照，他不过是比其他土匪更"聪明"一些。人为财死，鸟为食亡，老洋人到头来也没有挣脱这一古训所言。

堡垒最容易从内部攻破，"老洋人"事件也深深说明了这一道理。最有讽刺意味的是，"老洋人"最后不是死在官军手里，而是死在自己人手里、死在同自己一起拉杆子的弟兄手里、死在"患难与共"的最亲近的哥们手里。何也？这就是土匪，势大的时候就加入你，势穷的时候就背叛你，没有理想、没有追求，是一帮乌合之众。即使这次没有丁保成之流害他，也会有以后什么"保成"之类害他，这就是草莽之辈的宿命。

# 50. 话说 "白朗起义"

在近代豫西还有一档子亦匪亦 "民变" 的大事,人称 "白朗起义"。对白朗之事,学术界有分歧,个人意见是应分两阶段来看。第一阶段 "白朗起事",实际就是 "闹杆子",就是老百姓说的土匪拉杆,这一点和当年王天纵上杨山是一样的。从民国二年(1913 年)7 月,讨袁军总司令黄兴致信后,进入第二阶段,"白朗起义" 阶段,配合讨袁革命,有明显的 "起义" 色彩,但也有 "流寇" 成分。

白朗 1873 年出生于河南省宝丰县城西大刘村一农民家庭,性情豪爽,喜欢交游。后被本村地主王岐诬陷入狱,加之后来被讹诈、姐家被冤枉等事所扰,在 1911 年 10 月愤而事,最初只有二三十人,步枪一支,后合杆李朗、张群、李凤朝等部,拥众 200 余人,势力渐大。到 1912 年 4 月后,击退北洋陆军余耀亭,进攻禹县、泌阳、舞阳、唐县等地后,人数倍增,声威大震。也就是在这时候提出了 "打富济贫" 的口号。

白朗开始提出 "打富济贫" 口号,不能算是起义,因老洋人张庆也曾多次提出这个口号,他 "起事" 的性质仍是土匪。民国二年(1913 年)7 月,讨袁军总司令黄兴致信白朗之后,要其 "扫清中原,歼灭元凶……" 此时性质才有了实质变化,配合讨袁,伸张正义。嗣后,白朗于 9 月 16 日,破湖北重镇枣阳,歼守城军 500 余人,并张贴布告,称中华民国抚汉讨袁军司令,宣传讨袁,这点和张钫打出秦陇抚汉军如出一辙。

1914 年白朗人马发展到 3000 人,拟攻打豫、皖两省,但袁军势强,准备大军围剿,白朗转而采取夺取四川为反袁根据地的战略,回师紫荆关西上,克商南,越秦岭后,至西安近郊,沿途以"中原抚汉军大都督"的名义发布"讨袁"檄文。由于受陕甘步骑的强阻,义军伤亡惨重,元气大伤,加之粮食奇缺,供给困难,军心不稳,入川之计难成,众多主张返豫,白朗便率军东归。这一点后来被"老洋人"所仿效。

白朗由临潭东返,沿途艰苦奋战,冲破重重阻截,经甘谷、宝鸡、兴安等地,于1924年6月28日抵达紫荆关。面对严峻形势,白朗决定分散活动,7月3日,白朗率领鲁宝籍义军千人回到宝丰。后探家士兵遭到官府阻拦,未能归队,兵力锐减。7月20日,白朗只率领五六十人,困守虎狼爬岭三山寨中,拱卫军、镇嵩军、临汝民团合力猛攻,激战两昼夜;7月26日白朗弹尽粮绝,中弹殒命,时年41岁。

白朗举事历时三年之久,抛开前期为匪不说,接受了黄兴的革命号召,提出了"逐走袁世凯,设立完美之政府"的主张,顺应了资产阶级民主革命的潮流,反映了农民的呼声,有一定的进步意义。但毕竟是在土匪拉杆基础上的"革命",有了贴上去的标签,但无实行目标的严密战略、战术,加之乌合之众多、纪律不严明,不懂策略,艰苦斗争关键时刻分散行动,允许回乡士兵探亲回家,诸如此类,实在不像一支同旧势力作战的队伍,因此,失败的命运在所难免。

"白朗起义"的性质究竟是什么?众说纷纭。土匪问题研究专家贝思飞在《民国时期的土匪》中把白朗列入土匪行列。白朗当初拉杆时,人不过几十,枪只有一支,其他人都拿大刀,后来发展到数万人,从河南打到安徽,又从安徽打到湖北,后又窜进豫西山区,再向西打到陕南,纵横千里作战。不管打到哪里,一路走来,不敢离开豫西山地,这说明白朗到底还是"山匪",改不了土匪的本性。这种分析有一定道理,算是学术界的一种观点吧,历史上的事情是很复杂的,要放在特定的条件下去考察研究,摈除感情色彩,得出客观真实的令人信服的结论。

# 51. 近代豫西土匪问题探析

近代河南西部的土匪问题比较严重，是全国的重灾区，豫西的老百姓谈起土匪，为之色变。豫西土匪兴起大致有三次：第一次起于宋室南迁，洛阳日趋没落，民生凋敝，中原匪情一出现，豫西地区便紧紧跟进，利用混乱局势，土匪应时而生，拉杆上山、打家劫舍、拦路抢劫，杀人越货、敲诈勒索、盗发古墓，豫西地区特殊的地理条件成为土匪蘖生的温床，使堂堂的“西京”范围一片凋零，人民生活、文化渊溯惨遭破坏。

豫西地区第二次土匪大盛，开始于明末李自成由陕入豫。李自成是农民起义领袖，进入豫西以后，攻城略地，强索大户，补充队伍所需，杀人比较多。明朝地方政府无能为力，抵挡不住起义军，洛阳很快陷落，福王被杀，洛阳一片焦土。豫西人为了自保、自卫，纷纷拿起刀枪进行抵御，未及数月，形成匪患，并一发不可收拾，同时也为以后土匪勃兴埋下了伏线。

清末民初，豫西第三次土匪浪潮汹涌形成，这次匪患长达半个世纪，愈演愈烈，旷日持久，土匪人数之多、规模之大为全国所罕见，政府也疲于应付，无可奈何。据统计，仅窜入洛阳南部山区的“老洋人”手下的土匪就达万余人甚至还多。由于土匪太多，分布太密，老百姓无法生存，纷纷买枪买刀，自我武装，以防不测，反正我不杀你，你便杀我，有枪在手，亦民亦匪。

豫西土匪，不单指洛阳境内的土匪，还包括灵宝、陕县、卢氏、渑池、临汝、宝丰、鲁山、郏县等地的土匪。由于上述地区从地理学上皆属于豫西山地,匪帮之间分分合合,经常"碰杆"(匪首聚会)"合杆"(匪帮合并),所以统称为"豫西土匪"。豫西土匪大都活动在这一带的崤山、熊耳山、外方山、嵩山、伏牛山脉,凭险据守,据林隐遁,使官军难以进剿,故愈演愈烈。

清末民国时期,嵩洛一带有多股土匪活动,每股土匪的头目有其不同的特点。当时流传的民谣这样说:"大仁大义关金钟,仁义厚道老张屏,白面书生张治公,好好先生柴云升,蹦蹦跳跳憨玉琨,多诈多疑王天纵,杀人妖精陶福荣。"尽管这些土匪有时合在一起,有时候又单独活动,有些匪首情况不一定准确,有些可能还没编进去,但民间的概括基本是比较合乎当时情况的,也可以看出土匪在社会上的影响。

在豫西当土匪,后来干到高官的还有孙殿英。孙殿英是豫东永城人,29岁时到嵩县投奔到匪首张屏手下,一路上打打杀杀,成为土匪中的骨干,横行于洛阳的嵩县、宜阳、伊川、偃师和洛阳城区。他靠庙道会网罗众多部下,在攻打伊川彭婆寨、攻打安徽亳州中立下"战功",后来其成为国民党军队高官,驻守河北马兰峪时,干出了盗伐清东陵的大案,这种行径,是土匪行为的扩大和延伸,暴露出其根子里的土匪本性。

豫西土匪的活动是有一定规律的,中央政权强大时土匪则销声匿迹,反之则盗匪遍地。如唐代安史之乱前,国泰民安,豫西基本无匪事;又如北宋时期,特别是北宋早期,豫西基本无匪患,百姓安居乐业,八百里伏牛山,成为高士隐居坐禅之地。但一遇到乱世,皇室衰微,便盗贼蜂起,深山密林遂成为土匪滋生之地。

豫西闹土匪,比较凶的当属嵩县、栾川、伊川、汝阳、鲁山、洛宁等县,其大本营在嵩县木植街与栾川合峪交界的杨山。杨山号称是豫西的"水泊梁山",相传杨家将杨六郎曾屯兵于此,故名杨山,该山东、西、北三面环山,唯西面有一羊肠小道可进入,是一处易守难攻的自然山脉城堡,一夫当关,万夫莫开,固若金汤。豫西的许多土匪、刀客把杨山当成根据地,发展势力,占山为王,与官军对抗。

清宣统元年(1909),王天纵受同盟会员石言、冉祥征影响,由绿林大盗转为反清志士,先后攻打清地方军事机构孙店、旧县、鸣皋、嵩县等,憨玉琨首当其冲,立下战功。宣统三年(1911),同盟会派刘振华与杨山联系,赠以枪支,配合武昌起义,攻打嵩县及洛阳,因事泄未克,杨山兄弟入潼关加入张钫所率的"秦陇复汉东征军。憨玉琨任东征军第四标统,攻打洛阳。民国建立,经张钫(陕西督军)、张镇芳(河南督军)

商议,将这部分武装推荐给袁世凯,改编为"镇嵩军",刘镇华为统领。

"镇嵩军"之得名是张钫和张镇芳给袁世凯建议的,后被采纳。其本意是在收编嵩山周边十几个县籍子弟的基础上组建的,加之张钫被削减的秦陇复汉军的一些人,也大都是嵩山周围的。"镇"既有威震嵩山的意思,也有"镇住"嵩山地区闹事刁民的意思,还有它的首任统领刘镇华名字中"镇"的意思、河南督军张镇芳的"镇"的意思等,与正规的军队比,镇嵩军一开始实际上就是民团。这支军队的首领先是刘镇华,后是他的弟弟刘茂恩,几经跌宕起伏改编为国军第15军,在中条山抗战、洛阳保卫战中打得异常顽强。

"盗亦有道,匪亦有规。"如王天纵在杨山拉杆,制定有比较严格的纪律:第一,各杆缴获的财物,统统上缴,统一分配,私自藏匿者杀;第二,不准糟蹋妇女,抢女人者杀;第三,兔子不吃窝边草,以杨山为中心分三层:第一层为保护区,30里不派粮派款,只收缴柴草山菜,违规者杀;第二层为半保护区,30里以外60里以内,由富户供给粮食,不向贫苦农民索取,违规者杀;第三层为公道区,60里以外,下"飞叶子"要钱,胆敢不给者杀。土匪靠山吃山,看似保护别人,实则保护自己,为自己创设一个好的生态环境,这也是王天纵区别于其他土匪的地方。

清末民初,豫西地区流传着一首民谣:"一等人当老大(土匪头子),银圆尽花;二等人挎盒子,跟着老大;三等人扛步枪,南征北杀;四等人当说客,两边都花;五等人当底马(亦称底线,土匪的线人),暗害民家;六等人当窝主,担惊受怕;七等人看肉票,眼都熬瞎"。"要吃开,山里窜","要当官,去拉杆","进山转一圈,出山便是官",说明当时人把当土匪看成一条出路,并没有特别的鄙视,甚至还有些羡慕。

土匪盛行的地方,必有"土匪文化"。土匪文化,说穿了就是人们对土匪又恨又怕,还有一些羡慕的心态,这种复杂心理,成为土匪生存的文化背景。乱世中,百姓是弱势群体,其中一旦有人铤而走险,社会角色就会随之发生转换,由弱势变为强势,一不留神,说不定会当上"营长""团长""县太爷"或更大的"官",因此,当地人对土匪,一般不说"土匪"一词,而称他们为"趟将",更多的称"刀客",称呼里并没有贬低的意思,相对还比较客气。

土匪文化是一种畸形文化,源于社会的动荡、社会秩序的不正常,源于社会异化所造成的心理异化。土匪文化也是一种无奈的文化,社会管理层面的无奈和被管理对象的无奈,乃至正常社会层面的无奈,谁都想过正常社会生活，但纲纪松弛、政府公信力、控制力下降导致地方治理失控，致使一些反政府、无政府乱象滋生，民众不适应也无法。时至今日，"土匪文化"仍有残余，破罐破摔、我是流氓我怕谁、赤脚的不怕穿鞋的、争狠斗凶等，不一而论。

从清朝末年到民国初年，豫西以洛阳为中心的十几个县，由于战乱动荡、经济凋敝和民风彪悍等缘故，这里的土匪已经开始萌动。有一个统计材料，到1837年的时候，河南全省土匪有40余万，豫西土匪就有10余万，豫西被称为土匪的滋生地和大本营。当时，豫西诸县处处有匪，家家有枪，最不济的也有一杆鸟枪。仅临汝一县就有8万支私枪。有人这样讲：河南境内，只有黄河北岸和开封附近才是安全的，人们不携带武器就不敢出远门。

在中国近现代史中，匪患比较严重的有三个地区：湘西、豫西、东北，当然还有广西的十万大山等地方。为何这几个地区匪患严重？一是与地形有关，山高林密，易于同政府军周旋；二是同经济有关，经济落后，民不聊生，只好揭竿而起，有口饭吃；三是同政治生态有关，政治统治薄弱，政治生态恶化，反政府力量滋生；四是与当地民风有关，文明教化程度低，悍民、刁民多，长期得不到治理，靠打斗，血偿来解决问题……匪患问题是社会问题，是社会治理结构失衡，国家机器缺陷造成的。

近代豫西的土匪比较多且有个特点：就是农忙时是农民，农闲时是"土匪"，一身二任。豫西比较穷，山高林密，适合土匪生存，官军不好进剿，加之有个传统，干土匪干大了往往容易被"招安"，当大官，吃香的、喝辣的，这方面的例子比较多，如王天纵、憨玉琨、武庭麟、张治公、万选才，甚至包括整个"镇嵩军"的骨干等，都是先当土匪，后当官，干土匪升官发财是个群体现象，是当时一种畸形的"仕途"。正因为有这样的背景，豫西土匪多、山寨多、"杆子多"，成为当时的一种比较特殊的现象。

# 52.洛阳乱世"红枪会" 生也悲来去也悲

民国时候,洛阳有许多自发的民间组织,有的甚至影响还比较大,如红枪会。红枪会的兴起与军阀土匪扰民有关。清末民初,军阀混战,土匪猖獗,抢劫、绑票、勒索危害甚大。群众为了自保,纷纷用最简单的武器如红缨枪等武装起来,村村寨寨几乎都有红枪会。

具体来说,洛阳红枪会形成于民国 15 年(1926 年)1 月,河洛民众为驱逐省长岳维峻,联合成立了民间组织"红枪会"。这是一个抗拒军阀、土匪侵扰及苛捐杂税的带宗教色彩的武装自卫团体。洛阳红枪会西起新安,东到偃师,北起邙岭,南到龙门,几乎村村都有。

红枪会,又称红会、红学会,有些地方被政府改编以后也叫民团,是民国时期各种教门武装的统称或代称。红枪会的仪式,主要有吸收会员与传授法术两种。吸收会员神秘而庄严,传授法术则是宣传"刀枪不入"思想,以此吸引信徒,提高士气,以利打斗。

红枪会组织,最初以村、镇为单位,一村或一镇设一会堂,如洛阳的练庄红枪会、东关红枪会、文庙红枪会、南麻屯红枪会等,亦偶有联合数个小村设一会堂者,由大师兄统领,余称师弟。此后,会员日众,才有二师兄、三师兄等名称。1920 年以后,随着红枪会的迅速发展,有些大的红枪会还出现了"团长""总司令""总会长"等称呼。

红枪会入会是有门槛的,凡入会者,年龄须满 18 岁,身体健康,意志坚定。入会时,要当场宣誓遵从"十不准":只准盘功修行,不准对人说法;只准除暴安良,不准欺压良善;只准尊敬师长,不准背师忘友;只准严守约定，不准偷法外流；只准居心正直，不准贪赃偷盗；只准扶弱济贫，不准奸淫妇女……还必须履行一个仪式：新会员被带到清洁小河里，由会首为其"洗礼"，以示"干干净净入会，清清白白做人"。

洛阳红枪会在驱逐陕人省长岳维峻以后势力发展很快，有一段时间曾控制着洛阳的局势。洛阳红枪会有四大会首：东关红枪会首领王维周，城北（主要是北窑）红枪会首领何凤鸣，文庙红枪会首领王连三，关林练庄红枪会首领邓文魁等，他们彼此之间虽然也有矛盾，但在维护洛阳安全，排斥外人统治方面意见是一致的。

红枪会曾与镇嵩军合作，共同打败了胡憨大战之后占领河南的"国民二军"。紧接着，吴佩孚下令让驻守在陕南白河县一带的张治公以"陕潼护军使"的身份进驻洛阳。最初，张治公的镇嵩军与洛阳的红枪会还能和睦相处，张治公还趁机发展自己的势力，成为镇嵩军中拥有兵力最多的师长。但时间一长，双方矛盾就逐渐暴露出来了。

张治公是伊川南衙人，是当年随王天纵揭竿上杨山的结义十兄弟之一，组建镇嵩军后，张治公是核心将领之一，此人心狠手辣，为人狡诈，颇有智谋，敢打硬仗。最初对红枪会采取拉拢政策，当红枪会发展壮大以后，又担心对自己造成威胁。加之红枪会当时确实发展很快，洛阳周边红枪会众有数万人之多，有些会首甚至会员也不把镇嵩军放在眼里，这促使张治公要剪除红枪会。

镇嵩军与红枪会闹翻源于一些偶然事件。一是红枪会的牛车挡住了张治公的汽车，惹得张治公不高兴，要动杀戒。一次，镇嵩军总指挥刘镇华来洛阳视察，张治公到火车站迎接，两人一同坐车回公馆，汽车走进一条胡同，迎面过来一辆牛车，胡同狭窄，卫士吆喝让牛车退回去，赶车人却嚷嚷着让汽车往后退。原来车把式是红枪会的人，腰上系着红腰带。

看到驾驭牛车的红枪会成员如此逞强，不给让路，坐在车上的张治公心里冒火，脸色铁青，觉得在上司刘镇华面前丢了面子，很是尴尬。次日，他在老城青年宫的"陕潼护军使公署"召开的军事会议上说："红枪会太嚣张了，该收拾了！"这是张治公要对红枪会动手的一个预令。

事又凑巧，过后没几天，张治公的一个团长陈定一到老城东大街火神庙看戏，台下拥挤，陈定一踩了红枪会员齐章水的脚，两人打了起来。结果，红枪会的人多，陈挨了打，他扬言要调部队来报复，正在这时，恰遇洛孟偃新宜五县保安大队（实际是红枪会）大队长王连三带着会员出来巡逻,见此情形,自然站在红枪会一边,数落了陈团长几句。陈见寡不敌众,憋着一肚子气回去了。

镇嵩军团长被红枪会所打之事传开后,驻洛镇嵩军官兵皆感羞辱,就寻隙报复。此后,驻洛镇嵩军治安队上街巡逻,总要找红枪会的碴儿。一天,洛阳红枪会团总王连三乘坐黄包车在街上逛游,旁边还坐着其女友。或许是该出事,车夫不小心,拐弯太猛了,把女客甩到路边泥坑里。王连三见状十分气恼,抽出手枪朝车夫胳膊上打了一枪,顿时血流如注,惨叫不已。此时,在附近执勤的镇嵩军治安队赶了过来,立即控制了王连三。

张治公抓住机会,小题大做,对王连三稍加审问,遂下令:"杀一儆百,立即将王连三斩首示众!"又下令解散红枪会,并宣布:"谁若借红枪会滋事,格杀勿论!"王连三被杀,红枪会遭解散,惊醒了红枪会众首领,大家迅速串联,决定攻打张治公部队。东关、城北红枪会行动最快,迅速集结一万多人。接着,南乡、西乡红枪会也行动起来,集结五万人马,喊的口号是:攻占洛阳城,活捉张治公!

同红枪会打起来以后,张治公急调其部下王建昭部从临汝增援洛阳。王建昭派王凌云团由龙门东山向洛阳外围进攻,在龙门与红枪会稍有接触,红枪会即退,王进至关帝冢战败邓元魁,并占据邓的练庄寨。第二天,张治公部出城反攻,内外夹击,在关帝冢一带战败红枪会。红枪会是乌合之众,一盘散沙,不堪一击,很快惨败。张治公在洛阳大肆烧杀,洛阳百姓伤亡惨重,陷入灾祸之中。

经过镇嵩军张治公部的一连串打击,洛阳红枪会一蹶不振。后来,冯玉祥驻军洛阳,下令民间不准私藏枪支,否则军法严惩。这样,民间幸存的零星红枪会会员,都趁夜深人静时将枪支、长矛、大刀扔到野地里,洛阳红枪会基本瓦解。镇嵩军同红枪会的冲突,尽管事出有因,但本质上是地方政权同民众之间的纠纷,再厉害的民间组织也斗不过政府。

客观地说,洛阳文庙红枪会首领,洛阳红枪会团总领王连三及红枪会被张治公制裁有些亏。王连三祖籍是洛阳宜阳人,在文化繁盛的洛阳东南隅一带担任红枪会领袖,也是相当有号召力的人物,曾经为这一地区的安定做过一些贡献。遗憾的是他没有看透张治公只是在利用他们,有用时拉拢,无用时甩开。张治公是个拥兵自重的军阀,又是政府的代言人,卧榻之旁岂容他人鼾睡!民间组织一旦超过了一定边界,等来的可能是无妄之灾。

红枪会是 20 世纪二三十年代活跃在山东、河北、河南及洛阳一带的农村村民自治组织，从性质上看亦属于会道门组织。这个组织防匪防盗、反恶霸、抗官兵、抗捐税，反对贪官污吏，保境安民，维持社会治安，在某种程度上代表了城乡民众的利益，受到了民众的欢迎，故参加的人员比较多，一时间也形成一种势力，让政府当局也对他们刮目相待。

更甚者，民国时期的河南及洛阳，是多灾多难的。有旱灾、有水患、有蝗灾，更有人祸，此地区军阀混战，饿殍遍野，盗贼遍地，民不聊生。这种情况下出现的红枪会，是城乡人民自发的自联自保组织，客观上对当地的社会治安起到了一定的积极作用，在当时政府职能缺位的情况下，是一种进步的行为。

在分析红枪会的作用时，还要看到，红枪会是义和团运动的余续，在继承义和团勇敢精神的同时，也有一些迷信、愚昧的东西在里面。事实证明，落后要挨打，愚昧无知永远也强不了国。真正要实现保境安民，必须社会稳定，国家强大。

红枪会是洛阳近代社会上的一种复杂社会现象，是多种因素作用下的产物。同时，也给我们留下了许多思考的空间和诸多研究课题，如伏牛山民变、洛阳匪患、民间打蘖、镇嵩军蜕变、洛阳人避难走关西等，值得我们进一步去挖掘、分析、研究。

# 后 记

　　《煌煌祖宗业,永怀河洛间》就要和读者见面了,作为作者,内心非常高兴也非常激动,这是我们三人合作的一本书,还是值得庆贺的。尤其是作为作者中年龄较长者,过去在工作岗位的时候,也出过好几本书,但这次与以往不一样,那时候是为职称、为项目等而出书,这次是为爱好而出书,与年轻人一同出书,相对比较轻松,信马由缰,挥洒自如。

　　学而不思则罔,这本书是大家平时思考和捕捉一些信息的结果。一个人还是要有些追求的,不能饱食终日,无所事事。本书作者大都生长在洛阳,对洛阳这座城市倾注了无限的感情,而洛阳的许多事,也时时刻刻萦绕在作者的脑海中,如大作家李准,是洛阳孟津老乡,与我的老家相距不到两里,还有亲戚关系,对李准先生创作上的成就,大家都是有目共睹的。在我上大学的时候,李准先生根据他的小说《黄河东流去》改编的电影《大河奔流》上演了,引起了很大的轰动。那时候在河南大学礼堂,不同专业的学生要排着队看。我所在的历史系,安排在凌晨观看,我观看时很兴奋,也很激动,为家乡出现这样一位文学大家而感到自豪和骄傲。于是我后来就写下了《黄河东流去,大家巍然在——记文学大家李准》一文。

　　这本书是三位作者平时积累的结果。我的写作方式是"微信体"的写作,一天写一点,少则100—200字,多则500—600字,长期坚持,化零为整,再化整为一篇篇文章。张洁琼博士的写作基本是以经济方面的内容为主,偏重于经济发展,偏重于策论。齐牧云的写作,内容比较灵活,写自己感兴趣的东西。本书所选的五十几篇文章大都是这样形成的。没有想到坚持和积累的力量还是比较强的。爱好写作的朋友们若感兴趣,不妨试一下,坚持写,不断写,肯定会有惊喜的。

当然写作的过程也是比较辛苦的,意味着你要把别人用于玩乐的时间用到收集素材、构思、调研、撰写上面去。尽管辛苦,但肯定是值得的,毕竟为社会留下了自己存在的印记。我思故我在,我写故我乐,未来我会在这条路上继续前行。

本书作者各自撰写内容如下:董延寿撰写了本书的一至三十二篇;张洁琼撰写了三十三至四十四篇;齐牧云撰写了四十五至五十二篇。因作者水平所限,难免有疏漏之处,敬请大家斧正。

本书出版之际,非常感谢家人、朋友的鼎力支持,大家的支持是我们坚持写下去的不竭动力。撰写很苦,但虽苦犹甜,虽苦亦乐!

是为后记。

董延寿

2023 年 12 月 21 日